Eberhard Busch

Zum Zusammenleben geboren

T V Z

Eberhard Busch

Zum Zusammenleben geboren

Johannes Calvin – Studien zu seiner Theologie

T V Z
Theologischer Verlag Zürich

Dieses Buch wurde dankenswerterweise gefördert durch die namhaften Druckkostenzuschüsse der Evangelisch-Reformierten Kirche in Deutschland, der Schweizerischen Reformationsstiftung, der Reformierten Landeskirche Aargau, der Reformierten Kirchen Bern-Jura-Solothurn und der Evangelisch-Reformierten Landeskirche des Kantons Zürich.

Bibliografische Informationen der Deutschen Nationalbibliothek
Die Deutsche Nationalbibliothek verzeichnet diese Publikation in der Deutschen Nationalbibliografie; detaillierte bibliografische Daten sind im Internet über http://dnb.dnb.de abrufbar.

Umschlaggestaltung
Simone Ackermann, Zürich
Dem Titelbild liegt das Gemälde «Calvin und die Professoren» (1883/84) von Ferdinand Hodler zugrunde; es wurde freundlicherweise vom Musée d'art et d'Histoire Genève für dieses Buch zur Verfügung gestellt.

Druck
ROSCH-BUCH GmbH, Schesslitz

ISBN 978-3-290-17874-1

www.tvz-verlag.ch

Inhaltsverzeichnis

Vorwort

Es ist mehr als 450 Jahre her, seit der Genfer Reformator Johannes Calvin gestorben ist. Man hat ihn seither nicht vergessen. Sein Werk und Leben ist erforscht worden, und es haben sich nachgerade gegensätzliche Auffassungen von ihm gebildet. Manche haben ihn als Anstifter der einstigen üblen Genfer Vorkommnisse angeklagt oder gar als einen rigorosen Tyrannen. Dagegen haben andere betont, dass er ein unwillkommener Fremdling in dieser Stadt war, der sich in Wort und Tat der vielen Flüchtlinge annahm. Eben, er ist sehr verschieden interpretiert worden, auf dem Kontinent anders als in den angelsächsischen Ländern. Er ist verehrt und verachtet, hoch geschätzt und hart kritisiert worden. Einige haben in ihm vor allem den Sünder gesehen, als den er sich auf seinem Sterbebett ja auch selbst bekannte. Und andere wiesen auf die Fülle seiner wegweisenden Tätigkeiten als Bibelausleger oder als Helfer in den sozialen Nöten der Zeit hin. Jedenfalls ist er in Erinnerung geblieben.

Ich will es nicht leugnen: Das vorliegende Buch ist von einem geschrieben, der mit Freude immer wieder Entdeckungen im Werk dieses Reformators gemacht hat. In der Tat geht einem im Lauf der Jahre manches neu auf. Man findet auch jenseits seiner «Institutio» in seinen Schriftauslegungen und Predigten Erhebliches. Er ist da gewissermaßen über sich selbst hinausgeführt worden. Selbst wenn er sich im Wesentlichen treu geblieben ist, hat er auch Wandlungen durchgemacht, sobald sich ihm selbst neue Einsichten nahelegten. Da kann man Überraschungen erleben. Wer würde etwa von dem allgemeinen Verständnis seiner Prädestinationslehre her erwarten, bei seiner Auslegung von Psalm 77,10 zu lesen: «Gottes Güte ist untrennbar verbunden mit seinem Wesen, so dass es unmöglich ist, dass er nicht barmherzig ist»?[1] Mein Wunsch ist es, dass auch die Lesenden bei ihm «mit Freude Entdeckungen» machen.

Der Titel dieses Buchs ist einer Bemerkung im Kapitel über seine Lehre von der Erschaffung des Menschen entnommen «Zum Zusammenleben geboren». Er führt dort näher aus: Der Mensch sei von Gott auf Gemeinschaft hin angelegt. Menschlichkeit vollziehe sich daher in der Pflege gegenseitiger Verbundenheit. Wir finden ähnliche Aussagen auch in den anderen Kapiteln – etwa in der Auslegung zu Epheser 6,23: «Die Liebe macht, dass die Menschen in Frieden zusammenleben.» Denn für Calvin ist die Liebe zu Gott untrennbar mit der Liebe untereinander verknüpft. Oder in seiner Predigt zu Deuteronomium 22 bemerkt er: «Unser Herr zeigt

[1] CO 31, 715; siehe auch unten Kap. 1, Abschnitt 3.

uns heute, dass wir Brüder sein werden, weil Christus der Friede der ganzen Welt und all ihrer Bewohner ist. Daher müssen wir zusammenleben in einer Familie von Brüdern und Schwestern.» Das spricht uns auch heute an. Der Titel des Buchs will in der Tat die Aktualität der Theologie Calvins anzeigen. Man wird ihr nicht gerecht, wenn man sie auf seine Epoche festlegt. Calvin redete nicht nur damals – das auch, und er war dabei ein «Kind seiner Zeit» mit Ecken und Kanten. Aber er redet auch heute noch, vielleicht noch mehr als zu seiner Zeit. Wie ich meine, hören wir ihn erst recht, wenn wir ihn wie einen Zeitgenossen zu uns sprechen hören. Man wird insbesondere in Verbindung mit dem Reformationsjubiläum 2017 auch seiner erneut zu gedenken haben.

Der am 18. November 2015 verstorbene Historiker Rudolf von Thadden hat mich zu diesem Buch angeregt, eben im Blick auf dieses Jubiläum. Seinem Andenken ist dieses Buch gewidmet. Er trat dafür ein, dass zur Reformation der einen Kirche Jesu Christi unbedingt auch die Gestalt und das Wirken Calvins gehört. Er pochte darum bis zuletzt darauf, dass Lutheraner und Reformierte, unbeschadet ihrer je eigenen Geschichte, geschwisterlich zusammengehören.

Ich danke dem mir seit fast 40 Jahren freundschaftlich verbundenen Jörg Eichenberger herzlich für sein höchst akkurates, einfühlsames Korrekturlesen. Er hat hier hilfreich mitgedacht und mitgeholfen. Zugleich habe ich der Lektorin im TVZ-Verlag, Christine Forster Wenger, für ihre sorgfältige Bearbeitung und Verbesserung der Textvorlage zu danken.

Friedland, im Herbst 2016

Gott lässt mit sich reden

Mit Gott reden, das heißt: beten. Und beten heißt: mit Gott reden. Wir tun es daraufhin, dass Gott mit sich reden *lässt*. Aber was bedeutet dieses Großartige, dass wir unreinen, sterblichen Menschen mit dem heiligen, ewigen Gott reden dürfen? Was tun wir, wenn wir beten? Beim Genfer Reformator Johannes Calvin spielt das Thema eine große Rolle.

Allerdings spielen in der bis heute umfassendsten Ausgabe der Werke Calvins seine Gebete keine Rolle. Und wie viele Calvin-Forscher gehen an diesem Thema vorbei, um sich abgesehen davon mit scheinbar Interessanterem zu befassen! Aber bekommt man dadurch nicht einen schiefen Eindruck von diesem Theologen? Denn es ist keine zufällige Äußerlichkeit, dass seine Abhandlung über das Gebet das längste Kapitel ist in seinem großen Buch Institutio Christianae Religionis (1559), «Unterricht in der christlichen Religion», besser: «Unterweisung in der christlichen Glaubenserkenntnis». Interessant ist es überdies, zu entdecken, dass in seinen vielen Auslegungen der biblischen Bücher immer wieder auch das Thema des Betens auftaucht und unter verschiedenen Gesichtspunkten bedacht wird. Beachtlich ist ebenso, dass er seine theologischen Vorlesungen jeweils mit Gebeten begonnen oder geschlossen hat. Sie wurden von den Schreibern ebenfalls festgehalten. Vor allem war das Gebet eines der drei Grundelemente seiner Gottesdienst-Gestaltung: Predigt, Abendmahl *und* Gebet. Dabei wurden die gemeinsamen Gebete von der ganzen Gemeinde gesungen.

Eine Merkwürdigkeit von Calvins Gebeten ist die oft gebrauchte Anrede Gottes mit dem Wort «Allmächtiger» (Dieu tout puissant, das heißt auch: Schöpfer von allem), meist mit dem Zusatz «Vater im Himmel». Das Wort «Allmächtiger» ist in späteren Zeiten ausgedünnt und sogar übel missbraucht worden. Beim Genfer Reformator hat diese Anrede Gottes eine feste, gute Bedeutung. Was ist seiner Ansicht nach damit gesagt?

> Wenn der Sünder vor Gott tritt, so muss er ganz zu Boden fallen, ja, in den Tod sinken. [...] Das zeigt uns Christus im Bild des Zöllners, der seine Augen nicht aufheben mag, sondern an seine Brust schlägt, um Gnade zu erlangen; so ‹legen› Gottes Kinder ihre Gebete vor ihm ‹nieder›, in der Demut. [...] Zum Himmel aber ‹erheben› sie ihre Gebete im *Glauben*; denn wenn Gott sie einlädt und ihnen seine Gnade in Aussicht stellt, so richten sie sich auf, und im Licht des Wortes: ‹Du erhörst Gebete ...› schwingen sie sich über die Wolken, ja, zum Himmel selbst hinauf. Sie wissen, dass Gott ihnen gnädig ist.[1]

1 Dan 9,18f., CO 41,159.

So, in dieser zweiseitigen Weise, demütig und hochgemut, vollzieht sich das Gespräch von Menschen mit Gott: Sie reden mit *Gott*, aber sie werden gewürdigt, *mit* ihm zu reden. Der «Allmächtige» ist kein Gott, der «alles» kann. Aber als der Schöpfer hat er alles in seiner Hand. Dieser Gott vollbringt all *das*, was *seiner* Ehre dient und was *uns* gut tut. Und so ist Gebet beides: Anbetung verbunden mit Lob, und sodann Bitte, Schuldbekenntnis und Dank. Zugleich verstehen wir, dass die Anrede von Gott als dem «Allmächtigen» zwar über uns Menschen sagt, dass wir auf Gott schlechterdings angewiesen sind. Wenn wir uns anmaßen wollten, ihn mit unseren Gebeten zu dirigieren, käme Verkehrtes heraus. Aber diese Anrede meint auch keine blinde Unterwürfigkeit. Wir können und dürfen doch «mit Gott reden», und er will «mit sich reden lassen». Gott handelt in Rücksichtnahme auf unsere Gebete. So soll Calvin uns ein Lehrer sein, der hilft, recht zu beten. Unter vier Gesichtspunkten sei das gezeigt.

1. Beten und Glauben

Beten setzt Glauben voraus. So sagt es Calvin in einer Predigt: «Wir können nicht zu Gott beten, ohne zu glauben.»[2] Tönt das nicht zu streng? Heißt das: Wenn wir nicht glauben, dürfen wir nicht beten? Ist das nicht zu steil, dass wir zu glauben haben, um beten zu können? Aber hören wir näher hin! Das Gebet ist nach Calvin ein Gespräch von uns mit *Gott*.[3] Ein Gebet ohne Beziehung zu Gott wäre im Grunde ein Selbstgespräch. Ein solches Beten wäre ein bloßes Wünschen, und wenn wir dabei noch so eifrig unsere Wünsche an den Himmel schreiben würden. Selbst wenn die Wünsche in Erfüllung gehen, stehen wir dabei doch außerhalb solcher Beziehung zu Gott.

Aber heißt das, dass wenigstens der Glaube ein Schlüssel in unserer Hand ist, damit wir die Himmelspforte öffnen können? Nein, wir haben keinen solchen Schlüssel in der Hand. Im Glauben anerkennen wir das. In jener Predigt erklärt Calvin auch: Durch sein *Wort* geselle sich Gott uns zu und öffne uns dadurch die Türe zu sich, und er tue dies, indem er uns sagt, dass er unser Vater ist und wir seine Kinder sind.[4] Dass Gott zu uns gesprochen hat, das ist der Grund für uns, ihn zu suchen und zu ihm zu beten. Das Wort Gottes ist aber kein Wort, über das *wir* verfügen können. In

---

2 Predigt über Davids Bittgebet in 2Sam 7,25–29, in: Predigten über das zweite Buch Samuelis, hg. Hanns Rückert, Suppl. Calviniana I, Neukirchen 1961, 228, 43f.

3 Vgl. Institutio III 20,5.

4 Wie Anm. 2, 225,23f. Dort weiter: «Gott hat [zu uns] gesprochen, und das ist der Grund, ihn zu suchen, und das ist es, was uns treibt, zu beten.» Vgl. auch Sach 7,1–3; CO 44,219: Wenn das Gebet nicht bestimmt ist vom Wort Gottes, vom Weg *Gottes* zu uns, dann befinden *wir* uns beim Beten auf einem Fehlweg.

seinem Wort verfügt Gott *sich* seinerseits zu uns hin. Wiederum meint Calvin, dass es uns Gottes *Geist* ermöglicht, uns unsererseits im Glauben Gott zuzuwenden.

> Wer nicht durch Gottes Geist regiert wird, kann nicht von Herzen beten. Wir wissen ja, dass dies die besondere Gabe des Geistes ist, dass er unsere Herzen in den Himmel erhebt. Denn vergeblich beten wir, wenn wir nicht glauben und umkehren.[5]

Im Jakobusbrief (1,6) heißt es von einem rechten Beter: «Er bitte im Glauben». Dazu führt Calvin aus, dass wir nicht beten können, wenn dem nicht ein Wort Gottes vorangegangen ist: das Wort, in dem uns Gott angesprochen hat und auf das wir uns stützen können. Eben «so müssen wir vor dem Beten erst glauben». Wenn Jakobus weiter davon redet, dass der Glaubende nicht zweifeln soll, so versteht das Calvin so: «dass der Glaube mit Vertrauen und Gewissheit in Bezug auf Gottes Liebe verbunden ist».[6] Ja, es werden «unsere Bitten nur dann vom Herrn erhört werden, wenn auch Vertrauen auf die Erfüllung sie begleitet».[7] Der Reformator nennt den Glauben sogar «die Mutter des Gebets».[8]

Wir verstehen wohl nun besser, warum unserem Beten das Wort Gottes und der Glaube vorangeht. In seinem Wort wendet sich Gott uns zu, und damit gibt er uns die Erlaubnis und das Recht, ihm Antwort zu geben. Sein Reden zu uns gibt uns zugleich ein offenes Ohr, damit wir ihn hören. Und seine Einladung, zu ihm zu beten, schließt *Gottes* Bereitschaft in sich, ein offenes Ohr für uns zu haben. Wir verstehen zugleich auch, warum nach Calvin sich der Glaube und das Hören auf Gottes Wort sogleich im *Gebet* betätigen und bewähren muss. So sagt er etwa:

> Das vornehmste Opfer, das Gott verlangt, ist ja die Anrufung seines Namens; denn damit bezeugen wir, dass uns von ihm alles Gute kommt, und wir geben unseren Glauben zu erkennen, indem wir zu ihm unsere Zuflucht nehmen, in sein Herz alle unsere Sorgen ausschütten und ihm unsere Gebete darbringen.[9]

Ähnliches hören wir an anderen Stellen seiner Auslegung. Etwa so:

---

5 Micha 3,4; CO 43,322.
6 Jak 1,6; CO 55,387.
7 So nach Apg 8,22; CO 48,186, wo es weiter heißt: «dass man Gott nur durch den Glauben in rechter Weise anrufen kann. … [Es] muss uns der Glaube voranleuchten, wenn wir zu Gott nahen wollen.» Vgl. Jer31,7; CO 38,650: «Es kann kein legitimes Beten geben, außer es ist aus dem Glauben geboren.»
8 Apg 8,22; CO 48,186f.
9 Dan 6,10; CO 41,9.

> Die Anrufung Gottes ist die beste Übung des Glaubens und der Hoffnung: allein durch sie erlangen wir von Gott alles Gute. [...] [Wir sollen darum] zu keiner Zeit und in keiner Lage das Gebet unterlassen. Vergessen wir doch in ruhigen und frohen Tagen des Glücks nur zu leicht, an das Gebet zu denken, und flüchten uns zu Gott nur im Drang der Not. Wir sollen aber stets, in guten wie in bösen Tagen, das Gebet pflegen.[10]

Oder so:

> Viele freuen sich, wenn sie eine freudige Botschaft hören, aber diese Freude ruft in ihnen nur Sicherheit hervor; so wird der Glaube erstickt und bringt keine Frucht. Denn des Glaubens vornehmstes Werk ist die Anrufung Gottes; wer aber sicher ist, weil er an keine Gefahr denkt, flüchtet sich deshalb auch nicht zu Gott.[11]

Oder so: «Das bewährteste Mittel gegen ein Ermatten [des Glaubens] ist die Ausdauer im Gebet.»[12] In den Psalmen heißt es: «Der Herr ist nahe allen, die ihn anrufen». Dazu Calvin:

> Der Glaube würde [...] sicherlich müßig, ja tot darniederliegen, wenn er sich nicht in der Anrufung Gottes betätigte. In dieser kommt der Geist der Kindschaft zum Vorschein. Durch sie bezeugen wir auch, dass Gottes Verheißungen uns gültig und gewiss sind.[13]

Für den Reformator steht Glauben nicht grundsätzlich im Gegensatz zum Handeln. Vielmehr: «Der Glaube besitzt die Kraft, uns zu tapferem Handeln anzutreiben; Feigheit und Zurückweichen offenbart den Unglauben.»[14] Aber bei allem rechten Tun, zu dem wir im Glauben aufgerufen sind, steht das Beten an der ersten Stelle. Die erste rechte Tat ist das Gebet.

Beachten wir nun auch dies, dass für Calvin der Glaube keine individuelle, geschweige eine Privatsache ist. Ich als Einzelner glaube an den dreieinen Gott *in seiner Gemeinde und mit Anderen*. Daher hat im Leben der Gemeindeglieder «Eifersucht, Neid und Ehrgeiz ganz zu schweigen. Denn eben dies vernichtet ja den rechten Gebrauch der göttlichen Gaben, wenn jeder nur an sich denkt, für sich Ehre begehrt, sich selbst gefällt».[15] Dass es anders zugehen muss, das zeigt sich im gemeinsamen Beten. Es ist wesentlich ein Beten füreinander und miteinander. Ein Beten, bei dem das nicht wesentlich ist, ist im Grund ein egoistisches Wünschen. Wir so sehr auf uns

10 Eph 6,18; CO 51,237.
11 Jer 31,7; CO 38,650f.
12 Röm 12,12; CStA 5.2, 642f.
13 Ps 145,18; CO 32,418.
14 Jos 1,6; CO 25,432.
15 Eph 4,11; CO 51,197.

selbst bezogenen Menschen lernen rechtes Beten, wenn wir uns *Jesus* anschließen und gemäß Jesu eigenem Beten beten – so wie er nach dem Muster der 150 biblischen Psalmen und besonders nach dem Vorbild des von ihm gelehrten Unser-Vater-Gebets. Jesus hat uns das vorgebetet, damit wir ihm das nachbeten. Calvin nimmt darin schon die Anrede ernst – *unser* Vater – und sagt dazu: «Der Christenmensch muss also seine Gebete nach der Regel richten, dass sie auf die Gemeinschaft bezogen sind und alle umfassen, die in Christus seine Brüder sind. Damit schließt er [...] alle Menschen ein, die auf der Erde leben.» Denn es ist «ebenso fromm wie menschlich, für sie das Beste zu wünschen und zu erhoffen».[16]

2. Das Beten von uns Sündern

Die Ausschlag gebende Frage ist nicht die, ob wir beten *wollen*. Die entscheidende Frage ist die, ob wir überhaupt beten *dürfen*. Wenn so stark der Zusammenhang von Glauben und Beten betont wird, so stellt sich uns die Frage: Wie können wir überhaupt jemals beten, wo wir doch Sünder sind? Vielmehr: Kommt uns denn *tatsächlich* diese Frage? Wir müssen wohl erst an Gott glauben, bevor wir in seinem Licht erkennen, wer wir selber sind. Und das sind wir: Leute, die nicht zu Gott passen – so sehr auch die von uns erfundenen Götter zu uns passen. Diese Götter sind schließlich *unsere* Erfindungen, Produkte von Menschenhand. Calvin sagt: Die Menschen sehen ja Stein und Holz, sobald sie nur zu einem Gebilde gezimmert oder behauen sind, als Gottheit an und «nehmen dazu ihre Zuflucht, tun ihm Gelübde, rufen es an und werfen sich davor nieder und legen ihm schließlich alles bei, was nach ihrem eigenen Wissen Gott alleine zukommt». Dabei fühlen sie sich noch sicher, weil die große Menge das Gleiche tut.[17] Doch dieser Wahnglaube ist keine Vorstufe des rechten Glaubens; er ist Unglaube. Erst wo wir es mit dem einen, wahren Gott zu tun haben, werden wir aus solchem Wahn wachgerüttelt. Wir brauchen Vergebung gerade auch von dieser unserer Sünde, wenn wir mit Gott verkehren wollen. Calvin schreibt drastisch: Wer das Gebet um Vergebung «nicht nötig zu haben glaubt, der verlasse die Schule Christi und begebe sich in einen Schweinestall».[18]

Wo aber die Gemeinde sich zum Gottesdienst versammelt, da steht die Bitte um Vergebung an der *ersten* Stelle. Es gehört zum Bewegenden der Genfer Gottesdienstordnung, dass nach ihr zu Anfang ein Buß-Gebet gesprochen wird, das seither in verschiedenen kritischen Situationen Menschen zum Gottesdienstbesuch veranlasst hat:

16 Institutio III 20,38.
17 Jes 44,10f.; CO 37,11f. Vgl. Gal 4,8, CO 50,230.
18 Dan 9,21; CO 41,163.

> Herr Gott, ewiger und allmächtiger Vater, wir bekennen und erkennen rückhaltlos vor deiner heiligen Majestät, dass wir arme Sünder sind […] und dass wir durch unsere Schuld […] ununterbrochen deine heiligen Gebote übertreten. Weil wir das tun, ziehen wir durch dein gerechtes Urteil Untergang und Verderben auf uns. Jedoch, Herr, wir haben Missfallen an uns selbst, weil wir dich beleidigt haben, […] und wir sehnen uns danach, dass deine Gnade unserem Elend abhelfe. Hab Mitleid mit uns, Gott und Vater, gütig und voll Erbarmen, im Namen deines Sohnes Jesus Christus, unseres Herrn. Lösche unsere Fehler und Unreinheit aus und lass uns von Tag zu Tag die Gnadengaben deines heiligen Geistes größer und kräftiger werden […].[19]

Angesichts solchen menschlichen Elends lehrten nach Calvin schon die in der Zeit des Alten Testamentes dargebrachten Opfer das Volk, dass ohne solche hingebungsvolle Vermittlung auch nicht «seine Dankbarkeit dem Herrn gefallen konnte». Denn es sei so, «dass überhaupt nichts Reines von dem Menschen ausgeht, sondern alles mit Blut gereinigt werden muss». Die Opfer in der Zeit des Alten Testaments waren Gebete, Bitten um Gottes Gnade und um seine freundliche Vergebung der Sünden. Genau genommen würden auch unsere Gebete als solche «sündhaft sein, wenn Gott nicht nach seiner unermesslichen Güte […] die Gebete trotzdem annehmen wollte».[20] Aber er nimmt sie an! Und zwar deshalb, weil «wir Gott ans Herz greifen, sobald wir ihm den Namen des Sohnes entgegenhalten».[21] Im Namen seines Sohnes, des Versöhners! Die Opfer im Alten Testament waren insgeheim Vorwegnahmen der Versöhnung Christi. «Christus ist also der einzige Weg und der einzige Zugang durch den es uns geschenkt ist, zu Gott zu dringen; wer […] von diesem Weg abbiegt […], der hat weiter keinen Weg […] zu Gott, und für den bleibt vor Gottes Thron nichts als Zorn, Gericht und Schrecken.»[22] Das ist darum so, weil keiner – und wenn er der Heiligste wäre – etwas von Gott gewährt bekommt, bevor er aus Gnaden mit ihm versöhnt ist.[23]

Allerdings machen wir öfters die Erfahrung, dass Gott unsere Gebete anscheinend nicht erhört. Auch wenn wir gestehen müssen, dass dies an unserer Sünde liegt, ist das allemal verwirrend, wenn wir in unseren Gebeten gleichsam an eine verschlossene Türe anklopfen. Zu der Bitte des Propheten: «So schaue vom Himmel» merkt Calvin an:

> Man muss aus diesen Worten die Klage heraushören, dass Gott damals sich gleichsam verborgen hielt […]: ‹Obwohl wir dich nirgends sehen, o Herr, und

19 CStA 2,163
20 Jos 7,6; CO 25,474.
21 Joh 16,26; CO 47,371.
22 Institutio III 20,19.
23 Vgl. Institutio III 20,9, und: Ex 29,38.

> du dich gleichsam in den Himmel eingeschlossen und dich uns entzogen hast, so dass du scheinbar völlig aufgehört hast, für uns zu sorgen, blicke *dennoch* vom Himmel hernieder und sieh von deiner Wohnung auf unser Elend.› So müssen die Frommen [...] Gott als den Mächtigen und Gütigen anerkennen, auch wenn sie keine Zeichen seiner Macht und Güte empfangen.[24]

Es scheint zuweilen, als schliefe Gott. Und der Eindruck einer Gleichgültigkeit Gottes ist eine harte Anfechtung, in der der Gebetseifer nachlässt.

> Ausdauer im Gebet ist eine seltene und nicht leichte Tugend. Unser Unglaube offenbart sich darin, dass wir, wenn unser Bitten nicht sogleich Erfolg hat, mit der Hoffnung auch den Eifer verlieren. Und doch beweist unser Vertrauen daran erst seine Echtheit, dass wir den Mut nicht verlieren, wenn uns ein Wunsch versagt bleibt.

In solchem Mut sollen wir keinesfalls nachlassen mit Beten, «wenn man auch schon mit Pfeilen auf uns zielt und todbringende Wunden drohen».[25] Ein anderes Mal sagt der Reformator, es sei geradezu eine tägliche Erfahrung eines jeden Glaubenden, «dass er sich nach dem Gefühl seines Fleisches von Gott verworfen und verlassen vorkommt, dennoch erfasst er im Glauben die (ihm) verborgene Gnade».[26] Wir sollen mit dem Beten auch dann nicht innehalten, wenn wir wissen, wie Calvin mit Feingespür bemerkt, dass selbst die Heiligen «ihre Gebete nach den Gefühlen des Fleisches formen. Man darf sich nicht schämen, seine Schwachheit einzugestehen, und es nützt auch nichts, dass man seine Zweifel zu verdecken sucht».[27]

3. Gebetserhörung

Es gab unter katholischen Theologen damals die Meinung, dass die Erhörung der Gebete durch Gott unsicher sei, weil sie abhänge von der Reinheit des Beters. Das heißt, der Mensch müsse erst das Seine tun, damit Gott ihn erhöre; und wenn es daran fehle, so erhöre ihn Gott nicht. Calvin pocht hingegen darauf, dass Gott unsere Gebete wirklich erhöre. Er sagt:

> Die Gewissheit, dass wir empfangen, was wir erbitten, [die Gewissheit], die uns der Herr mit seinem eigenem Wort aufträgt, [...] gilt es mit beiden Händen festzuhalten, wenn wir mit Frucht beten wollen. Nur ein solches Gebet ist Gott

24 Jes 63,15; CO 37,401.
25 Ps 58,7f.; CO 31,562
26 Ps 22,2; CO 31,220.
27 Ps 38,22; CO 31,395.

> wohlgefällig, das aus solcher [...] *Vermessenheit* des Glaubens entspringt und auf die unerschütterliche Gewissheit der Hoffnung gegründet ist.[28]

Die Gewissheit, dass Gott unsere Gebete erhört, ist derart fest, dass man sagen darf: Für Calvin sind Gebete schon selbst der Beginn ihrer Erhörung, nämlich in der unter allem Zweifeln getrosten Gewissheit, dass Gott sie hört.

Es gibt nach dem Genfer Reformator eine zweigestaltige Gebetserhörung, eine gegenwärtige und eine zukünftige. Sie geschieht in der Spannung zwischen einem «Schon-Jetzt» und einem «Noch-Nicht». Sie geschieht in der vorläufigen Erfüllung einer Verheißung, die aber wiederum den Charakter einer neuen Verheißung hat – nämlich der Verheißung der künftigen, definitiven Erfüllung. Es ist bei den Gebeten, mit *denen* Calvin jeweils seine biblischen Vorlesungen geschlossen hat, überdies auffallend, wie sie in ihrer Sprachform auf die zuvor soeben ausgelegten Texte bezogen sind. Eben *dabei* kommt jener doppelte Blick auf die Gegenwart und Zukunft zum Zuge. Das sei an einem dieser Gebete illustriert. In einer Vorlesung hat Calvin Daniel 10 ausgelegt, wo in einer Vision dem Propheten das Los des gefangenen Volkes Israel mitgeteilt wird. Daraufhin betet er zu dem «allmächtigen Gott»: Inmitten großer Schwachheit «unseres Glaubens» wolle er es uns schenken, dass die Betenden sich auf das Beispiel stützen, das uns nach Gottes Willen Daniel vor Augen hält. Darum bitten sie, dass sie nicht an Gottes Beistand zweifeln: Auch wenn er eine Zeit lang sein «Angesicht vor uns verbirgt und wir in der Finsternis liegen», ist er «uns dennoch nahe». Mit solchen Worten bittet Calvin um Gottes gegenwärtige Zuwendung, und er tut dies in der Gewissheit, dass das Gebet *jetzt* erhört wird – so, dass Gott uns tatsächlich nahe ist. Aber dann fährt er fort mit dem Wort «bis», wie das im Großteil seiner Gebete geschieht, in denen der Schluss-Satz eben mit diesem Wort einsetzt. In dem vorliegenden Zusammenhang lautet es so: «bis endlich die Frucht unserer Gebete erscheint [...] und bis du uns deine Hand aus dem Himmel entgegenstreckst und uns auch hinaufhebst in die Seligkeit [...]».[29] Die gegenwärtige Erhörung ist also *schon* wirkliche Erhörung und sie ist doch *erst* eine Anzahlung für die kommende Erhörung, eine stärkende Vorwegnahme, die uns Kraft zu gegenwärtiger Standfestigkeit und zugleich eine gewisse Hoffnung auf das kommende Reich Gottes gibt.

Doch erneut die Frage: Erhört Gott auch falsche, verkehrte Gebete? Calvin sagt dazu Nein. Und er meint dabei, dass Gott von uns nicht zum Helfershelfer für ein egoistisches, schmutziges, böses Tun gemacht werden kann. Gott verheiße zwar, nach dem Willen der Frommen zu verfahren, aber seine Nachsicht gehe «nicht so weit, dass sie sich unserem Gutdünken

---

28 Institutio III 20,12.

29 Auslegung der Heil. Schr., Neue Reihe 9, 555 (Gebet nach der Vorlesung über Dan 10,13f.).

unterwirft. [...] Gott duldet es nicht, dass man mit seiner Freundlichkeit solchen Spott treibt, sondern er wahrt sein Recht, und deshalb unterwirft er unsere Wünsche seiner Oberherrschaft.» Hören wir nur genau hin, was in 1Joh. 5,14 gesagt ist: «Das ist die Freudigkeit, die wir zu ihm haben: So wir etwas bitten nach seinem Willen, so hört er uns!»[30] Wohlgemerkt, bitten nach *seinem* Willen! Darum gilt: «Menschen, die von Gott erhört werden wollen, sollen nicht in ihrem Schmutz stecken bleiben.»[31] Ist das richtig verstanden? Ja und doch auch Nein! Es ist bezeichnend für Calvins Denkweise, dass er alsbald Raum gibt für einen gegenläufigen Gedanken, und er erklärt, dass auch solche Bitten nicht wirkungslos bleiben, die nicht aus dem Glauben zum Himmel dringen: «Psalm 107»![32] Dort heißt es, dass auch diejenigen von Gott erhört werden, die «den Geboten Gottes getrotzt und den Ratschluss des Höchsten verachtet hatten» (V. 11). Das bedeutet nicht eine Gleichgültigkeit von Glaube und Unglaube, aber das weist hin auf die große Barmherzigkeit dessen, der seine Sonne über Guten und Bösen aufgehen lässt.[33] Und das ist Trost für uns, die wir alle zugeben müssen, dass es «kein einziges Gebet (gibt), über das sich Gott nicht mit Recht erzürnen müsste, wenn er nicht gnädig über die Makel hinwegsähe, mit denen wir alle befleckt sind».[34] Kurz und gut: «Selbst unser Stammeln trägt Gott.» *Darum* sind unsere Gebete nie vergeblich.[35]

Dass sie nicht vergeblich sind, ist in einem bestimmten Sinn zu verstehen: Gottes Erhören hat einen *heilsamen* Sinn. Er nimmt sich derer erbarmungsvoll an, die ihn bitten. Er gibt ihnen nicht Steine statt Brot, wie es in Mt 7, 9 heißt, und Calvin bemerkt dazu: Wenn wir, die doch böse sind, Kindern auch Gutes tun können, «was dürfen wir dann nicht [vielmehr] von dem unerschöpflichen Meer der Güte erwarten», das heißt: von der «unergründlichen Güte Gottes». «Ja selbst wenn, um mit Jesaja (49,15) zu reden, eine Mutter ihr Kind vergäße, so wird doch der Herr derselbe sein und sich als Vater offenbaren.»[36] Eben zu Jes 49,15 bemerkt der Reformator: Es sei hier die Rede von der Mutterliebe, die doch «die väterliche bei weitem übertrifft». Aber wenn selbst sie ihre Kindlein wegwürfe, «Gott wird sie doch nie wegwerfen, da seine Liebe zu seinen Kindern beständig währt».[37] Ja, in der Auslegung von Ps 77,10 wagt er den starken Satz: «Got-

30 Dazu Calvin, CO 55,370: *Vera sit precandi regula: nempe ubi vota sua Deo homines subiiciunt.* «Das ist die rechte Regel des Betens: dass die Menschen ihre Wünsche Gott unterordnen.»

31 Institutio III 20,5.

32 Institutio III 20,15.

33 Ebd.

34 Institutio III 20,16.

35 Vgl. Dan 9,20; CO 41,162.

36 Mt 7,9; CO 45,218f.

37 Jes 49,15;

tes Güte ist untrennbar verbunden mit seinem Wesen, so dass es unmöglich ist, dass er nicht barmherzig ist.» (*Sic coniunctam esse bonitatem cum Dei essentia [!] impossibile [!] sit, eum non esse misericordem*).[38] So darf unser Gebet zu ihm von hoffnungsvoller Erwartung getragen sein. Stark ist der Satz, weil er Calvins Prädestinationslehre allem Anschein nach widerspricht.

4. Anweisungen zum recht Beten

Es ist beim Vollzug des Gebets nach Calvin einiges zu beachten, damit es recht getätigt werde. Denn es gibt trotz dem eben Gesagten auch ein solches Gebet, das Gott nicht erhören will – eines, von dem die Worte Gottes nach dem Propheten Amos (5,23) gelten: «Tu nur weg von mir das Geplärr deiner Lieder.» Die Meinung ist nicht, dass wir durch eine saubere Gebetstechnik das Ohr Gottes erreichen können, um so eine Zustimmung Gottes zu unseren Wünschen durchzusetzen. Gerade auch das wäre ein falsches Gebet. Calvin denkt hier umgekehrt: Wenn wir bedenken, *an wen* sich unsere Bitten im Gebet richten, dann werden wir nicht unsere Wünsche gegen seinen Willen behaupten wollen. Nicht umsonst lehrt uns Jesus ja auch dies Gebet: «*Dein* Wille geschehe!». Das legt Calvin aus – nicht etwa als blinde Unterwürfigkeit unter den Willen eines Diktators. Er legt es aus als unsere Bereitschaft, zu «wünschen, dass auch auf *Erden* alle [...] Bosheit vertilgt werde und die Erde sich dem Gebieten Gottes unterwerfe [...]. Sein Geist soll unser Herz regieren, damit wir durch seine innere Unterweisung lernen, das zu lieben, was ihm wohlgefällig ist, und das zu hassen, was ihm missfällt.»[39] Bedeutsam ist für Calvin dies, dass wir nach Jesu Anleitung entscheidend «allein Gottes Ehre vor Augen» haben sollen. Erst dann «gestattet er uns auch, für unser eigenes Wohl zu sorgen, aber doch nach der Regel, dass wir bei allem, was wir erbitten, das Ziel vor Augen haben sollen: Es muss alles, was er uns an Wohltaten zuteil werden lässt, seinen Ruhm verherrlichen.»[40] Wir werden durch Christus auch geheilt von unserem heillosen Fixiertsein auf uns selbst. Darum war es Calvin wichtig, dass im Unser-Vater-Gebet *zuerst* dreimal gesagt wird «Dein – dein – dein», bevor von unseren Anliegen geredet wird, und hier im Plural: unser. In dieser Weise werden wir recht beten – ob in geformten Worten oder in hilflosem Gestammel. Von da aus einige Gedanken zu dem, was es heißt, «recht zu beten».

Zum einen die Frage, ob das rechte Beten gemeinsam oder in stiller Zurückgezogenheit zu verrichten ist. Kommen wir hier noch einmal zurück

[38] CO 31, 715.
[39] Institutio III 20,43.
[40] Institutio III 20,44.

auf den schon berührten Punkt! Immerhin sieht Calvin im Beten des Propheten Daniel, dreimal an jedem Tag in seiner Kammer, eine gute Sitte, die uns vor dem Vergessen des Betens bewahrt.[41] Und zum Aufruf von Paulus, *stets* zu beten, bemerkt er: Das hätten wir wohl sehr nötig, denn die «Anrufung» Gottes sei die beste Übung von Glauben und Hoffnung, die wir auch in guten Tagen zu verrichten haben.[42] Das stete Beten vollzieht sich wohl besonders im stillen Kämmerlein, wovon Jesus in der Bergpredigt spricht (Mt. 6,6). Ja gut, meint Calvin dazu, aber diese Worte sollten wiederum nicht missverstanden werden. Denn, ob man allein oder zusammen mit anderen betet, in beiden Fällen sollten wir uns dessen bewusst sein, dass wir allein *Gott* zum Zeugen haben.[43] Aber das heißt gewiss nicht, dass wir vor allem für uns selbst zu beten haben, die Fürbitte für andere gehört wesentlich zu einem rechten Gebet. Immerhin sagt ja Jesus im selben Atem im selben Kapitel der Bergpredigt, dass wir beten sollen: «*Unser* Vater», und das heiße doch auch dies, dass nicht «jeder für sich allein Gott als seinen Vater anrufen soll; wir sollen ihn vielmehr unseren gemeinsamen Vater nennen».[44] Dem gemäß bestand für Calvin ein wesentlicher Teil der von ihm geprägten kirchlichen Gottesdienste im gemeinsamen Beten der biblischen Psalmen, und zwar so, dass diese Gebete gesungen wurden: nach seiner Erkenntnis dabei in *einstimmigem* Gesang, als Ausdruck der *Überein-Stimmung.*

Zum anderen fragt sich: Ist mit dem *Herzen* oder mit dem *Mund* zu beten? Für Calvin ist das Primäre beim Gebet, dass wir es mit dem Herzen verrichten. Das ist der gute Sinn von Jesu Verbot des Plapperns. Denn beim Plappern redet man im Grunde nicht zu Gott, sondern will den Leuten oder auch sich selbst Eindruck machen. Calvin schreibt:

> [Es ist der] Zweck des Gebets […], dass unser Herz zu *Gott* empor gerichtet werde, um *sein* Lob zu verherrlichen, und von *ihm* Hilfe zu erfahren. Daraus ist aber zu ersehen, dass es sein ursprüngliches Wesen im Gemüt und Herzen hat. Ja, das Gebet selber ist eigentlich eine Regung des tiefsten Herzens, die vor Gott, dem Herzenskündiger, ausgeschüttet und hingelegt wird.[45]

Das ist richtig, aber das ist nicht alles. Denn wes das Herz voll ist, dem geht der Mund über (Lk 6,14). Das ausdrückliche Sprechen von Gebeten ist darum nötig, weil sich das christliche Leben in der Gemeinschaft der Gläubigen vollzieht. Aus diesem guten Grund wurde der *Tempel* ein «*Bethaus*» genannt. An dieser Stätte, an der sich Gottes Volk versammelt, wird Gott

41 Vgl. Dan 6,10; CO 41,9.
42 Eph 6,18; CO 51,237.
43 Mt 6,6; CO 45,193.
44 Institutio III 20,38.
45 Institutio III 20,19.

gemeinsam verehrt, und das vornehmste Stück seiner Verehrung ist der Dienst des *Gebets.*[46] Daher gehört das Beten mit dem Herzen und das Beten mit der Zunge sinnvoll zusammen.

> Gewiss wäre es die Pflicht des *Herzens,* die Zunge in Bewegung zu setzen und zum Gebet zu treiben, aber weil es oft unruhig wird oder sein Amt lässig und träg übt, bedarf es der Hilfe der Zunge. Überhaupt stützen die beiden sich gegenseitig: das Herz muss vor allen Worten in Bewegung kommen und diese gestalten, aber auch die Zunge hilft dem Herzen, seine Gleichgültigkeit zu überwinden.[47]

Drittens: Darf ich auch für mich *selbst* beten? Das ist für Calvin eine echte Frage. Denn man kann sogar miteinander beten, und doch denkt dabei jeder nur an sich. Calvin merkt vorsichtig an:

> Jeden Augenblick muss unser *eigener* Mangel uns zum Gebet antreiben. *Aber* es gibt noch einen anderen Grund zum unablässigen Beten, nämlich die Not der *Brüder,* die uns am Herzen liegen muss. Gibt es wohl eine Zeit, wo nicht einige Glieder der Gemeinde leiden und unserer Hilfe bedürfen?[48]

Das Denken an die anderen, die Verbindung mit ihnen im Gebet ist für Calvin das Merkmal, dass der Mensch nicht als Egoist Gott vor den Karren seiner eigenen Wünsche spannen will. Er schreibt: «Soll unser Gebet Gott gefallen und Frucht tragen, so müssen wir es mit der gesamten Kirche zusammenschließen und nicht nur an den eigenen Nutzen denken.»[49] Bei ihm ist es ein oft vorgetragener Gedanke, dass sich die Liebe Gottes zu spiegeln hat in der gegenseitigen Liebe in der Gemeinde Jesu Christi. Darum kann er kritisch ausrufen: «Während jeder für *sich* persönlich Sorge trägt, gehen unter Hundert kaum *einem* die Nöte der *Gemeinde* gebührend zu Herzen.»[50] Aber die biblische Botschaft kann und will und wird uns solche Kälte und Trägheit abgewöhnen. Es ist *Gott,* der dazu aufruft: Er «befiehlt, dass die Gläubigen *füreinander* beten sollen».[51] Es ist dabei nicht zu vergessen, dass wir uns im Gebet auch mit denen verbinden sollen, die weit weg von uns, weit weg von der Gemeinde und weit weg von unserem Wohlstand sind. Gott verbindet uns auch mit ihnen. Solchem Beten wird ohne Aufschub das Handeln entsprechen.

---

46 Jes 56,7; CO 37,300.
47 Ps 102,2; CO 32,62.
48 Eph 6,18; CO 51,237.
49 Dan 9,21; CO 41,163f.
50 Ps 102,2; CO 32,62.
51 Eph 6,19; CO 51,238.

Das ergreifende Buch

Das Verständnis der Heiligen Schrift lässt sich bei allen Reformatoren nicht zutreffend erfassen, wenn wir bloß nur nach einer *Lehre* darüber fragen. Es fällt ja auf, dass wir weder in Luthers Kleinem Katechismus noch in Zwinglis «Schlussreden»[1], dem zentralen Dokument der Zürcher Reformation, noch in Calvins erstem und zweitem Genfer Katechismus einen eigenen Abschnitt über die Heilige Schrift finden. Das liegt nicht an einer mangelnden Wertschätzung dieses Buches durch die Reformatoren. Das liegt an der Art, in der sie es als den grundlegenden Text der Kirche wiederentdeckten. Das Neue war, dass die Schrift auf einmal erstaunlicherweise neu zu reden begann, und zwar so, dass man nicht *sie* als Artikel des Glaubens, sondern mit der Schrift den *Glauben* zu bekennen hatte. Das ist allerdings die Voraussetzung, unter der Calvin dann in seinem umfangreichen Buch «Unterweisung in der christlichen Glaubenserkenntnis» nicht nur die Heilige Schrift viele Male zitierte, sondern auch eine Lehre von ihr entfaltete. Wenn wir gleich von dieser Lehre reden, habe man das im Ohr: Dem war die grundlegende Erfahrung vorausgegangen, die sich wie bei Martin Luther und bei Huldrych Zwingli auch bei Johannes Calvin zeigen lässt: Es ist die Erfahrung von der *sprechenden* Heiligen Schrift. Sie war zuvor in der altgläubigen Kirche gewiss nicht ungelesen. Aber jetzt entdeckte man das Unerhörte: Sie redete nicht nur, sie *redet*, auch heute, mitten in all dem Anderen, was sonst geredet wird. Sie verschafft sich Gehör mit unerhörter Wucht – nach Luthers Wort: wie ein fahrender Platzregen, nach Zwinglis Formulierung: wie eine Dämme zerreißende Flut, die den Leser mitreißt. Die Hauptwerke der Reformatoren waren nicht ihre Streitschriften, sondern ihre Schriftauslegung.

Calvin spricht noch mitten in seiner Lehre von der Schrift davon: Sie gibt uns Menschen nicht bloß Anweisung, es sei ein Gott zu verehren, sondern «er selbst tritt ihnen (hier) gegenüber als der, auf den sie schauen sollen».[2] Oder ein anderes Mal:

> Lies Demosthenes oder Cicero, lies Plato oder Aristoteles – zugegeben, sie können dich anlocken, ergötzen, hinreißen. Aber wenn du dann zur Heiligen Schrift kommst, so ergreift sie dich – ob du willst oder nicht – so lebendig, dringt so tief

---

1 Er sagt wohl vor den Thesen, dass er sie nach der Heiligen Schrift zu verteidigen bereit ist.

2 Institutio I 6,1.

> in dein Herz, setzt sich so fest im Allerinnersten, dass vor der Gewalt die Erfahrung jener Redner und Denker nahezu null wird. Man kann spüren, wie ein göttlicher Hauch die Heilige Schrift durchweht […].[3]

Es war darum auch so, dass Calvin das nie mündlich vorgetragen hat, was die Nachwelt so interessiert hat: seine «Dogmatik». Das tägliche Brot seiner Arbeit in Genf war das, warum die Studierenden aus weiten Entfernungen unter Calvins Kanzel und Katheder strömten: die Auslegung der Bibel in Predigten und Vorlesungen. Wir verstehen Calvin erst recht, wenn wir auch seine Bibel-Auslegungen mit anhören. Jedoch, wenn wir die Bibel zur Hand nehmen, so sind auch einige Klarstellungen hilfreich. Was Calvin dazu zu sagen, zu helfen, zu raten hat, davon sei nun gesprochen.

1. Die Bezeugung Gottes in der Heiligen Schrift und in der Natur

Weil nach Calvin der Mensch Gott nicht recht oder meist nur vermeintlich aus der Natur erkennt, darum haben wir unser Augenmerk auf die Heilige Schrift zu richten. Sie ist das Mittel, durch das der Mensch, der Gott sonst nicht erkennt, dennoch Gott erkennen kann. Diese Sätze, die Calvins Schriftverständnis zusammenfassen, sind zugespitzt formuliert. Denn in gewisser Weise rechnet er doch selbst damit, dass Gott sich auch durch die Natur bezeugt. Darum setzt er die Bezeugung Gottes durch die *Schrift* nicht absolut. Er sagt zunächst nur: die Schrift sei ein klareres, ein sichereres Mittel zur Gotteserkenntnis. Er braucht das Bild: die Schrift sei eine gute Brille, die das vorher für den Leser kaum Lesbare lesbar mache.[4] Der Vorzug der Schrift gegenüber dem Zeugnis der Natur ist allerdings erheblich. Calvin erklärt das etwa so: Wir begegnen in der Natur wohl auch Zeugnissen Gottes. Aber das sind Zeugnisse, die uns gleichsam «*stumme* Lehrer» sind. Hingegen Gott selbst «öffnet seinen heiligen Mund», und in der Heiligen Schrift wird dieses von Gott Gesagte *hörbar*. Genauer gesagt: Wir erkennen Gott entscheidend nur durch Gott selbst, aus Gottes eigener Selbstbezeugung. Aber diese ist für uns hörbar gemacht durch deren Bescheinigung in der Bibel.[5] Die Bibel bindet unsere in religiösen Dingen so gern frei umherschweifenden Gedanken an konkrete Grenzen. Sie vermag uns eben dadurch zu umso klareren Erkenntnissen zu führen.

Doch was heißt das: Die Bibel biete nur ein «besseres» Verständnis Gottes, als die Natur es auch biete? Meint Calvin, wie es schon einige Interpre-

3 Ebd., I 8,1.
4 Institutio I 6,1.
5 Ebd., I 6,3.

ten gemeint haben, dass wir Gott teilweise auch *ohne* Bibel erkennen können, wenn auch nicht ganz so gut wie *mit* der Bibel? Das trifft vermutlich nicht seine Meinung. Wenn wir genauer hinsehen, denkt er: In der Tat bezeugt sich *Gott* uns von allen Seiten, aber praktisch vernehmen *wir* es nicht oder verstehen es falsch. Wohin uns auch immer unsere Erkenntnisse aus dem Leben der Natur führen, sie führen nicht dorthin, wohin uns das Alte und das Neue Testament weisen. Und wie ist das bei den Heiden, den Anhängern anderer Religionen? Kommen *sie* zu einer echten Erkenntnis Gottes? Calvin sagt dazu nicht unbedingt Nein. Er erklärt zu der Aussage in Eph 2,12, «ohne Christus wart ihr ohne Gott in der Welt»[6]: Einerseits werden hier solche als Gottlose bezeichnet, «die sich für sehr fromm (halten)», aber fromm ein *vergötztes* Wesen verehren. Andererseits: Wenn sich Gott je einem Heiden offenbart hat, dann jedenfalls nicht durch «eine Offenbarung», «die sich nicht durch Christus vermittelt» hat. Denn nach Joh 14,6 ist *er* «der Weg ...». Also, die Türe zur Gotteserkenntnis ist auch für die Nichtchristen offen, aber nicht so, dass die faktische Verschlossenheit der Menschen für eine natürliche Gotteserkenntnis durchbrochen wäre.

Diese Türe ist nun jedenfalls *uns* geöffnet: durch das Zeugnis der Heiligen Schrift. Sie bringt eine qualitative Änderung unserer Situation. Der Mensch, der zuvor praktisch Gott nicht erkannt hat, *kann* es nunmehr. Calvin sagt: «Es kommt niemand auch nur zu einem Minimum an Erkenntnis der Heilslehre, (ja, auch nur zu einem Minimum an Gotteserkenntnis[7]), bevor er nicht zum Schüler der Schrift wurde.»[8] «Gott ist für uns ein auswegloses Labyrinth, solange uns nicht die Richtschnur des Wortes leitet.»[9] Und: «Da Gott alle Völker durch den Anblick der Natur vergebens zu sich einlädt, ist das Bibelzeugnis die Schule der Kinder Gottes.»[10] Gewiss ist auch die Erkenntnis Gottes aus der Heiligen Schrift kein gemächlicher Spaziergang. Aber, so bemerkt Calvin fein, «besser *hinken* auf dem rechten Weg, als galoppieren auf einem Irrweg».[11]

Aus diesem Gedanken zieht er die Folgerung: Nicht nur die Heilsoffenbarung, sondern auch Gott als Schöpfer wird durch die Bibel erkannt. «Dass Gott der Schöpfer der Welt ist, wird uns offenbart in der *Schrift*.»[12] Also gibt es nicht zuerst eine allgemeine Erkenntnis von Gott dem Schöpfer, gefolgert aus jener natürlichen Gotteserkenntnis, die dann durch eine Heilserkenntnis nach der Schrift ergänzt würde. *Beide* werden aus dem Wort Gottes erkannt: der Schöpfer und der Erlöser. Nachdem damit die Untrennbarkeit des Schöpfers vom Erlöser gesagt ist, erklärt Calvin, etwas

6 CO 51,169.
7 So in der französischen Ausgabe der Institutio.
8 Institutio I 6,2.
9 Ebd., I 6,3.
10 Ebd., I 6,4.
11 Ebd., I 6,3.
12 Ebd., I 6,1.

überraschend: Der Ordnung nach habe die Erkenntnis voranzugehen, *wer* denn Gott ist, bevor dann vom *Erlöser* zu handeln ist. Wir befinden uns beide Mal auf dem Boden des Wortes Gottes, in dem Gott *sich* den Menschen offenbart, im Unterschied zu Gedanken, die Menschen sich über ein höchstes Wesen machen. Aber auf diesem Boden zuerst die Frage: Wer ist Gott? – im Unterschied zu all den Wesen, die Menschen vergöttern. In Antwort darauf redet Calvin zuerst gar nicht von Gott dem Schöpfer, sondern er gibt eine Auslegung des Götzenverbots und des Bilderverbots in den Zehn Geboten und legt dann die Lehre vom dreieinen Gott dar. Das erste Gebot: «Ich bin der Herr, dein Gott; du sollst nicht andere Götter haben neben mir» und dann das nach reformierter Zählung zweite Gebot: «Du sollst dir kein Bild (von Gott) machen» – diese beiden Gebote sind für Calvin die Voraussetzung, um Gott zu erkennen und um so erst recht das in Christus geschenkte Heil Gottes zu verstehen.

Diese Voraussetzung ist nicht aus einer natürlichen Erkenntnis geschöpft, sondern bereits aus dem Wort Gottes, und zwar konkret aus jenen zwei alttestamentlichen Geboten. Calvin nähert sich offenbar vom *Alten Testament* her der neutestamentlichen Erkenntnis, dass Gott in Christus die Welt mit sich selbst versöhnte.[13] Der Vorordnung der Erkenntnis der Gottheit Gottes vor der Heilserkenntnis entspricht die Vorordnung der Heiligen Schrift vor dem Glauben. In der Tat sagt Calvin: Zum Verständnis der Heilslehre muss man *zuvor* Schüler der Schrift werden. Das heißt, «dass der Glaube durch keine andere als durch Gottes eigene Unterweisung begründet wird».[14] In diesem Sinn, mit Paulus (Röm 10,17): «Der Glaube kommt aus dem Hören.» Was aber heißt Schüler der Schrift? Calvin antwortet: «dass wir in Ehrfurcht entgegennehmen», was Gott von sich selbst sagt.[15] Dieses Entgegennehmen ist die Voraussetzung für den Glauben an die Heils-Offenbarung. Indem solches Entgegennehmen in Ehrfurcht nach Calvin zunächst im Alten Testament geschieht, sagt er: «Die Juden sind die Bibliothekare der Kirche, die uns den Text der Heiligen Schrift geben.»[16] Gemeint ist offensichtlich, dass sie uns den Text der ganzen Heiligen Schrift beider Testamente geben. Auch das Neue Testament ist von Juden geschrieben.

[13] Auf dieser Linie hat Dietrich Bonhoeffer seine Einsicht formuliert (Widerstand und Ergebung, DBW Bd. 8, 226): «Nur wenn man die Unaussprechlichkeit des Namens Gottes kennt, darf man […] den Namen Jesus Christus aussprechen. […] Wer zu schnell neutestamentlich sein […] will, ist […] kein Christ.»

[14] CStA 5,2, 555, 5–7.

[15] Institutio I 6,2.

[16] Ebd., I 8,10 – nach und mit Augustin, Ennarationes in Psalmos, 56,9.

2. Das Verhältnis von Heiliger Schrift und christlicher Kirche

Es handelt sich hier um ein Problem, das in der Reformationszeit in der Auseinandersetzung mit der römischen Kirche umstritten war. Doch ist das Problem im 20. Jahrhundert wieder aktuell geworden. Es handelt sich um das auch in der neueren Zeit zwischen den Konfessionen viel diskutierte Thema des Verhältnisses von Schrift und Tradition. Es ist jedoch römisch-katholisch gedacht, wenn neuerdings auf evangelischer Seite die Diskussion damit als beendet erklärt wird: Es sei halt beides Tradition, sowohl die Heilige Schrift wie die kirchliche Lehre. Vielmehr ist auch heute das Problem ernst zu nehmen, mit dem Calvin sich hier befasst. Nach der römischen Lehre hängt die Glaubwürdigkeit der Bibel vom Urteil der Kirche ab. Dahinter steht die Ansicht, nach der schon die Anfertigung der Bibel ein Teil der kirchlichen Tradition ist. Erst recht beruhe die Anerkennung einer Reihe von Schriften als Heilige Schrift auf einem kirchlichen Beschluss. Damit sei die Autorität der Bibel abhängig von deren Anerkennung durch die Kirche. Damit stehe die Autorität der *Kirche* über der Bibel. Das kirchliche Lehramt dürfe darum auch teils die Bibel aus der Tradition ergänzen, teils über die richtige Auslegung der Bibel befinden.

Calvin nennt diese Auffassung einen «höchst gefährlichen Irrtum».[17] Denn dabei werde die Gottes- und Heilserkenntnis auf ein menschliches Urteil gegründet oder von ihm abhängig gemacht, und das sei geradezu «gotteslästerlich». Er kehrt diese Auffassung um: Nicht beruht die Anerkennung der Bibel auf ihrer Anerkennung durch die Kirche, sondern die Kirche ist mit all ihren Verlautbarungen auf die Heilige Schrift gegründet. Und nicht bestimmt die Kirche, was die Bibel jeweils zu sagen hat, sondern die Bibel bestimmt, was die Kirche zu sagen hat. Die Lehre der Propheten und Apostel ist das Fundament der Kirche, sagt Calvin. Darum ist die Bibel der Kirche vorgegeben und vorgeordnet. Aber – so der katholische Einwand – wenn doch der unsichere Umfang der biblischen Schriften nur durch kirchliche Entscheidung festgestellt wurde, dann hängt die Anerkennung dieser Schriften von der Anerkennung der kirchlichen Amtsträger ab. Darauf Calvin: Bei der Feststellung, welche Schriften in die Bibel gehören und welche nicht, kann es nur um eine Anerkennung dessen gehen, was biblische Lehre ist. Aus dieser Anerkennung geht nicht die Bibel hervor, sondern aus der biblischen Lehre geht die Kirche hervor. Aber woher hat die Heilige Schrift denn ihre Verbindlichkeit?, so fragt die katholische Seite. Darauf antwortet Calvin grundlegend: Die Schrift erweist ihre Wahrheit *durch sich selbst*. Sie trägt ihre Beglaubigung und ihre Bewahrheitung in sich.

---

[17] Institutio I 7,1.

Calvin kämpft hier gegen eine selbstherrliche Kirche, die sich immer wieder über die Heilige Schrift stellt und dann über sie hinwegsetzt – eine Gefahr, die noch heute auch der protestantischen Kirche droht. Calvin kämpft dagegen, indem er *für* die Erkenntnis kämpft, dass die Heilige Schrift über die Kirche zu bestimmen hat. Er kämpft dafür in der Meinung, dass es hier darum geht, ob unsere Gottes- und Heilserkenntnis auf Gottes Wort gründet oder auf Bestimmungen, die kirchliche Menschen festgelegt haben. Das aber setzt voraus, dass wir es in der Bibel nicht bloß mit Menschenwort zu tun haben, sondern mit dem Wort Gottes. Inwiefern? Das soll im folgenden Abschnitt dargestellt werden.

3. Das Verhältnis von Gottes Wort und Heiliger Schrift

Es könnte nach dem bisher Angeführten den Anschein haben, dass Calvin beides in eins setzt: das Wort Gottes mit dem Buchstaben der Bibel. Sicher ist sein Denken von einer Hochachtung des Schriftzeugnisses geprägt. Aber eine Gleichsetzung von Wort Gottes und Heiliger Schrift lehnt er ab. Was wir von Gott und zu unserem Heil zu wissen haben, ist das «Wort Gottes» und sind nicht die Buchstaben eines Buches. Das Wort Gottes ist die «Person des redenden Gottes», wie seine berühmte Formulierung lautet, lateinisch: Dei loquentis persona.[18] Diese Person nennt er den Urheber der Glaubwürdigkeit der Schrift. Sie macht also das, was die Heilige Schrift sagt, glaubwürdig wahr. Das zeigt, dass hier zwischen Wort Gottes und Schrift unterschieden ist. Das wird noch deutlicher, wenn wir bei Calvin lesen: Es «ist uns die Heilige Schrift wie ein totes [...] Ding, bis wir erkannt haben, dass Gott dort mit uns redet und uns seinen Willen kundtut».[19] Dabei will er nicht beides trennen. Er kann das Verhältnis des Schriftworts zu dem Wort Gottes etwa mit dem Bild des Werkzeugs beschreiben, dessen sich Gott bedient. Noch lieber braucht er für die Schrift in ihrem Verhältnis zum Wort Gottes das Bild des Spiegels, der etwas deutlich darstellt, aber nicht das Gespiegelte selbst ist.[20] In diesem Sinn unterscheidet er zwischen den schriftlich vorliegenden Bibeltexten und der «Sache», der sie dienen, die sie spiegeln: die Person des redenden Gottes![21]

Gerade weil beides nicht zusammenfällt, kann er etwa den recht freien Umgang von Paulus mit der hebräischen Bibel sachlich in Ordnung finden und kommentiert das in seiner Auslegung zu Röm 3,4 so: «Eine religiöse Scheu den Worten gegenüber war den Aposteln nicht eigen.»[22] Aber er nennt auch die Rede des Paulus von der Überordnung des Mannes über

18 Ebd., I 7,4.
19 CO 54, 285.
20 Vgl. Peter Brunner, Vom Glauben bei Calvin, 1925, 93.
21 Vgl. Institutio I 8,1.
22 CStA 5,1, 160, 22f.

die Frau seine Privatmeinung. Darum wendet er sich selbst gegen eine Schriftauslegung, die «einfach aus Bibeltexten zusammengeflickt ist».[23] Seine Bibelauslegung will nicht Worte der Schrift nachplappern, sondern will, im getreulichsten Achten auf die biblischen Worte, der *Sache* dienstbar sein, die sie bezeugt haben, man könnte es mit Karl Barths Formulierung sagen: «dem Wort in den Wörtern», nicht abgehoben von ihnen, sondern *in* ihnen, aber in ihnen dem *Wort*!

Wenn wir nach Calvin unterscheiden zwischen den biblischen Wörtern und dem Wort in den Wörtern, so ist das nicht gemeint im Sinn einer Unterscheidung zwischen dem *Wortlaut* und dem von den Autoren *Gemeinten.* «Die Sache» ist ja die Person des redenden Gottes, die sich ihrer Worte als Werkzeug bedient. Und die biblischen Worte des redenden Gottes weisen zugleich vorwärts auf Christus hin als ihrem Ziel und Zweck. So bevorzugt Calvin zur Bezeichnung Christi in seinem Verhältnis zur Schrift den Begriff *scopus,* das heißt: die Absicht der Aussagen. Dieser Christus steht zur Bibel im Ganzen im selben Verhältnis wie jene redende Person Gottes. Daher sagt Calvin zu 2Kor. 3,16[24]: «Wenn [die ganze Schrift] nicht auf Christus als ihr einziges Ziel bezogen wird, dann wird sie völlig verdreht und verkehrt.» Oder zu Joh 5,39[25]: «Wir müssen die Schrift mit der Absicht lesen, Christus in ihr zu finden. Wer von diesem Ziel abweicht, der mag zeit seines Lebens sich bemühen und studieren, er wird nie zur Erkenntnis der Wahrheit gelangen.»

Die Unterscheidung zwischen der Schrift und dem Wort der «sprechenden Person Gottes» wie zwischen der Schrift und Christus als ihrem Ziel macht auf eine gefährliche Möglichkeit aufmerksam: Da liest einer vielleicht intensiv die Bibel und erforscht sie, aber vor lauter Bäumen sieht er den Wald nicht. Sprich: er liest dabei nur Worte und grübelt über sie, aber er vernimmt nicht das Wort in den Wörtern, nicht Christus als das Ziel des Ganzen. Das kann nicht nur Laien passieren, sondern auch gescheiten Gelehrten. Calvin stellt betroffen fest: «Die Allerwenigsten erweisen sich als gelehrige Schüler des Wortes Gottes.»[26] Wahrlich eine störende Erfahrung, die den schönen Gedankengang Calvins durchkreuzt: Nachdem die Menschen Gott durch seine Bezeugung in der Natur nicht erkannt haben, hat er ihnen doch in der Schrift das bessere Mittel an die Hand gegeben, ihn klar und gewiss zu erkennen! Und nun dies Dilemma: «Die Allerwenigsten» sind gelehrige Schüler des Wortes Gottes in der Schrift. Diese Erfahrung hat Calvin in dem verarbeitet, wovon jetzt zu reden ist.

23 Institutio I 13,3.
24 CO 50,45.
25 CO 47,125.
26 Institutio I 6,2.

4. Das Verhältnis von Heiliger Schrift und Heiligem Geist

Die Antwort auf das genannte Problem lautet für Calvin so: Dass Menschen in der Schrift *das* Wort hören, nicht nur Gedanken von Schriftstellern einer vergangenen Zeit, sondern die Stimme der redenden Person Gottes, so, «als ob Gottes eigene Stimme vom Himmel herab zu ihnen reden würde»[27], auch das ist das Ereignis eines Geschenkes. Das ist das Geschenk des Heiligen Geistes. Wir verstehen die Heilige Schrift nicht als Wort Gottes an uns, ohne dass Gott es uns gibt im Heiligen Geist. «Nicht vorher findet die Rede [Gottes] in den Menschenherzen Glauben, als bis es vom inneren Zeugnis des Geistes versiegelt worden ist.»[28] Das ist das innere oder, wie Calvin auch sagt: das geheime Zeugnis des Geistes.

Es geht hier nicht darum – was ja vorkommt –, dass jemand einige biblische Lieblingsstellen hervorhebt und die für das Wichtigste in der Schrift hält, um nun diese als *das* Wort Gottes im Unterschied zu den Menschenworten der Schrift auszugeben. Es geht nicht um eine von uns getroffene Auslese von uns sympathischen Bibelstellen. Es geht darum, dass die Schrift zur konkreten Anrede Gottes an uns wird, die unseren Glauben an *ihn* schafft und nährt. Das Wort Gottes haben wir nicht anders, als indem es *uns* hat – in Gestalt solcher Glauben weckender Anrede. Von daher ergibt sich das Andere: Das innere Zeugnis des Heiligen Geistes ist auch nicht dasselbe wie beliebige innere Erlebnisse, die wir Geisterfahrungen nennen mögen. Sicher, Calvin schließt nicht aus, dass wir bei dem inneren Zeugnis des Geistes auch zutiefst berührt werden. Aber die Rede davon hat vor allem den streng sachlichen Sinn, «dass niemand die Geheimnisse Gottes begreifen kann – außer denen, welchen es *gegeben* ist».[29]

Er zieht daraus beherzt den Schluss: Also kann auch kein Mensch die Glaubwürdigkeit der Heiligen Schrift vorführen. Dass mit dem Werkzeug der Schrift Gott selbst zu uns reden will und dass die Schrift das geeignete Werkzeug dafür ist, das kann man keinem beweisen. Das gilt darum, weil uns dies mit dem Zeugnis des Heiligen Geistes vergewissert wird. Calvin sagt: «Töricht handelt, wer den Ungläubigen beweisen will, die Schrift sei Wort Gottes. Denn das kann nicht ohne Glauben erkannt werden.»[30] Oder:

> Es bekümmert manche Frommen, dass keine klare Beweisführung zur Hand ist, wenn die Gottlosen [...] gegen das Wort Gottes murren. Aber eben *deshalb* wird

27 Ebd., I 7,1.
28 Ebd., I 7,4.
29 Ebd., I 7,5.
30 Ebd., I 8,13.

> doch der Geist Siegel und Unterpfand [...] zur Befestigung des Glaubens genannt, weil das Herz von allerlei Zweifeln umgetrieben wird, solange er es nicht erleuchtet hat.[31]

Freilich stellen sich hier Probleme ein: Gut, das Glauben weckende Wort Gottes vernimmt nur der, dem es gegeben ist. Aber wie kommt es zu diesem Ereignis? Hat man da untätig zu warten, bis einen das überkommt? Kann ich mich hier damit herausreden, dass es mich nun einmal nicht als Anrede getroffen hat? Kann ich nicht am Ende sogar das Bibelstudium einstellen und mich still auf die Erwartung einer Geistbegabung beschränken? Ja, wird mich jener Geistempfang gar zu allerlei Erleuchtungen treiben jenseits der Heiligen Schrift? Für Calvin würden diese Fragen nur verraten, dass man das Gesagte noch nicht verstanden hat. Hören wir folgenden trefflichen Satz!

> Die Heilige Schrift ist die Schule des besten Lehrmeisters, des Heiligen Geistes, in welcher man dergestalt Fortschritte macht, dass man von anderswoher nichts her zu holen braucht und mit Freuden nicht weiß, was in ihr nicht gelehrt wird.[32]

Dieser Satz besagt einerseits: Um den Heiligen Geist zu empfangen, hat man in die Schule der Heiligen Schrift zu gehen. Und andererseits: Um die Heilige Schrift zu verstehen, muss man den Heiligen Geist empfangen haben. Das tönt widersprüchlich. Es ist sozusagen ein circulus virtuosus, ein heilsamer Zirkelschluss, zu dem man sich klarzumachen hat: Calvin unterscheidet zwar zwischen Wort und Geist, aber er scheidet beides damit doch nicht. Beide habe Gott verbunden «durch wechselseitige Verknüpfung», heißt es.[33] Darum betont er gegenüber geistlosen Exegeten, dass keiner die Schrift als Wort Gottes verstehen kann außer durch den Heiligen Geist. Und darum betont er zugleich gegenüber den Schwärmern, dass der Geist nicht ohne die Schrift zu haben ist. Der wahre Heilige Geist selbst rufe die Glaubenden «unablässig» zurück zum Hören des Wortes. «Wer vom Heiligen Geist belehrt ist, der verharrt fest bei der Schrift.»[34]

Das ist aus zwei Gründen zu sagen: Einmal, der Heilige Geist ist nicht ein beliebiger Wind, der neue Offenbarungen bringt. Er ist kein anderer als der, aus dem schon die Verfasser der Schrift redeten.[35] Und sodann, der Heilige Geist ist kein anderer als der Geist Jesu Christi, der nichts über sein Evangelium hinaus sagt, sondern der in dieses erst recht hineintreibt und

31 Ebd., I 7,4.
32 Ebd., IV 17,36; ähnlich III 12,3.
33 Ebd., I 9,3.
34 Ebd., I 7,5.
35 Ebd., I 9,3.

es uns zugleich ins Herz legt.[36] Bindet uns also der Heilige Geist an die Heilige Schrift, so nur darum, weil er mit ihr eng verbunden ist – so eng, dass der Geist nicht ein Etwas ist, was nachträglich zu ihm hinzutritt. Dass das, was die Heilige Schrift bezeugt, wirklich göttliche Wahrheit und göttliches Wort ist, dafür sorgt das hier bezeugte Wort Gottes selbst. [37] Dass das in ihr bezeugte Gotteswort sich selbst uns glaubwürdig erweist, das drückt Calvin mit dem gewichtigen Satz des Kirchenvaters Hilarius aus: «Gott allein ist der geeignete Zeuge von sich selber in seinem Wort.»[38] Das Zeugnis des Geistes ist der göttliche Selbstbeweis, dass das in der Schrift bezeugte Wort Gottes glaubwürdig göttliche Wahrheit für uns ist. Kurz, man kann den Geist nicht haben, ohne an die Schrift gewiesen zu sein, und man kann die Schrift nicht verstehen, ohne auf den Geist angewiesen zu sein.

Darum formuliert Calvin in einem Brief an Kardinal Sadolet seine Schriftlehre auch so, in der Doppelfront gegenüber Schwärmern und römischen Katholiken: Es sei, sagt er, genauso falsch, «mit dem Geist ohne das Wort zu prunken», wie es verkehrt sei, «ohne den Geist nur das Wort vorzukehren».[39] Dahinter steht erneut die Einsicht, die man wechselseitig zu formulieren hat: Nur durch das Lesen der Schrift kann ich den Geist bekommen. Und nur durch die Gabe des Geistes kann ich die Schrift verstehen lernen. Beten und Arbeiten gehören hier auf das Engste zusammen.

5. Das Verhältnis von Altem und Neuem Testament

Es wurde schon angedeutet, dass Calvin das Verhältnis der beiden Testamente in Entsprechung zu dem Doppelthema seiner Theologie entfalten konnte – so, dass das Alte Testament eher dem Eifern um die Ehre Gottes und das Neue eher dem durch Christus erworbenen Heil des Menschen, das Erstere mehr dem Hören, das Letztere mehr dem Glauben entspricht. Aber wir müssen uns seine Auffassung noch näher ansehen. Es fällt auf, dass er die Frage der Testamente nicht in seiner Lehre von der Bibel behandelt, sondern als Eingangsstück zu seiner Lehre von Christus. Die Stellung des Lehrstücks über die Testamente gerade an diesem Ort hängt damit zusammen, dass er in dieser Frage an der untrennbaren Einheit der beiden Testamente interessiert ist. Das ist er in einem Maße, dass vor hundert Jahren, als man in der protestantischen Wissenschaft die Unterchristlichkeit des Alten Testamentes hervorhob, Paul Wernle Calvin vorwarf: Er «leugnet geradezu den Unterschied des Alten und des Neuen Testamentes,

36 Ebd., I 9,1.

37 Das meint der von Calvin benutzte (I 7,5) alte Ausdruck der *Autopistie* der Heiligen Schrift.

38 Institutio I 7,4: Deus solus de se idoneus est testis in suo sermone. Hilarius, De Trinitate I,18.

39 CStA 1,2, 369, 3.4.

schließt seine Augen vor allen neuen Werten, die Jesus in die Welt brachte, und setzt ihn auf die Stufe eines richtigen Auslegers des alten Mose herab».[40] Wernle steht hier in der antijüdischen Tradition der Theologie, der es selbstverständlich ist: Christentum heißt unbedingte Überlegenheit gegenüber der alttestamentlich-jüdischen Religion. Aus dieser Sicht muss eine Theologie wie die Calvins als eine erscheinen, die Christus auf die Stufe von Mose zurückgesetzt hat.

Calvins drei Kapitel (Institutio II, 9–11) über das Verhältnis der beiden Testamente sind wichtig auch für das Verständnis des Gesetzes. Diese Auffassung hat zu einer offeneren Stellung der reformierten Tradition zu den Juden geführt. Er hat diese Kapitel 1539 in Straßburg geschrieben. Was hat ihn damals zu diesem Text bewegt? Eine Antwort auf diese Fragen wäre interessant für das Verständnis von Calvins Text. Wir würden dann wohl auch den für uns heute mühsamen, seitenlangen Nachweis verstehen, dass die alttestamentlichen Juden nicht in einem «fleischlichen» Wahn befangen waren[41], wie damals von so manchen Geistern behauptet wurde, dass sie also auf irdisches Wohlleben ausgerichtet waren. Begnügen wir uns mit dem Deutlichen! Es ist auffallend, dass Calvin so ausgiebig auf die Frage des Verhältnisses der Testamente eingeht. Da hören wir: Das Alte Testament und damit auch das Volk des Alten Testamentes ist keine bloße Vorstufe oder bildet auch nicht eine Negativfolie des göttlichen Heilswerkes in Christus, sondern es gehört zu diesem Heilswerk und zu den dadurch berufenen Menschen. Darum ist das Heilswerk in Christus auch umgekehrt nicht ohne den Zusammenhang mit dem Alten Testament und seinem Volk zu verstehen. Calvin nimmt den Zugang zum Alten Testament wohl von der Lehre von Christus her, aber er formuliert diese Lehre nicht in Abgrenzung gegenüber dem Alten Testament und Israel, sondern in der Offenheit der Lehre von Christus für den Zusammenhang damit.

Die drei Kapitel über dieses Thema entfalten die zentrale These: «Der Bund mit den alten Vätern [des Alten Testaments] weicht in der Substanz und Sache selbst so wenig von dem unsrigen [dem neuen Bund] ab, dass vielmehr beides ein und dasselbe ist; hinsichtlich der Darbietung oder Austeilung dagegen ist er verschieden.»[42] Also, alle gar nicht zu leugnenden Unterschiede zwischen Altem und Neuem Testament bedeuten keine Trennung in dem für beide Wesentlichen. Sie sind nur Unterschiede in der Klammer ihrer Zusammengehörigkeit. Es geht in ihnen beiden um denselben Bund, den Gott mit dem Menschen schließt. Dreierlei ist beiden Testamenten gemeinsam: Erstens, im Neuen wie im Alten Testament und, wie

---

40 Paul Wernle, Der evangelische Glaube nach den Hauptschriften der Reformatoren, III Calvin, Tübingen 1919, 268.

41 Institutio II 10,2.

42 Ebd.

Calvin sagt, «den Juden»[43] ist in ihrer Bibel von Gott eine geistliche Seligkeit verheißen, und das heißt: nicht etwas Irdisches, sondern «die Hoffnung unsterblichen Lebens». Der Gedanke kann, wie angedeutet, uns Mühe machen im Vergleich zu unserer heutigen Einsicht, dass es die Aufgabe des Alten Testaments ist, uns entgegen allem falschen Vergeistigen beim Irdischen festzuhalten. Aber an einer Kritik hindert uns die Überlegung, dass im frühen 16. Jahrhundert eine antijüdische Welle in der Kirche sich von dem Argument nährte: die jüdischen Bücher seien eine Beleidigung der Kirche, weil sie die Seelen auf fleischliche Güter lenkten. Mit diesem Argument hatte ein Johannes Pfefferkorn in Köln 1510 vom Kaiser die Erlaubnis zu einer Ausrottung jüdischer Bücher im Reiche erwirkt. Dabei geriet nicht nur der Talmud, sondern auch das hebräische Alte Testament ins Feuer.[44] Man beachte hier auch die Unbedachtheit, in der Martin Luther und auch Calvin 1536[45] mit demselben Argument die Wendung brauchten, es seien falsche «jüdische Meinungen», dass Gottes Reich in irdischen Genüssen bestehe. In diesem Zusammenhang dürfen wir Calvins Bemühen um den Nachweis, im heiligen Buch der Juden sei ihnen das ewige Leben verheißen, als Versuch einer positiven Neuorientierung gegenüber Israel würdigen.

Zweites Moment der einen Substanz beider Testamente: Das Heil gründet hier wie dort nicht auf menschlichen Verdiensten, sondern allein auf Gottes Barmherzigkeit. Calvin hält daran fest, obwohl er durchaus auch «von den Juden unter dem Gesetz» reden kann.[46] Ja, er sagt, dass das Gesetz Altes und das Evangelium Neues Testament genannt werden kann.[47] Aber er hatte die Einsicht, zu erklären: Es sei ein Fehler, nicht zu unterscheiden zwischen dem Gegensatz von Werkgerechtigkeit und Rechtfertigung aus Gnaden einerseits und der Zusammengehörigkeit von Gesetz und Evangelium andererseits.[48] Im zweiten Fall handle es sich nicht um zwei verschiedene Heilswege. Calvin beruft sich dafür auf Röm 3,21, wonach das Evangelium der Gnadengerechtigkeit «bezeugt ist durch das Gesetz und die Propheten».[49] Natürlich ist für ihn Gesetz und Evangelium nicht dasselbe. Aber das recht verstandene Gesetz steht nicht im Gegensatz zum Evangelium, sondern gehört mit ihm zusammen. Daher sind auch die Juden unter dem Gesetz nicht ohne Evangelium von Gottes Erbarmen. Daher durchkreuzt Calvin die Unterscheidung überhaupt von Altem und Neuem Testament mit der These, dass das Alte schon von Anfang der Welt

43 Ebd.
44 Calvin selbst wirft (II 9,3; vgl. 10,4–6) Michael Servet vor, mit demselben Argument das Alte Testament abschaffen zu wollen.
45 Institutio IV 20,1.
46 Titel zu Institutio II 9.
47 Ebd., II 11,10.
48 Ebd., II 9,4.
49 Ebd., II,4; 10,3.

an ein Neues Testament war.[50] Alle, die allein durch Gottes Erbarmen errettet werden, gehören auch auf dem Boden des Alten Testamentes zum neuen Bund.

Drittes Moment der einen Substanz beider Testamente ist, dass sie hier wie dort denselben Mittler zwischen Gott und Mensch hatten und sogar kannten und seiner Verheißungen teilhaftig wurden. Calvin macht also damit Ernst, dass es für den Menschen kein Heil gibt außer durch den Mittler Jesus Christus. Von einer Einheit von Altem und Neuem Testament und darum auch einer Zusammengehörigkeit von Israel und Kirche kann man für ihn darum nur sprechen, wenn *auch* gesagt wird, «dass [Jesu] Tun und Leiden, mit dem er ewiges Heil errungen hat, den Gläubigen des alten Bundes ebenso zuteil wurde wie uns». Da wir das Heil nicht anders empfangen als im Glauben, sagt Calvin sogar, dass schon das alte Israel «all sein Vertrauen auf Christus» gesetzt hat.[51] Aber wie kann man behaupten, dass schon auf dem Boden des Alten Testamentes Christus erkannt und ihm vertraut wurde? Calvin antwortet mit einer originellen Überlegung, die einen mit Christus begründeten kirchlichen Überlegenheitswahn gegenüber Israel eigentlich unmöglich macht. Er antwortet mit einer Gegenüberlegung, wie denn *wir* nach Christi Geburt überhaupt Christus glauben und erkennen? Gewiss, Christus hat unser Heil vollständig erworben. «Aber es wäre verkehrt, daraus zu schließen, *wir* wären nun schon im vollen Besitz der von ihm uns geschenkten Wohltaten. Als ob es zwischen uns und Christus keinen Unterschied gäbe!» Vielmehr auf Grund dieses Unterschiedes haben wir unser Heil nie anders als «unter der Hoffnung verborgen». «Nicht anders haben wir Anteil an Christus, als soweit wir ihn erfassen eingehüllt in seinen Verheißungen.»[52]

Das heißt aber, dass wir nach Christi Geburt nicht grundsätzlich anders dran sind als das alttestamentliche Volk Israel, bei dem die von Calvin behauptete Christuserkenntnis natürlich auch nur bestand im Erkennen in der verborgenen Hülle von Verheißungen. So gibt es also auch im Blick auf den Glauben keinen wesentlichen Unterschied zwischen Altem und Neuem Testament. Alle Unterschiede sind Unterschiede innerhalb der Klammer der wesentlichen Gemeinsamkeit und bezeichnen daher keine Gegensätze, sondern relative Verschiedenheiten.[53] Calvin sucht dabei tra-

50 Ebd., II 11,10.

51 Ebd., II 10,23.

52 Ebd., II 9,3.

53 Calvin nennt (Kap. 11) fünf Unterschiede zwischen Altem und Neuem Testament. Sie verhalten sich zueinander 1. als Gabe von irdisch-zeitlichen Gütern (zum Beispiel des Landes) und Gabe des ewigen Erbes (des Reiches Gottes), 2. als Abbild (zum Beispiel in den Opfern) und der mit dem Abbild bezeichneten

ditionsreiche Entgegensetzungen so auszulegen, dass sie *nicht* als Entgegensetzungen zu verstehen sind. Das hat besonders Konsequenzen für das Verständnis von Gesetz und Evangelium. Noch einmal: Beide bezeichnen nicht zwei gegensätzliche Heilswege, sondern zusammengehörige Bestimmungen des einen göttlichen Heilsweges. Nach Calvin waltet auf diesem einen Heilsweg von Altem und Neuem Testament allerdings ein Verhältnis kleinerer und größerer Klarheit hinsichtlich der Erkenntnis des einen Wortes Gottes. Spätere Zeiten haben von da auf den Gedanken einer fortschreitenden Höherentwicklung der Menschheit geschlossen.[54] Aber dafür konnten sie sich nicht auf Calvin berufen. Denn entscheidend waren für ihn nicht die *Unterschiede*, sondern das, was die beiden Testamente *verbindet*: die Erkenntnis des einen Gnadenevangeliums Gottes. Darum kommt kein Fortschreiten über das in Christus fest gemachte Evangelium hinaus in Betracht und darum auch kein christliches Fortschreiten weg von dem Volk Israel, mit dem die Kirche durch dasselbe Evangelium verbunden ist.

Das ist die Konsequenz von Calvins Gedanken, die ihm aber noch nicht recht bewusst war. Wie sieht denn Calvin das Verhältnis der Kirche zum *nachchristlichen* Judentum? Er sagt wohl[55]: Das Judentum sei durch seine Verwerfung des Evangeliums mit Blindheit geschlagen. Aber er fügt hinzu: seine Blindheit bestehe darin, Christus von *Mose* abzulösen. Darin sei ihm gerade *Mose* verhüllt. Also in der Ablehnung Christi zeige sich eine Blindheit für das Zeugnis seiner eigenen hebräischen Schriften. Wichtiger ist, dass solche Blindheit für Calvin kein spezifisch jüdischer Irrtum ist; sondern er sagt[56]: Es ist viel abscheulicher, wenn heute andere Menschen, obwohl sie im hellen Mittagslicht stehen, ebenso blind sind. Aber noch wichtiger ist, dass für Calvin auch jenes Israel von Gott erwähltes Volk *bleibt*, so wahr Gott ihr Gott nicht nur *war*, sondern «immer zu bleiben verheißen hat».[57] Darum – so sagt er zu Röm 9,3 – ist der Bund Gottes mit diesem Volk einer, «dessen Dauer ewig währen sollte», und so nicht «vergeblich gewesen» sein wird; und darum behält Israel «die Eigenschaft des erwählten Volkes.»[58] Und zu Röm 11,28: «Gottes Ratschluss, nach dem er sie [sc. die Juden] sich einmal zu seinem besonderen Volk erwählt hat», bleibt «fest und unwandelbar». «So wendet er sein Wohlwollen nicht wieder vom jüdischen Volk ab.»[59] Daher verdrängen die Gläubigen aus den Heiden nicht

Sache selbst (im Opfer Christi), 3. als Gesetz und als Evangelium, 4. als Knechtschaft und Kindschaft und 5. als eine auf ein Volk beschränkte und eine für alle Völker entschränkte Ordnung.

54 Vgl. Eberhard Busch, Reformiert. Profil einer Konfession, Zürich 2007, 75–90.
55 Institutio II 10,23.
56 Ebd., II 9,1.
57 Ebd., II 10,9.
58 CStA 5.2, 467.
59 Ebd., 605, 607.

die Juden, sondern wachsen nur dann fest im Volk Gottes, wenn «sie in Abrahams Nachkommenschaft Wurzeln schlagen», mithin «so, dass die Juden als die Erstgeborenen in der Familie Gottes den ersten Platz einnehmen».[60] Gerade die Versöhnung Christi zielt nicht auf die Abhebung der Kirche von diesem erwählten Volk, sondern darauf, dass beide zusammenwachsen in einem Volk, ja, nach Calvin zu *einem* Leib.[61] Daher verheißt uns Christus kein anderes Gottesreich als das, in dem wir mit Abraham, Isaak und Jakob zu Tisch sitzen.[62] Mag auch Calvin selbst dieser Erkenntnis nur widersprüchlich Raum gegeben haben, so ist er doch unter den Reformatoren derjenige, der in dieser Hinsicht ein neues Kapitel aufzuschlagen begann.

Der Grund dafür, dass er hier anders als etwa der späte Luther[63] redete, war einmal jene Unterscheidung, die eine herrschaftliche Überlegenheit der Kirche gegenüber den Juden ausschließt. Es ist die Unterscheidung, nach der wir Christen der Offenbarung des Erbarmens Gottes in Christus grundsätzlich ähnlich gegenüberstehen wie die Juden. Auch wir Christen können sie nur in der verborgenen Hülle der Verheißung ergreifen. Wir sind darum wie sie erst noch unterwegs hin zu der zukünftigen Erfüllung dieser Verheißung. Und dazu kam sodann die Bestimmung des Verhältnisses der zwei Testamente, deren Unterschied nur in verschiedenen Graden der Ergreifung dieser Verheißung besteht und deren Unterschied darum in der Klammer der Einheit beider Testamente steht, nämlich in der Offenbarung des Erbarmens Gottes in Christus, dem Messias.

60 Ebd., 591, 601.
61 II 11,11, franz. Fassung.
62 Institutio II 10,23.
63 Martin Luther, Von den Juden und ihren Lügen (1543), EA Bd. 32, 259.

Glauben bekennen

1. Die Situation in Genf nach der Vertreibung Calvins

Als die drei reformatorischen Prediger 1538 aus Genf vertrieben waren, wurden sie dort durch neue, offensichtlich äußerst schwache Geistliche ersetzt. Leute liefen ihnen wegen der Unerheblichkeit ihrer Mitteilungen aus dem Gottesdienst davon – damals kam das vor. Der Magistrat Ami Porral stellte durch Zwischenrufe während der Predigt bei den Kanzelrednern ihre mangelhafte Kenntnis biblischer Sachverhalte bloß. Besorgnis erregend war, dass sich die Genfer Kirche zu polarisieren begann. Auf der einen Seite war die Anhängerschaft Calvins im Begriff, die bestehende Kirche zu verlassen und eine Sondergemeinde zu gründen. Es spricht für die Größe und Klarsicht Calvins, dass er aus der Ferne geradezu beschwörend auf seine Anhänger einredete, auf gar keinen Fall jetzt an eine Kirchenspaltung zu denken, vielmehr bei dem nun eben von diesen neuen Predigern gehaltenen Gottesdienst zu bleiben. Das Verlassen der Kirche sei eine wirkliche *ultima ratio*, möglich nur, wo das Evangelium selbst in Gefahr steht, wo man der anderen Seite sagen muss, dass *sie* die Kirche verlassen hat. Calvin sagte das auch auf die Gefahr hin, dass einige seiner Anhänger nun an ihm irrewurden und ihn anklagten, die Reinheit der Kirche nicht mehr im Auge zu haben. Er selbst hielt sich damals für einige Jahre in Straßburg auf, wo er unter Freunden eine fruchtbare Zeit erlebte.

Auf der anderen Seite erhob sich zu der Zeit in Genf mit Macht ein Liberalismus und Libertinismus. Am 28. März 1538 erschien «eine große Anzahl Bürger» beim Rat, um sich von dem Eid auf Calvins Glaubensbekenntnis von 1536 entbinden zu lassen. Der Rat weigerte sich zu antworten, was aber als Zustimmung zur Entbindung von dem Glaubensbekenntnis aufgefasst wurde. Tatsächlich hielt sich daraufhin kaum jemand mehr für verpflichtet, sich daran zu halten. Auch die neu eingeführte Sittengesetzgebung wurde faktisch außer Kraft gesetzt und beliebig übertreten. In religiöser Hinsicht wurde ein Chaos gegensätzlicher Stimmen laut: «Zurück nach Rom!» oder Überflüssigkeit von Kirchen überhaupt oder ein direktes Antichristentum. Entsprechend herrschte ein Durcheinander von Stimmen im Politischen: Einige verhandelten wegen einer Wiederanbindung an Savoyen, andere mit Bern wegen eines Anschlusses dort. Der römische Bischof, um seiner größeren Attraktivität willen mit der Kardinalswürde ausgezeichnet, rüstete sich auf seinen Wiedereinzug in Genf.

In dieser Situation traf ein eindrücklicher Brief dieses reformgesinnten Kardinals Sadolet an die Genfer ein. Er zog alle Register, um sie wieder zur römischen Kirche herüberzulocken. Er gestand dabei den Reformatoren das Recht zu, gegen viel kirchliches Verderben zu protestieren, während er freilich das durch den Protest angerührte Auseinanderbrechen der Kirche als den noch größeren Schaden beklagte. Die Genfer zeigten sich teils beeindruckt, teils ratlos. Während sie nicht weiterwussten, wurde eine schnell in Straßburg verfasste Antwort Calvins an Sadolet verbreitet. In aller Kürze war sie eine köstliche Summe reformatorischer Erkenntnis. Sie machte den Genfern so tief Eindruck, dass der Rat sie auf öffentliche Kosten drucken und verbreiten ließ. Diese Antwort brachte wohl die Wende. Ein gewaltsamer Aufstand zur Wiedereinführung des päpstlichen Glaubens, der im Juni 1540 ausbrach, wurde niedergeschlagen. Bevor an eine Rückberufung Calvins gedacht wurde, begann der Rat, die zuvor von Calvin eingeführte Kirchenordnung und Sittengesetzordnung wieder in Kraft zu setzen, und wurde in der Bürgerschaft gefordert, alles wieder wie 1536 einzurichten, als der Reformator in Genf festgehalten wurde. Ein neu gewählter Rat wie dann auch eine Volksversammlung verlangte darauf einstimmig Calvin zurück. Es ist rührend zu lesen, wie nun immer neue Botschaften und Boten nach Straßburg gesandt wurden, um ihn zurückzulocken. Doch bedrängt von den Straßburgern, die ihn behalten wollten, wollte auch er nicht mehr von dort weichen. Die Genfer seien ihm so unerträglich wie er ihnen, schrieb er an Farel; was vermöge ein Einziger, wenn er von allen Seiten auf Gegenbestrebungen treffe. Und ein anderes Mal: «Lieber hundertmal sonst sterben als dieses Kreuz, an dem ich tausendmal im Tag verderben müsste.»[1]

2. Der Genfer Katechismus von 1541

Schließlich ließ sich Calvin doch nötigen und traf im Herbst 1541 wieder in Genf ein, um sofort so entschlossen wie zuvor, doch geduldiger das Werk des reformatorischen Neuaufbaus der Genfer Kirche an die Hand zu nehmen. Offenbar gleich in dieser ersten Zeit entstand der zweite Genfer Katechismus, eilig auf kleine Zettel notiert, die, wenn sie gefüllt waren, gleich zum Drucker gebracht wurden. 1545 hat Calvin selbst den Katechismus ins Lateinische übersetzt. Der Text enthält 373 kurze Fragen und meist auch knappe Antworten und ist für den kirchlichen Jugendunterricht verfasst, als Grundlage für die allsonntäglichen Katechesen je um 12 Uhr mit 10- bis 15-jährigen Kindern. Zusammenfassungen daraus waren bei den vierteljährlich stattfindenden Zulassungsfeiern für das Abendmahl aufzusagen. Hat Calvin bei seinem ersten Genfer Aufenthalt die Menschen mit seiner Bekenntnisforderung voreilig überfallen, so ist dieser Katechismus nun ein Zeichen für die besonnene Art der Kirchenerneuerung, in der in einem *Lernprozess* zu einem Bekennen hingeführt wird.

Immerhin hat der Reformator diesen Katechismus 1545 in lateinischer Übersetzung über Genf hinaus bekannt gemacht. Er hat ihn da «den treuen

1 Schwarz, Briefe, Nr. 55, 21.10.1540, und Nr. 46, 29.3.1540

Dienern Christi, welche in Ostfriesland die reine Lehre des Evangeliums verkündigen», gewidmet.[2] Überdies ist in der Genfer Kirchenordnung von 1561 der Brauch festgeschrieben, dass sich ein Pfarrer bei seiner Wahl zu verpflichten hatte, sich in seiner Tätigkeit lehrmäßig an diesen Katechismus zu halten. Dieses Büchlein hatte demnach auch die Bedeutung einer bekenntnismäßigen Verpflichtung für den kirchlichen Predigt- und Verkündigungsdienst überhaupt.

Machen wir uns an dieser Stelle klar, dass – wie in der lutherischen Kirche – in der reformierten Kirche zum Korpus der Bekenntnistexte *Katechismen* gehören! Der bekannteste ist der Heidelberger Katechismus von 1563, der diesen Genfer mit zur Vorlage hatte und aus ihm einige seiner besten Goldstücke holte. Bedenken wir, was das bedeutet, dass zur Gattung kirchlicher Bekenntnistexte auch Katechismen zählen! Sie sind der Ausdruck dafür, dass ein Bekenntnis der Kirche nicht die exklusive Angelegenheit einiger Experten und Fachleute ist, die sie für die anderen Kirchenchristen erledigen, sondern dass ein echt *kirchliches* Bekenntnis danach verlangt, die Aussage *aller* Kirchenglieder zu werden und zu sein. Es verlangt danach, dass es von ihnen allen verstehend nachgesprochen werde, dass sie darin *einstimmen*. Ein Katechismus steht und geht auf dem Weg, der vom Bekenntnis der Kirche herkommt und auf das Dasein bekennender Christen zielt. Ein noch so gutes kirchliches Bekenntnis steht in der Luft, solange es nicht von allen Gliedern der Kirche aufgenommen, verstanden, bejaht wird, wie umgekehrt ein christliches Bekennertum nicht auf festem Fundament steht, wenn es sich nicht *schulen* lässt an der verbindlichen Lehraussage der Kirche. Im Katechismus wird das kirchliche Bekenntnis zur *Schule*. In ihr wird es eingeübt, *selber* mit eigenem Mund, Kopf und Herz öffentlich zum Christusglauben stehen zu können. Dieser Gedankengang steht dahinter, wenn für reformatorisches Denken das Bekenntnis auch die Gestalt eines Katechismus anzunehmen hat.

Sicher gilt auch bei Katechismen der unter Reformierten übliche Vorbehalt künftiger besserer Belehrung und darum ihre Korrigierbarkeit und Ersetzbarkeit, wie ja schon Calvin selbst seinen Katechismus von 1536 durch den späteren ersetzt hat und wie dann 1563 dieser zweite calvinische durch den Heidelberger Katechismus ersetzt wurde. Aber unter solchem Vorbehalt gilt der Text in der Kirche, und die Beschäftigung mit ihm ist keine bloße Denkmalpflege. Haben wir in unserer heutigen Religionspädagogik den von Luther wie Calvin hervorgehobenen Zusammenhang von Kirche, Bekenntnis, Katechismus und christlicher Mündigkeit etwa aus den Augen verloren? Es ist eindrücklich und es könnte für uns eines Tages noch vorbildlich werden, wie in den reformierten Kirchen in Osteuropa in einem unchristlichen Umfeld der kirchliche Konfirmandenunterricht in seiner

[2] In dieser Fassung ist er, auch mit deutscher Übersetzung, neu publiziert in: CStA 2, 1–135.

elementaren Wichtigkeit für die Existenz einer in allen ihren Gliedern lebendigen Kirche erkannt war.

Der Genfer Katechismus von 1541 stellt eine feine Zusammenfassung der Theologie Calvins dar und kann ein trefflicher Einstieg sein, seine Theologie an der Quelle kennen zu lernen. Der Text hat wie der Kleine Katechismus Luthers (1529) dieselben vier Teile. Doch werden die beiden ersten Teile umgetauscht, so dass nicht wie bei Luther zuerst vom Gesetz geredet wird; sondern es wird zuerst vom Glauben gehandelt und dann erst vom Gesetz, darauf vom Gebet und von den Sakramenten. In der Umstellung, die Calvin in den beiden ersten Stücken vornimmt, kommt sein anderes Verständnis des Gesetzes zum Ausdruck. Es ist für ihn grundsätzlich nicht abstrahierbar von dem Gott, der sich als der gerechte und barmherzige Dreieinige offenbart und an sein Volk gebunden hat. Daher muss nach Calvin die bekannte Formulierung Luthers eigentlich umgekehrt gelesen werden: Nicht «wir sollen Gott fürchten und lieben», sondern wir dürfen ihn lieben und ehren und werden ihn *darum* fürchten, das heißt respektieren und ihm gehorchen.

3. Das Ziel des Lebens

Verwunderlich ist seine eigentümliche Ausgangsfrage: «Was ist das entscheidende Ziel des menschlichen Lebens?» Karl Barth weist darauf hin, dass dies die anthropologische Grundfrage der Humanisten war, die Calvin sich hier zu eigen macht und die anders ist als die Frage Luthers auf dem Hintergrund des mönchischen Katholizismus: Wie bekomme ich einen gnädigen Gott? Luther entdeckte auf diese Frage die reformatorische Antwort: Durch den Glauben, in welchem Christi Gerechtigkeit meine Gerechtigkeit wird. Calvin kannte und bejahte diese Antwort, aber konnte sie doch nicht einfach wiederholen, weil sich ihm die Grundfrage anders stellte. Barth bemerkt dazu[3], dass die Frage nach dem Wozu des menschlichen Lebens neben der nach dem gnädigen Gott nicht als eine auszuschließende angesehen werden dürfe. Wir könnten uns selbst einmal fragen, was wir darauf antworten. Vielleicht würden wir darauf irgendeine der Antworten des Neuprotestantismus wiederholen: Dazu sei der Mensch auf der Welt, um glücklich, gut, strebsam, erfolgreich, klug oder auch fromm zu sein. Auf dieser Linie hat schon der ältere Humanismus die Frage beantwortet, mit seiner umfassenden Aussage: das höchste Ziel des Lebens sei die menschliche Selbsterkenntnis: «*gnosti seauton!*» Man muss sich das vergegenwärtigen, um das Überraschende der Antwort Calvins auf die Frage nach dem Wozu des Lebens zu verstehen, mit der er diese Linie durchbricht und jene Antworten förmlich auf den Kopf stellt: Das entscheidende

3 Karl Barth, Gott erkennen, Gott ehren, Gott vertrauen, TEH 27, 27.

Ziel des menschlichen Lebens «besteht darin, dass die Menschen *Gott* erkennen, von dem sie geschaffen sind». Hier findet nachgerade eine geistige kopernikanische Wende statt, kraft derer der Mensch herausgerufen, ja, provoziert wird, statt um sich selbst, vielmehr um Gott zu kreisen und sich auf ihn hin auszurichten, auf ihn als auf den, von dem er als von ihm Geschaffener wesentlich abhängig ist und bleibt; und nicht umgekehrt ist Gott als ein vom Menschen Erdachter vom Menschen abhängig und formbar.

«Wie kommst du zu dieser Behauptung?», fragt der Katechismus wieter. Die Antwort wiederholt tiefsinnig das soeben Gesagte – mit anderen Worten: Darum besteht das Ziel des Lebens in der Erkenntnis des Gottes, der uns erschaffen hat. Denn er hat uns eben dazu erschaffen – wozu? zur Gotteserkenntnis, hieß es vorhin. Jetzt wird dasselbe noch pointierter gesagt: dazu, «damit Gott in uns verherrlicht werde (*glorificetur*)», damit «unser Leben […] auf seine Herrlichkeit ausgerichtet sei (*in eius gloriam*)». Das heißt, Gott zu erkennen, das ist nicht bloß ein Mittel, um damit zuallererst irgendwelche andere Ziele und Zwecke zu erreichen. Das ist nicht bloß eine Information, nach deren Erhalt erst das Eigentliche kommt, dass wir mittels dessen nun irgendetwas richtig Bedeutsames erdenken und herstellen könnten. Sondern Gott erkennen – das ist das Ziel aller Ziele und trägt in sich selbst seinen Zweck. Wir geben Gott damit das, was ihm zusteht: die Ehre. Wir anerkennen damit, dass Gott Gott ist. Und das ist das *Ziel* aller Ziele, dass wir Menschen das, was von Anfang an gilt und wahr ist, dies, dass Gott Gott ist, nun auch gelten und für uns wahr sein lassen. Aber kommt der Mensch darüber nicht zu kurz? Bleibt er wegen dem allein zu ehrenden Gott nicht auf der Strecke? Das wäre für Calvin ein törichter Gedanke – so töricht wie der eines Menschen, der Jesu Wort zuwider seine Seele, sein Leben um alles in der Welt erhalten will; gerade der, sagt Jesus, wird es nicht behalten, sondern verlieren, wer es vielmehr hingibt um seinetwillen, der wird es erhalten (Mt 16,25).

Was ist denn das *summum bonum*, das höchste Gut, das Allerbeste für die Menschen? Lakonische Antwort: *Illud ipsum!* – also, das Beste für ihn ist, dass er seine Bestimmung erreicht, zu der er erschaffen ist, dass er mithin Gott die Ehre gibt und auf seine Herrlichkeit ausgerichtet ist. Calvin meint ernstlich, dass der Mensch gerade so nicht seine Seele und sein Leben verliert, sondern gewinnt, dass gerade so das Humanum nicht untergeht, sondern endlich und wahrhaft zu Ehren kommt. Deshalb sagt die nächste Antwort drastisch: Der Mensch, der aus seiner Bestimmung zur Ausrichtung auf Gott fiele, fiele damit noch unter die Tiere. Das macht mit dem Satz ernst, dass die *glorificatio Dei*, die Verherrlichung Gottes, das *summum bonum* des *Menschen* ist. Man hebe die Bestimmung des Menschen zur Ausrichtung auf Gott und seine Glorie auf, und man hat die Menschlichkeit des Menschen aufgehoben. Daher sagt die nächste Antwort Calvins: Es könne den Menschen nichts Ärgeres im Leben widerfahren, *quam Deo non vivere*, als das, nicht zur Ehre Gottes zu leben, oder, wie Karl Barth es übersetzt, als das, nicht Gott gemäß zu leben. Calvin wäre missverstanden, wenn man ihn auf der Linie der radikalen Mystik verstehen würde, die eine *annihilatio*, eine Aufhebung und Opferung des Menschen lehrt, um sich dann selbst in Gott oder selbst als göttlich wiederzufinden. Aber er schärft uns aufs Strikteste den Satz ein: «Trachtet zuerst nach dem Reich Gottes [...], so wird euch alles übrige zufallen» (Mt 6,33). Er tut das in der Meinung: Wo der Mensch wirklich *zuerst* sich ganz auf Gott richtet und Gott gemäß lebt, da geht es auch dem *Menschen* gut. Da fällt ihm wahre Menschlichkeit zu. Da vergeht er nicht. Da lebt er erst recht auf. Da bekommt er Recht. Da verliert er nicht, da bekommt er Raum zum freien Dasein in seiner Geschöpflichkeit in Gottes Welt. Calvin sagt im Katechismus ausdrücklich: «Gott hat in seiner endlosen Güte alles so eingerichtet, dass nichts zu seiner Verherrlichung dient, was nicht auch zugleich uns heilsam ist.»[4]

Wir begegnen in dieser Einleitung von Calvins Katechismus dem Eigenton seiner theologischen Erkenntnis. Diese Erkenntnis zeichnet sich exakt in die Situation – nicht nur allgemein des Humanismus seiner Herkunft, sondern auch in die des Genfer Liberalismus ein, und zwar in einer christlich verantwortlichen Weise. Nicht so, dass er die dort waltende Fragestellung gutheißt, an sie anknüpft und durch seine Antwort bestätigt, sondern so, dass er diese Fragestellung schon als solche durch seine überraschende Antwort korrigiert und nur so allerdings ernst nimmt. Man könnte die dort waltende Fragestellung so zusammenfassen: Wie kommt – angesichts der Fremdbestimmung durch politische und kirchliche Gewalt – der Mensch nicht zu kurz? Und man könnte Calvins Antwort so zusammenfassen: Indem *Gott* nicht zu kurz kommt! Nur so, aber so wird euer Anliegen tatsächlich erst recht ernst genommen, nur so kommt der Mensch nicht zu kurz. Es ist eine *geistliche* Souveränität, in der der unterdes 31-Jährige kritisch-irenisch, ohne sich dem scheinbar gebieterischen Gebot der damaligen Stunde zu beugen, *in* die konkrete Stunde hineinredete und damit zugleich eine Erkenntnis geltend machte, die über diese Stunde *hinaus* wegweisend ist.

4. Charakteristika des Katechismus

Nach der Würdigung des Eingangsstücks sei jetzt auf einige charakteristische Punkte des Katechismus-Bekenntnisses hingewiesen. Die Einleitung mündet in die durch sie selbst sich aufdrängende Frage ein: Auf welche Weise kann denn Gott von uns geehrt werden? Die Antwort nennt dazu vier Gesichtspunkte, die die Einteilung des Katechismus in vier Stücke ankündigen: Glaube (nach dem Apostolikum) – Gesetz (nach dem Dekalog) –

[4] CStA 2, 94, Art. 258.

Gebet (nach dem Unservater) und Sakramente. Man beachte dabei, unter welchen Oberbegriffen diese Stücke eingeführt werden und dass die vier Oberbegriffe ihrerseits unter der leitenden Grundfrage stehen, was es heißt, Gott gebührend zu ehren. Dieses wird so erläutert: Das heißt Gott ehren – 1) dass wir unser ganzes *Vertrauen* auf ihn gründen (das bedeutet das Wort «Glaube» und dieses Eine meint das Apostolikum), 2) dass wir im *Gehorsam* gegen seinen Willen uns bemühen, ihm mit unserem ganzen Leben zu dienen (das bedeutet die Größe des göttlichen Gesetzes und dieses Eine meint der Dekalog), 3) dass wir in aller Not *Gott anrufen* und unser Heil und alles Gute bei ihm suchen (das ist der Sinn des Gebets und namentlich des Unservaters) und 4) dass wir mit Herz und Mund ihn als den einzigen Urheber alles Guten *anerkennen* (dies und also kurz die Dankbarkeit, die *eucharistia*, für die *charis*, die Gnade, ist der Nenner, auf dem die Sakramente zu verstehen sind).

Zunächst zum ersten Stück: *Glaube* verstanden als Vertrauen. Calvin ist hier fern von einer gewissen melanchthonisch-neulutherischen Neigung, das, was Glaube als Vertrauen heißt, aus einer Analyse des Begriffs Vertrauen zu gewinnen und dann den Vorzug solchen Vertrauens vor anderen möglichen menschlichen Verhaltensweisen zu preisen, etwa unter dem Gesichtspunkt: Was ist da mehr für das Herz des Menschen und weniger für seinen Kopf oder seine tätige Hand passend? Was Glauben, was Vertrauen heißt, wird für Calvin durch das bestimmt, *worauf* sich *dieses* Vertrauen bezieht und richtet – was auch sonst Vertrauen heißen mag. Blindes Vertrauen darf gerade dieses Vertrauen nicht sein. So kann Calvin auch sagen: «Der Glaube ist eine klare und zuverlässige *Erkenntnis*.»[5] Darum besteht für ihn die *fiducia-fides*, der Glaube als Vertrauen, darin, dass «wir (Gott) als den Allmächtigen und vollkommen Guten kennen».[6] Beides gehört unbedingt zusammen: Gottes Allmacht und Gottes vollkommene Güte. Allmacht ohne seine Güte wäre schrankenlose, willkürliche, nämlich schiere, schier-böse Gewalt. Und Güte ohne Allmacht wäre eine praktisch keinem hilfreiche bloße Gesinnung. Aber, so fährt Calvin weiter fort, woher sollen wir gewisslich wissen, dass Gott der Allmächtig-Gütige ist? Wir sind es doch nicht wert, dass er sich als solcher kundtut! Wir stehen hier vor einer Kardinalfrage, an der sich entscheidet, ob die Theologie ihr Haus auf Sand oder Fels baut. Woher wissen wir es? Antwort: «Aus seinem eigenen *Wort!*»[7]

Wir dürfen bei dieser Größe, die Calvin hier einführt, nicht gleich an das Bibelbuch denken, obwohl es richtig ist, dass wir ohne dies das Wort Gottes nicht hörten, noch dürfen wir ein allgemeines Raisonnement über

5 Art. 111, CStA 2, 49.
6 Art. 9, ebd., 17.
7 Art. 13, ebd., 19.

den Begriff *Wort* anstellen. Gemeint ist: Die alles entscheidende Voraussetzung alles christlich-theologischen Denkens und Redens ist nicht eine Größe, die wir uns selbst auszudenken vermöchten, keine, die wir in der Tasche haben können. Die kann vielmehr nur Gott *selbst* setzen und geben und gewährleisten, und die *hat* er schon gesetzt und gegeben und die gewährleistet er uns je und je durch den Heiligen Geist. Daher die Fortsetzung: «Also ist Fundament und Anfang allen Vertrauens auf Gott: dass wir ihn erkennen in Jesus Christus.»[8] Was für Calvin auch heißt: Alles, was wir von Gottes Allmacht sagen können, wird durch die *Barmherzigkeit* erkannt, in der sich Gott in Christus kundtut.

Von da aus wird das Apostolikum ausgelegt. Folgerichtig heißt es zum Vater-Titel Gottes im ersten Artikel, dass er entscheidend ein Verhältnisbegriff ist, der die innigste Nähe zwischen Gott, «unserem Vater in dem Himmel», und seinem Sohn Jesus Christus aussagt. Er ist also nicht etwa eine Projektion irdisch-patriarchalischer Denkweisen in den Himmel, wie die Sache wohl missverstanden wurde und insofern mit Recht heute abgelehnt wird. Der zweite Artikel bringt die von Calvin aus dem Christus-Titel erhobene Lehre von dessen dreifachem Amt als König, Priester und Prophet, der herrscht, der versöhnt und zur wahren Gotteserkenntnis erleuchtet. Und wie dann im Heidelberger ist schon im Genfer Katechismus diese Lehre verbunden mit der des Christseins als Teilnahme an diesem dreifachen Amt, so dass wir, wie es schön heißt, befreit «zur Gewissensfreiheit»[9] auch streiten gegen Sünde, Teufel und Welt, so dass wir uns und das Unsrige ihm zum Opfer bringen und wir als «gelehrige Diener»[10] für die Wahrheit einstehen. Der Kreuzestod Christi ist verbunden mit dem priesterlichen Eintreten Christi für uns und die österliche Erhöhung Christi zur Rechten Gottes mit seinem königlichen Regieren, während anscheinend das Wirken des Geistes in seinem uns Teilgeben an Christus eher mit dem prophetischen Amt verbunden ist. Gut evangelisch ist die Bemerkung zum Kommen Christi zum Weltgericht. Frage: «So braucht uns dieses Gericht also nicht Angst einzujagen?» Antwort: «Nicht im geringsten. Wir stehen ja vor dem Gericht dessen, der selbst unser Anwalt ist.»[11]

Für Calvin besteht das Apostolikum übrigens aus *vier* Artikeln. Der vierte handelt von der Kirche, die damit dem Werk der Trinität, durch die sie hervorgerufen ist, zugleich gegenübersteht. Wohl darum ist hier das kirchliche Amt nicht so beherrschend wie in der lutherischen, geschweige römischen Kirche. Vielmehr ist das die erste Bestimmung der Kirche: sie ist die societas fidelium, die Schar der Gläubigen; und die kann wesentlich nur *eine*, die ökumenische Kirche sein.[12]

---

8 Nach dem Lateinischen. Art.14, ebd., 18.
9 Art. 42, ebd., 28.
10 Art. 44, ebd.
11 Art. 87, ebd., 42.
12 Art. 93. 97

Beachtlich sind die Bemerkungen über Glaube und Werke, mit denen der erste Teil schließt. Werkgerechtigkeit ist nicht nur teilweise und vorläufig, sondern ganz ausgeschlossen. Gott «liebt uns in Christus aus lauter Barmherzigkeit und Gnade, ohne Beachtung der Werke und nimmt uns so an; er überträgt auf uns dessen Gerechtigkeit, als sei es unsere eigene, rechnet uns aber unsere Sünden nicht an».[13] Daher werden wir selbst nach dem besten Leben nicht anders vor den letzten Richter treten können als mit der Bitte: «Gehe nicht ins Gericht mit deinem Knecht.» Also braucht der Gläubige keine guten Werke zu tun? «Unmöglich», wird darauf strikt gesagt, was dann auch der Heidelberger Katechismus aufgenommen hat. Denn rechter Glaube ist doch «die Wurzel, aus der sie hervorgehen»[14] – die guten Werke, heißt es bei Calvin wie bei Luther; beide wissen ja, dass im Neuen Testament dieser Ausdruck immer positiv gebraucht wird. Doch reden beide Reformatoren davon mit je einem anderen Akzent. Nach Luther steht der gerechtfertigte und begnadigte Mensch in seinem Tun insofern nicht unter Gottes Gebieten, weil die guten Werke automatisch aus den Glaubenden kommen. Nach Calvin kann der Mensch die guten Werke, die er tut, deshalb nicht sich selbst zuschreiben, weil er damit Gott dient, ihm zu Lobe und nicht sich selbst zum Ruhm. Das versteht Calvin unter Buße. Sie ist dem Glauben nachgeordnet, und sie besteht eben darin, dass der Mensch umkehrt von einem Leben zum eigenen Ruhm hin zu einem Leben im Gehorsam gegen Gott.

Damit ist das zweite Stück über das *Gesetz* vorbereitet. Karl Barth bemerkt dazu, dass Calvin davon in einem anderen Ton redet als Luther: Während für Luther Gottes Gesetz entscheidend den Menschen seiner Sünde überführen soll, denkt Calvin hier in erster Linie daran, «dass *Gott*, der Vater Jesu Christi, uns das Gesetz gegeben hat, was auch immer daraus werde».[15] Darum geht der Glaube an Gott dem Gebot Gottes voran. Wer gehört hat, dass er sein ganzes Vertrauen auf Gott setzen darf, weil er bedingungslos für unsere Heil sorgt, wird auch in das rechte Verhältnis zum Willen Gottes kommen. Calvin kann zwar auch sagen, dass das Gesetz anklagende Funktion habe, aber nur bei den Ungläubigen; bei den Glaubenden leiste es einen anderen Dienst.[16] Dies ist nur scheinbar das, was Melanchthon als dritten Gebrauch des Gesetzes gelehrt hat und was bei strengen Lutheranern verpönt ist – mit einem gewissen Recht. Ist nämlich die Voraussetzung richtig, dass der originale Sinn des von Gott gegebenen Gesetzes der ist, die Menschen zu einer zuletzt doch nicht geltenden und scheiternden Werkgerechtigkeit zu reizen, dann bedeutet der *tertius usus*

13 Art. 118.
14 Art. 124–127.
15 Karl Barth, a. a. O. (Gott erkennen), 34.
16 Art. 227f.

legis – also die Lehre, dass die Wiedergeborenen doch das Gesetz anfänglich halten – eine offene Tür für den Einfall neuer Werkgerechtigkeit. Calvin bestreitet aber schon diese lutherische Voraussetzung. Nach ihm hat das Gesetz Gottes, so wie es aus seinen Händen kommt, und also ursprünglich einen *anderen* Sinn. Es hat den, den Calvin gleich zu Anfang seines zweiten Teils so ausspricht: Der Dekalog kommt von dem, der der *servator*, «der Erretter» seines Volkes ist. Der Sinn der Gebote ist daher, dass wir Gott für die uns von ihm bedingungslos bewiesene «*Freundlichkeit* mit rechtem Gehorsam *danken*». Nicht erst im Heidelberger Katechismus, sondern schon im Genfer Katechismus steht das Tun im Gehorsam gegen *Gottes* Gebot auf dem Nenner der *Dankbarkeit* für Gottes Freundlichkeit. Mit Dankbarkeit verdient man sich eben nichts, aber dankt man für ein unverdient empfangenes Geschenk. Die dankbare Empfangsanzeige kann eigentlich bei einem rechten Geschenk nicht fehlen, sie gehört zu ihm hinzu.

Das Gesetz Gottes in diesem originalen Sinn wird vom Glauben erst recht *erkannt*. Es wird so erkannt, dass die Glaubenden gewiss nicht die Mangelhaftigkeit ihres Tuns bestreiten, aber ohne dass sie deshalb aufhören könnten, dankbar zu sein und in der Dankbarkeit zum Gehorsam gegen Gottes Tun bereit zu sein. Zu gehorchen ist aber nach Calvin im Grunde nicht zahllosen beliebigen Vorschriften, sondern nur einem *einzigen* Gebot Gottes, das in sich zweigestaltig ist: dem Doppelgebot der *Liebe*. Die 10 Gebote zeigen an, dass dieses eine Gebot Verschiedenes und jeweils ein sehr Konkretes bedeutet, und sie zeigen wiederum an, dass sie in ihrer Vielfalt Auslegung dieses einen Doppelgebots sind. Gott allein verehren, ohne Götter neben ihn zu rücken, Gott nicht in selbsterfundenen Bildern fassen wollen, von Gott nicht respektlos reden, ruhen von seinen Werken, so dass Gott an uns wirke, das heißt: Gott lieben. Und so sind die weiteren 6 Gebote des Dekalogs Unterstreichungen des Sachverhalts: «Wir sind von Natur so sehr zur Selbstliebe geneigt, dass dieser Trieb alles andere erstickt. So soll nun die Nächstenliebe so in uns herrschen, dass sie alles lenkt und Richtschnur unseres Denkens und Handelns wird.»[17] Aber wer ist unser Nächster? Antwort: «auch uns Unbekannte, ja auch unsere Feinde». Um zwei Beispiele zu nennen: Was heißt, du sollst nicht töten? Nicht nur: keinen Mord begehen, sondern die Forderung, «alle Menschen herzlich zu lieben und treu für ihren Schutz zu sorgen». Und was heißt, du sollst nicht stehlen? «Wir sollen uns nicht bereichern wollen, wenn unser Bruder dabei einen Schaden erleidet» – eine frühe Formulierung für soziale Gerechtigkeit![18]

Der dritte Teil handelt vom *Gebet*, das Calvin entscheidend als ein *Bitten* versteht. Bemerkenswert ist hier der Gedanke, der den guten Sinn des Zusammenhangs von «ora et labora» sichert und den falschen, faulen Sinn des

---

17 Art. 220, ebd., 81

18 Art. 221, ebd., 81; 199, ebd., 75; 206, ebd., 77.

Gebets als eines Abwälzens des von uns zu Machenden auf Gott verhindert: Wohl sollen wir in der Not Gott anrufen, in der Erkenntnis, dass er allein unser wahrer Nothelfer ist. Aber so wenig wie das «allein aus Gnade» nicht das Gebot guter Werke ausschließt, so wenig schließt das alleinige Nothelfer-Tun Gottes aus, dass Gott Menschen zu Gehilfen seiner Güte macht.[19] Die Anrufung Gottes in der Not schließt nicht aus, dass *wir* daraufhin das uns Mögliche tun, bzw. dass wir auch *Menschen* um Hilfe bitten. So haben wir nicht nur Gott zu danken, sondern auch Menschen. Calvin betont das so sehr, dass er geradezu sagt: «Wer den Menschen nicht dankbar ist, verrät damit auch seine Undankbarkeit gegenüber Gott.»[20]

Der vierte Teil ist ziemlich überraschend. Nach den Ausführungen zu den elementaren biblischen Texten, deren Kenntnis für jedes Gemeindeglied nötig ist, nun auch noch dies: eine Erklärung der Sakramente! Warum denn das? Gewiss nicht, um die einfachen Gemeindeglieder an dem ausgebrochenen Abendmahlsstreit zwischen Zürich und Wittenberg teilnehmen zu lassen. Eher darum wird davon geredet, weil die römische Kirche gerade damals eine ausgesprochene Sakramentskirche war, in der der Priester als Stellvertreter Christi gegenüber dem «Laienvolk» handelt und ihm das Heil verschafft und sichert. Und wohl auch darum, weil es in der mittelalterlichen Kirche hochstehende und auch recht kontroverse Diskussionen darüber gab, weil aber das Volk in dieser Sache unkundig gehalten war und sich deshalb davon phantastische Vorstellungen ausmalte, wird hier im Katechismus nun das Kirchenvolk unterrichtet und belehrt; und hier erfährt es, dass in den Sakramenten Gott selbst dasselbe tut wie in seinem zuvor gehörten gepredigten Wort.

Daher betont dieserTeil zuerst, dass wir vor allem das Wort Gottes zu hören haben, nach der Heiligen Schrift und ausgerichtet durch das Predigtamt der Gemeinde. Erst dann ist die Rede vom Sakrament: erst dann, weil das Sakrament für Calvin überhaupt nur eine nachträgliche Bestätigung und Besiegelung des gepredigten Evangeliums ist. Es ist ohne das zuvor zugesprochene und gehörte Wort Gottes unnütz. Er betont, dass Gott sich der Sakramente bedient, um uns sein Evangelium zu bezeugen. Aber *Gott* tut das, so dass wir nicht an den äußeren Zeichen hängen bleiben dürfen, in der Einbildung, in *ihnen* stecke eine gnadenmittlerische Kraft.[21] Überdies sind die Sakramente – entsprechend dem Wortsinn des lateinischen Begriffs – von Seiten der Empfänger Bekenntniszeichen, so dass sie darin nicht bloß passiv sind. Vielmehr, «mit ihrem Gebrauch bekennen wir unseren Glauben vor den Leuten, unsere Zugehörigkeit zu dem einen Volk Got-

[19] Art. 236, ebd., 86.
[20] Art. 237, ebd.
[21] Art. 318, ebd., 116.

tes», wie es in der französischen Fassung des Katechismus von 1542 präzisiert ist.[22] Die Sakramente sind nicht solche so genannten Schwellenriten, wie man neuerdings zu sagen liebt, zur Geburt die Taufe, zur Pubertät die Konfirmation, zur Verheiratung die kirchliche Trauung, zum Todesfall die Beerdigung. Daran dürfte heute nicht gerüttelt werden, dass es nach grundsätzlicher reformatorischer Erkenntnis und Lehre nur eben diese zwei Sakramentsfeiern gibt: Taufe und Eucharistie.

Das gibt Calvin zuletzt das Stichwort, jenen Grundsatz auszusprechen, den er schon bei seinem Glaubensbekenntnis von 1536 im Auge hatte und zu dem anzuweisen der Sinn seines Katechismus ist: Es gehöre zum Christsein unbedingt auch das Sich-Bekennen als Christ.[23] Das ist die Grundlage für ein Verständnis von Kirche als einer in allen ihren Gliedern *bekennenden* Kirche. Der Satz wurde faktisch aufgegriffen in der während der Hitlerzeit in Deutschland mit Bedacht so genannten «Bekennenden Kirche». Wenn die evangelische Kirche bei uns in diesen Zeiten ihres Mitgliederschwundes den Kopf nicht verliert, sondern bei der Sache hat, wird sie jenes Satzes in Calvins Katechismus zu gedenken haben. Es könnte sein, dass an diesem Punkt andere Kirchen in der Welt weiter sind als unsere hiesigen.

Wohlgemerkt, der Katechismus verzichtet in seiner Absicht auf das, was jenes letzte Zitat sagt, auf alle Polemik, sei es gegen die römische Kirche, sei es gegen die Schwärmer oder Humanisten. Er verzichtet auch gänzlich auf eine Darlegung dessen, was für Calvin angeblich oder tatsächlich so grundlegend war, auf diejenige der Prädestinationslehre. Er sagt kurz und gut: Seht, das ist evangelischer Glaube, und das heißt als Christ seinen Glauben an den dreieinen Gott zu bekennen vor den Menschen. So gehört gerade dieser Katechismus zu den einleuchtenden Zeugnissen der Reformation

---

22 Art. 362, ebd., 130.

23 Art. 363, ebd., 132.

Gebote aus Güte

Wie schon bemerkt[1], gibt es bei Calvin eine Erkenntnis vom Gesetz Gottes, die anders ist als dessen Verständnis in der Tradition Martin Luthers. Schon dass er hier vom «Gesetz *Gottes*» spricht, weist auf einen Unterschied hin. In der lutherischen Tradition braucht man das Wort zumeist in der Einzahl: *das* Gesetz, und in der Regel lässt man dabei das Wort «Gott» weg. Denn das Gesetz, gleich ob ein menschliches oder das göttliche, hat nach dieser Auffassung eine bestimmte Aufgabe, und zwar so oder so dieselbe Aufgabe: Es soll erstens die Menschen davon abhalten und davor zurückschrecken lassen, äußerlich gegebene Vorschriften zu übertreten; und es soll zweitens den Menschen innerlich wegen ihrer Untaten und Bosheiten Angst bereiten. Dadurch würden sie offen zum Vernehmen des befreienden Vergebungszuspruchs des Evangeliums. Dieses ist hingegen frei von jedem gesetzlichen Anspruch. Wie hat Calvin seinerseits diese Sache verstanden?

1. Calvins Verständnis der biblischen Gesetze oder Gebote

Schaut man in das dogmatische Hauptwerk Calvins, in die Institutio, Unterweisung in der christlichen Glaubenserkenntnis, so stellt man fest, dass er sich in der Erstausgabe von 1536 wohl an die lutherische Erklärung des Gesetzes anschließen kann. Es ist eine Anweisung zu einer Zurechtweisung im äußerlichen Handeln und bewirkt eine innere Erschütterung wegen der eigenen Sündhaftigkeit. Das Gesetz als solches kann uns ja gewiss nicht von unserer Bosheit befreien, auch nicht, indem es deren Ausbruch einzudämmen sucht. Denn, so sagt Calvin eindrucksvoll: Wilde Tiere sind immer noch wild, auch wenn sie angekettet sind.[2]

Aber dann merkt man auf, wie er von einer *dritten* Anwendung des Gesetzes redet. Auch das ist an sich nicht neu. Davon konnte auch im lutherischen Raum gesprochen werden, in dem Sinn, dass ein Christ, dem die Sünde vergeben ist, anfangsweise einen positiven Gebrauch vom Gesetz machen könne. Doch Calvin spricht davon in einem neuen Ton und Sinn. Das tritt in der Straßburger Neubearbeitung der Institutio im Jahr 1539 hervor. Der Reformator bemerkt dazu: Das positive Verständnis sei der *eigentliche* Zweck des Gesetzes und zeige seinen wahren Sinn.[3] Das werde von den Gläubigen erfahren und erkannt, und zwar so, dass sie das Gesetz im

1 Vgl. oben Kap. 2.
2 CO 46,776.
3 Institutio II 7,12

Licht des göttlichen Mittlers und seiner Gnade mit Freude und in Erquickung kennen lernen. Es wirkt jetzt nicht wie ein harter Stecken oder wie eine fesselnde Kette, sondern so, wie es in Dtn 32,46f. gesagt wird: als Gabe des Lebens.[4] *Das* ist sein *wahrer* Sinn und seine Absicht: Es verurteilt uns nicht, sondern es ermuntert uns zum Aufatmen und zum Wandern. Es plagt uns nicht, es macht uns Lust, dem Geber der Gesetze zu folgen. Mehr noch: Im Zusammenhang der Auslegung der Zehn Gebote spricht Calvin es geradezu lachend aus, was er meint:

> Da müsste doch jeder von der Liebe zu diesem Gesetzgeber durchdrungen werden, wenn er hört, dass er dazu erwählt ist, *seine* Gebote zu halten, die Gebote *dieses* Gesetzgebers, von dessen Freundlichkeit er alles Gute im Überfluss, ja, auch die Herrlichkeit des ewigen Lebens erwartet, durch dessen wunderbare Kraft er sich aus dem Rachen des Todes gerissen weiß.[5]

Wir verstehen es im Licht dieser Erkenntnis, warum Calvin betont: Es geht bei den Geboten *eigentlich* um Gebote des *guten* Gottes, und zwar redet er am liebsten eben in der Mehrzahl von den Geboten. Wir dürfen sie – nicht unbedingt im Gegensatz zu den menschlichen Gesetzen verstehen, aber wir haben Gottes Gesetze in jedem Fall von den irdischen Gesetzen zu *unterscheiden*.

Wir haben weiter zu verstehen, dass der Begriff «Gesetz» von Calvin nicht an die Heilige Schrift herangetragen wurde, um damit bestimmte Wertungen vorzunehmen. Vielmehr wird uns der Begriff aus der Heiligen Schrift entgegengebracht. Dabei entdecken wir, dass in ihr Gesetze in einem Reichtum von verschiedenen Bedeutungen aufgefasst sind. So sagt Calvin etwa zu Ps 119: Er «ermahnt die Kinder Gottes, auf ein gläubiges und heiliges Leben bedacht zu sein». Dazu gibt er die Regel an: «Die Gläubigen sollen sich ganz der Lehre des Gesetzes unterstellen.» Der Psalmist mischt dabei «Verheißungen unter, um die Verehrer Gottes desto mehr zu einem frommen und gerechten Leben zu ermuntern. Auch Klagen über die gottlose Verachtung des Gesetzes fügt er ein, damit man sich nicht in das böse Beispiel eines unheiligen Lebens hineinziehen lasse.»[6] Oder zu Mt 5,17f., heißt es: Christus «bezeugt, seine Lehre sei kein Widerspruch gegen das Gesetz, sie stimme aufs beste mit Gesetz und Propheten überein, ja sie bilde sogar die Erfüllung desselben». «Wie der neue Bund dem alten so wenig widerstreitet, dass vielmehr dieser erst durch jenen Dauer und Festigkeit gewinnt», so sollen «wir lernen, das heilige Band zwischen Gesetz und Evangelium unverletzt zu bewahren». Jesus nennt aber diejenigen «falsche Lehrer, die ihre Schüler nicht zum Gehorsam gegen das Gesetz

4 Ebd., II 7,13.
5 Ebd., II 8,15.
6 CO 32,214 in: Argumentum.

anhalten».[7] Oder zu Röm 3, 21: «Paulus hat bestritten, dass die Glaubens-Gerechtigkeit auf das ‹Zutun› des Gesetzes angewiesen ist.» Er schließt dabei auch solche Gesetzeswerke aus, «die der Herr in den Seinigen bewirkt» – das ist in Abgrenzung gegen eine Lehre gesagt, die im gegenreformatorischen Konzil von Trient formuliert wurde. Jedoch «behauptet er (der Apostel), dass das Gesetz die Glaubens-Gerechtigkeit geradezu mit seinem Zeugnis bestätigt».[8] Oder zu Jak 2,21 und 1,25 – hier geht es gegen das gegeneinander Ausspielen von Paulus und Jakobus: Für Paulus besteht die Rechtfertigung «in der geschenkweisen Zuerkennung der Gerechtigkeit vor Gottes Richterstuhl, für Jakobus aber in dem Erweis der Gerechtigkeit aus ihren Wirkungen». Paulus fragt nach der «Ursache unseres Heils». Jakobus fragt, «ob Werke notwendigerweise den Glauben begleiten». Das Letztere ist zu bejahen, wenn das «Gesetz der Freiheit» den «Kindern Gottes» so ins «Herz geschrieben wird», dass sie es «mit aufrichtiger Freude annehmen».[9]

Bei aller Vielfalt des Verständnisses der göttlichen Gesetze nach der Heiligen Schrift, es kennzeichnet sie durchweg die Art ihrer Übermittlung. Das lässt sich bei den Zehn Geboten zeigen. Calvin macht hier nicht das, was für die Auslegung Luthers charakteristisch ist. Er sagt nicht: Das zweite Gebot, das Bilderverbot, sei nur den Juden gegeben, aber nicht uns, die wir keine Juden sind. Wir müssten also eines der anderen Gebote teilen, damit wir gleichwohl auf die Zahl von zehn Geboten kommen. Denn im Unterschied zu jenem seien diese anderen Gebote in der *Natur* aller Menschen gegeben.[10] Calvin verfährt hier vorsichtiger und erklärt, das Gesetz Gottes sei wohl auch in der «Natur» offenbar, aber ob es das Gesetz *Gottes* ist, das entscheide sich daran, dass es nicht den uns in der Heiligen Schrift nahegebrachten Gesetzen widerspreche.[11] Darin zeigt sich bereits eine unterschiedliche Auffassung der beiden von dem Gesetz Gottes.

Man beachte nämlich die Einleitung der Zehn Gebote, die man nicht weglassen oder kürzen darf, wie es im lutherischen Katechismus geschieht. Calvin weist darauf hin, dass, wie dort gesagt wird, die göttlichen Gebote dem Volk Israel gegeben wurden, als es von der ägyptischen Sklaverei unter den unterdrückerischen Gesetzen befreit wurde.[12] Jetzt wurden ihnen die Gebote als Zeichen der den Israeliten geschenkten Freiheit gegeben – als Zeichen, dass sie nun Gott gehören und darum seine Geschöpfe und Kinder und nicht mehr Sklaven sind. «Ich bin der Herr, dein Gott, der

7 CO 45,171.
8 CO 49,59.
9 CO 55,406; 395f.
10 Martin Luther, Wider die himmlischen Propheten von den Bildern (1525/26), WA 18,81.
11 Johannes Calvin, Institutio II 8,1.
12 CO 24,209, zu Dtn 4,20.

dich aus Ägyptenland geführt hat, aus dem Diensthaus.» Dazu führt Calvin in seinem Kommentar zu dieser Stelle Wegweisendes aus: «Gott gebietet und verbietet hier [...] nichts.» Er tritt in diesem Satz vielmehr «mit seinem Herrschaftsrecht hervor, aufgrund dessen er sich ein Volk zum Eigentum macht». Und weiter:

> Mit diesen Worten verschafft sich Gott also Achtung, bevor er angibt, wie man gottselig und gerecht leben soll. Darum nennt er sich nicht nur Jahwe und den einigen Gott [...], sondern fügt hinzu, dass er im Besonderen der Gott Israels sei, weil es wichtig war, [...] das Volk freundlich anzulocken, damit das Gesetz ihnen wertvoller werde als Gold und Silber und süßer als Honig. Es würde ja doch nicht genügen, die Menschen zu zwingen, dass sie in knechtischer Furcht sich unter das Joch beugen. Die Lieblichkeit des Gesetzes soll sie locken, das Joch gerne auf sich zu nehmen.

Calvin merkt zur Erläuterung dieses Gedankens an: «Die Kinder Israel waren [...] nicht ihre eigenen Herren, als Gott sie sich zum Eigentum erwarb.» Sie waren *Sklaven* fremder Mächte. Doch jetzt sind sie von Gott *befreit* aus der Sklaverei. «Die Erlösung aber soll zu einer freiwilligen Unterstellung [unter die Macht Gottes] (voluntariam subiectionem) führen.»[13] Der Reformator weist zudem darauf hin, dass durch die Erlösung *Christi* auch wir aus den Heiden wie Israel mit diesen Geboten behaftet sind.

Im Folgenden sei Calvins Verständnis der Zehn Gebote anhand seiner Auslegung eines dieser Gebote gezeigt. Dazu wenden wir uns seiner Auslegung des sechsten Gebotes zu: «Du sollst nicht töten».

2. Was wird uns in diesem sechsten Gebot verboten?

Bei dem *Verbot* des Mordens geht es nach Calvin darum, dass Gott darin im Grunde all das zusammenfassen will, was erforderlich ist, um unser Leben *gut zu regeln*. Wir sollen anhand des Verbotes lernen, wie das Leben der Menschen von Gott fein und angemessen geordnet sein wird, wenn wir seiner Stimme folgen. Zunächst ganz elementar gesagt: Solche Ordnung geschieht, wenn die Menschen von Unrecht und Gewalt Abstand nehmen, wenn sie vielmehr in Ehrbarkeit wandeln, das heißt: wenn sie anderen keinen Schaden tun. Aber man gebe Acht! Sie sollen sich auch im Gebrauch ihrer *Zungen* davor hüten, mit Lügen tödlichen Schaden anzurichten. Es scheint fast, als reibe Calvin sich daran, dass hier vom *Morden* die Rede ist, wo doch der Sache nach in diesem Gebot tatsächlich viel subtilere Bosheiten anvisiert sind. Er erklärt das so, «dass Gott hier in einer groben und

[13] Zu Lev 19,36; CO 24,212f. Im Heidelberger Katechismus wird daher der Dekalog unter der Überschrift «Dankbarkeit» ausgelegt.

rauen Art gesprochen hat, um sich an Große und Kleine und an ziemlich Unverständige anzupassen».[14] Aber dabei ist der Genfer Lehrer davon überzeugt, dass selbst die unverständigen Kleinkinder es durchaus verstehen können, dass hier die viel feineren Bosheiten anvisiert sind. Denn auch hier geleite Gott uns Schritt um Schritt zum rechten Leben, und daher halte er uns Abscheuliches vor, damit wir verstehen, uns davor zu hüten, in irgendeiner Form Böses zu tun. Calvin spricht das, was er meint, auch mit einem genaueren Gedanken aus, der etwa so zu umschreiben ist: Wenn wir, die wir so überaus langsam von Begriff sind, erst einmal zugeben, dass Mord abscheulich ist, dann fangen wir an zu begreifen, dass wir überhaupt *jedes* Unrecht nicht minder verabscheuen und abwehren müssen wie den Mord. Eben *darauf* zielt das Gebot: uns von *allem* Unrecht zurückzuhalten.

Also, wenn Einer sagen kann: Ich habe wirklich nicht gemordet, hat dieser Mensch das Gebot schon gehalten? O nein, «es fehlt *viel* dabei», sagt der Reformator, und er glaubt, Gott in der Weise zu uns reden zu hören: «Nun erkläre ich euch: alle diejenigen, die ihre Nächsten beleidigen, alle die, die etwas Gemeines anstiften gegen sie, alle die, die Abneigung und Gehässigkeit gedeihen lassen – ich verstehe und verdamme sie alle als Mörder.» Denn Gott hat mit dem einen Begriff des Mordens dies alles verboten. Aber noch einmal: warum dann *dieser* Spezialfall? Darum, sagt Calvin mit einem weiteren Argument, damit wir nicht die Ausrede gebrauchen: Es sei zu viel und zu schwer, was Gott alles gebietet und verbietet. Nein, keine Ausrede! «Man braucht nicht viel durchzublättern, noch gibt es viele dicke Verzeichnisse und Bücherbände. Es ist genug, dass Gott in zehn Sätzen die Regel zum rechten Leben umfasst hat.» Auch die größten Dummköpfe können dadurch begreifen, dass man kein großer Gelehrter sein muss, um das Gesetz Gottes zu verstehen.

Calvin schiebt nun zwei Überlegungen ein, die den Gedankengang vertiefen, bevor er den Faden dieser Ausführung wieder aufgreift und weiter knüpft. Zum einen, man kann es gar nicht klar und unmissverständlich genug sagen: Mord ist ein schlechterdings unerträgliches Vergehen. «Der, welcher sich gegen seine Nächsten zu ihrer Tötung erhebt, ist nicht würdig, [länger] auf der Erde erhalten zu werden. Denn der ist schlimmer als die wilden Tiere.» Diese Tiere schädigen wenigstens Genossen ihrer Art nicht, wie der Reformator nach seiner damaligen Kenntnis meint. Zum anderen, Gott – und zwar der Gott, der wegen unserer Sünde zu Recht unser Todfeind ist und uns dennoch vergibt – erklärt in dem Gebot, dass die Menschen, welcher Art sie auch seien, jedenfalls unter seinem Schutz stehen.

Darum ist die Ermordung eines Mitmenschen auch ein unheimliches Unrecht gegenüber *Gott*. Denn der Mensch ist zum Bild Gottes geschaffen, und schädigt man dieses Bild, dann schädigt man auch Gott selbst. «Man

14 Die Zitate im Folgenden sind der Auslegung Calvins von Dt 5,17 im Jahr 1555 entnommen: CO 26, 321–334, deutsch in: CStA 7, 36–49.

bekommt es mit *Gott* zu tun, wenn man *Menschen* Unrecht tut.» Calvin redet in diesem Zusammenhang wie ein Pazifist:

> Wenn vom Töten selbst in *statthafter* Weise wie in einem gerechten Krieg die Rede ist, sagt man gleichwohl, dass der Mensch geschändet wird. Und warum? Damit wir lernen, einen *noch* größeren Schrecken vor dem Blutvergießen zu haben. Wenn ein Feind bei Beginn eines Krieges getötet wird, wie kann Gott das vergeben? Wenn derjenige aus gerechtem und erlaubtem Grund tötet und dem nachkommt aus Notwendigkeit, [...] trotzdem heißt es noch, dass das ein Flecken ist, mit dem der Mensch beschmutzt ist. Und warum dies? Das ist, damit wir erkennen: Gott hat uns dazu erschaffen, dass wir friedlich miteinander leben.

Aber zurück zu dem Gedankengang, dass das sechste Gebot sich gegen viel mehr richtet als gegen ein direktes Morden. Es richtet sich gegen jede Form von Beleidigung, gegen jede Art von Tätigkeiten, in denen uns die Menschen nicht teuer und wertvoll sind. Jedenfalls wird *Gott* uns auch in solchen Fällen für einen Mörder halten. Also:

> Wenn es verboten ist zu morden, so mögen wir wissen, dass es auch wohl verboten ist, irgendein Unrecht oder eine Aggression gegen unsere Nächsten zu begehen. Wenn wir nur die Faust erhoben haben gegen jemanden und ihn berührt haben durch Unwillen, da geschieht ein Mord, der vor Gott begangen ist.

Calvin, den man mit einigen Gründen selbst für einen Choleriker gehalten hat, fasst sich anscheinend an der eigenen Nase, wenn er weiter so fortfährt:

> Wir sehen Leute, die so cholerisch sind: Sobald man sie mit einem Wort gereizt hat, da wird unaufhaltsam die Faust erhoben, um zu schlagen und zu kämpfen. Denn es scheint ihnen, es sei nichts Besonderes, solange es kein Blutvergießen gibt. Aber man darf keineswegs von Gott seinen Satz wegnehmen, in dem er erklärt, dass alle bös Gesinnten Mörder sind.

Kurz, alles verletzende Antasten der Nächsten mit Worten und Werken bedeutet, dass die Täter dessen vor Gott des Mordes schuldig sind.

Im Licht dieser Gedanken bittet Calvin nun seine Hörer und Leser, schlicht sich *selbst* zu prüfen: «Haben *wir* uns denn tatsächlich von aller Schädigung enthalten? Haben *wir* keine Verhöhnung eines unserer Nächsten begangen? Es ist nötig, bis zum *Herzen* vorzudringen.» Diese Fragen sind noch nicht damit beantwortet, dass wir sagen, dergleichen verstoße nicht gegen ein bürgerliches Gesetz und wir seien, gemessen daran, ehrenhafte Leute. Joh 4,24 heißt es: «Wir wissen, dass Gott Geist ist und will, dass man ihm dient in *Geist* und *Wahrheit*.» Das versteht Calvin so, dass wir uns klar zu machen haben: Gott hat durch seine Gebote nicht bloß unsere Hände und Füße geordnet, sondern auch unsere seelischen Regungen und Gedanken. Es ist zwar so, dass die ungläubigen Menschen, wenn man ihnen das Gesetz Gottes vorlegt, denken, sie seien freigesprochen, da sie vor der Welt nicht tadelnswert sind. Calvin fügt schnell hinzu, dass solche Menschen dann derart beruhigt sind, dass sie sich Freiheit nehmen zu können und die Erlaubnis zu haben meinen, Böses zu tun und Mitmenschen zu kränken und zu schädigen. Sie weisen Gottes Verbot des Tötens nicht einmal ab, sondern meinen, sie hätten doch Gottes Gebot gar nicht verletzt, da sie ihre Aggressionen nicht bis zur tödlichen Verletzung ihres Nächsten hin ausgelebt haben. Wenn das Vergehen nicht offensichtlich ist, so scheint es ihrer Meinung nach, dass es nicht von Gott angerechnet sein kann.

Aber Jesus Christus widerlegt das und zeigt, dass das Gesetz in dieser Weise töricht ausgelegt ist. Wenn gesagt ist: «Du sollst nicht töten», scheint es euch, «dass ihr vor *Gott* freigesprochen sein werdet, wenn euch die *Menschen* deshalb nicht vor Gericht ziehen».

> Aber jeder, wer seinen Nächsten töricht vorlädt, das heißt, wer auch nur eine Entrüstung gegen ihn hegt, der ist des höllischen Feuers schuldig. Jeder, der andere Leute beleidigt, der ist schuldig gleichsam eines himmlischen Arrests, das sowohl Gott wie alle seine Engel gegen ihn verhängen. Jeder, der auch nur murmelt gegen seinen Nächsten, der gleichsam zwischen seinen Zähnen knurrt, ich weiß nicht was, wie sehr auch das Unrecht nicht ausgesprochen ist, der ist bereits des Gerichtsurteils schuldig.

Calvin will mit diesen zugespitzten Worten Jesu – immerhin nach Mt 5,21f. – allen seinen Hörern und Lesern eindringlich machen: Auch wenn wir beteuern könnten, dass wir nicht im Geringsten eine Beleidigung gegeben haben, weit entfernt, dass wir das Schwert gezückt haben, so ist dies keineswegs genug. Es geht hier darum, es zu verstehen und zu beherzigen, dass unser Gott im Himmel unsere *Zungen* und *Gedanken* regieren will und von oben her selbst unsere *seelischen* Regungen. Deshalb ist jeder, der seinen Nächsten kränkt, genau genommen und recht verstanden ein *Mörder*. Denn die Zunge ist wie «ein scharfes Schwert», wie Calvin mit Hinweis auf Ps 57,5 sagt. Man braucht also nicht einmal ein Schwert in der Faust zu haben, um zu verwunden. Unsere Zunge ist ebenso scharf geschliffen und bewaffnet gegen unsere Nächsten. Das ist hier der springende Punkt: Wo ihr eine Person kränkt, da geschieht geradezu ein Mord, aus Gottes Sicht – und ja wohl auch aus der Sicht der gekränkten Person. Und: Auch wenn ihr euer Unrecht nicht laut ausgesprochen habt, denkt nicht, dass ihr dann noch kein Unrecht getan habt! Das bedeutet geradezu:

> Auch wenn ihr nichts getan habt, außer zu knurren zwischen euren Lippen, dann ist das genug, um euch vor Gott schuldig zu machen; ihr werdet verurteilt

> werden vor dem himmlischen Thron, selbst wenn ihr vor den Menschen freigesprochen seid. […] Wenn wir dies hören, so erkennen wir, dass hier der spricht, der von Gott gegeben ist, um die Welt zu richten.

Was uns freisprechen kann, sind also nicht all unsere Ausreden, unsere Verharmlosungen und Spitzfindigkeiten, mit denen wir uns selbst freisprechen.

Calvin legt hier den Finger darauf, dass wir eine rechte Erklärung des von Gott gegebenen Gesetzes nur dann bekommen, wenn wir dabei nicht auf den bloßen Wortlaut schauen, sondern auf den, der das Gesetz gegeben hat. Der aber ist kein Anderer als der, der über unseren Herzen und Gedanken der Herr ist. Dieser Gott kann von uns nicht damit bedient werden, dass wir auf das blicken, was in der Welt sonst anerkannt oder gar in Mode ist. Der gibt sich auch nicht damit zufrieden, dass man sich vor den Menschen von augenscheinlich boshaftem Tun zurückhält. Noch einmal: Der will, dass ihm im Geist und in der Wahrheit gedient wird. Er will, dass unsere Gewissen rein und von aller Arglist gereinigt seien. Das bedeutet aber, dass man das, was Gott von uns erwartet, nicht mehr an die äußerlichen Werke binden darf, sondern wir müssen begreifen: Wenn Gott von Mördern spricht, so redet er sehr wohl auch von jeder Entrüstung und von jedem Groll, den wir gegen unsere Nächsten haben. Hier ist der Grund, aus dem der biblische Johannes sagt [1Joh 3,15]: «Wer seinen Nächsten in seinem Herzen hasst, der ist ein Mörder.» Das tönt so, als würde er sagen: «Ihr meint, es sei schon recht, einen guten Eindruck zu machen. Wenigstens ist der Hass dabei fein versteckt, vielmehr versteckt ihr euch selbst dabei. Doch bitte, ihr Menschen, denkt deswegen nicht, dass Gott geschlossene Augen hat! Die Menschen können wohl von dem absehen, was ihr nicht äußerlich gezeigt habt. Aber wenn ihr eure Nächsten insgeheim hasst, dann seid ihr Mörder vor *Gott*.»

In Wahrheit ist der *Grund* dafür doch offensichtlich. Wenn die irdischen Regenten Gesetze machen, so geschieht das nicht nach der Art Gottes. Das geschieht, damit man sich bloß nach der äußerlichen Ordnung leiten lässt. Das ist die Absicht der Regenten, wenn sie ihre Gesetze machen. Es geht auch gar nicht anders: Sie sind ja sterbliche Menschen. Sie können nicht unsere verborgenen Regungen erneuern. Das aber ist das Vermögen Gottes, wie es die Heilige Schrift ihm zuschreibt (1Sam 16,7).

Allerdings streitet Calvin hier nicht gegen das, was in seiner Zeit in Europa als Recht und Gesetz galt, nicht gegen die Todesstrafe. Wir mögen das heute bedauern, obwohl auch heute noch in so vielen Staaten die Todesstrafe praktiziert wird und sie in Deutschland erst nach dem 2. Weltkrieg abgeschafft wurde. Es geschah damals faktisch nach dem von Karl V. herausgegebenen, auch in Genf gültigen Gesetz, dass jemand es verdient hat, an den Galgen geführt zu werden, wenn es aufgedeckt ist, dass er versucht hat, gemeingefährliches Unrecht zu tun. Nach jenem bürgerlichen

Gesetz Karls V. war aber das übelste Verbrechen die Gotteslästerung, schlimmer noch als Mord.[15] Selbst die Gesetze der Heiden verurteilen einen solchen Unrecht-Täter zum Galgen, «wie er dessen auch wert ist», sagt Calvin. Warum? Weil das Gesetz nicht nur das beachtet, was geschehen ist, sondern auch die Absicht des Tuns. Allerdings konnte nicht Calvin zum Tod verurteilen, sondern das war Angelegenheit des bürgerlichen Regiments. Jedoch flicht er an dieser Stelle ein, obwohl er doch auch das Problem der Strafbarkeit der *Regenten* kennt und ernst nimmt:

> Da es nun einmal so ist, dass die irdischen Fürsten und die Magistraten den *strafen*, der *versucht* hat, Böses zu tun, obwohl man ihn daran gehindert hat und obwohl er nicht zum Ziel seiner Unternehmung gekommen ist, was wird dann Gott tun? Wird Gott weniger Machtbefugnis haben, als ihn eine sterbliche Kreatur hat?

Hier ist der Punkt, sagt Calvin, an den wir hinkommen müssen, um von da aus das Weitere zu erkennen, dass es ein gutes Recht ist, dass Gott alle diejenigen als Mörder verdammt, die ihre Nächsten hassen. Warum? Entscheidend darum, weil Gott uns *beunruhigen* will, wenn wir drauf und dran sind, unserem Nächsten gegenüber einen Zwang oder ein Unrecht auszuüben: Für Gott sei das eine abscheuliche Sache, und das könne er nicht hinnehmen. Gott werte auch das als Mord. Wenn es denn so ist, dass Gott einen Schnaufer als einen Mord verurteilt, sogar ein Unrecht in Worten, sogar ein saures Gesicht, sogar einen heimlichen Hass, der tief drinnen eingewickelt ist, – und wenn wir es befremdlich finden, dass dies vor Gott als Mord verurteilt ist! – dann müssen wir beachten, was Gottes Wesen ist. Calvin meint: Wenn schon die irdischen Richter eine böse Absicht bestrafen, wenn sie zum Vorschein kommt, wie viel mehr ist dies bei Gott so, dem nichts verborgen ist? Denken wir an das, was im Brief an die Hebräer gesagt wird (Hebr 4,12), dass das Wort Gottes einem Schwert gleich ist, das mit zwei Seiten schneidet und eindringt bis ins Mark der Knochen, so dass kein Gedanke in uns ist, den es nicht findet. Das bedeutet, dass in der Gegenwart Gottes nichts verborgen ist. So muss auch all das den Menschen unbekannte Unrecht vor *Gott* angerechnet werden. Dadurch werden wir ermahnt, unseren Weg ohne alle Feindschaft gegen unsere Nächsten zu gehen. Das führt zu einem Gedanken, der das jetzt Gesagte erst recht ins Licht rückt.

---

15 Nach der «peinlichen Gerichtsordnung» Kaiser Karls V. (Carolina), Reclam 18064, Stuttgart 2000, 71.

3. Der positive Sinn des Gebots: gegenseitige Hilfe und Schonung

Wenn man dem Gedankengang bis zu diesem Punkt folgt, so könnte man wohl meinen, dass Calvin sich damit auf der Linie der lutherischen Lehre vom zweifachen Gebrauchs des Gesetzes bewegt: der äußerliche zum unanstößigen Lebenswandel, der innerliche zur Sündenerfahrung. Allerdings merkt man schon eine Eigenheit von Calvins Theologie, dass man nach ihm sagen muss, dass die göttlichen Gebote, wie sie *durch die Heilige Schrift* vorgetragen werden, aufdecken, dass der Mensch der Vergebung bedarf. Durch die Heilige Schrift! Calvin versteht diese Gebote nach der Art der alttestamentlichen Propheten, die in besonderem Maße erklären, dass Gott durch seine Gesetze sein Volk wegen seiner Entfernung von ihm anklagt. Darin steckt schon eine eigene Sicht: Es geht um die Entfernung von *Gott* und seinem *guten* Willen. Deshalb ist solche Anklage bei aller Härte und Schärfe auch getragen von der Güte Gottes, der seine Menschen nicht fallen lassen, sondern aus ihrem Abfall retten will.[16] Darum ist der Erweis seiner Güte nicht ein Gegenpol gegenüber der Anklage seiner Gesetze, sondern das Ziel, zu dem Gott uns darin hinführt. Nach Calvin ist es nur die eine Seite, gleichsam nur die Rückseite von Gottes Gesetz, dass sein Wort uns unsere Verkehrtheit aufdeckt.

Es ist wahrhaftig *derselbe* Gott, der uns Sünder nicht nur richtet, sondern aufrichtet, und dies, damit wir uns in einem anderen, neuen Leben bewegen. Der Reformator sagt daher: «Es ist keineswegs genug, dass die Menschen sich der Bosheit enthalten; denn sie sind dazu geschaffen, um einander zu helfen.» *Das* ist sogar die Pointe des ganzen Gedankengangs. Der *Sinn* des sechsten Gebots ist die uns von Gott geschenkte Erkenntnis, wie *wertvoll* das Leben unserer Nächsten ist. «Wir haben uns Mühe zu geben, um es aufrecht zu erhalten und zu bewahren, so weit es an uns liegt.» Es muss im bösartigen Wildwuchs unseres Denkens und Tuns zwar tüchtig gerodet werden, damit wir auf gute Gedanken kommen. Darum sagt uns der Herr: «Du sollst nicht töten», anstatt gleich zu sagen: Sorgt dafür, das Leben eurer Nächsten zu bewahren! – obwohl dies das *Ziel* dieses Verbots ist. Aber dieses Ziel kann nur erreicht werden, wenn die inwendige Bosheit in uns nicht übertüncht wird. Oder mit einem anderen Bild, das Calvin braucht: «Wenn man ein braches Feld sieht, rodet man es erst und dann bepflanzt man es. So muss man es machen mit uns.»

[16] Zu dem hier vorliegenden Verständnis des Gesetzes ist auch das in den Kapiteln «Der Mensch: Gottes Geschöpf» und «Glauben bekennen» Gesagte zu vergleichen. Das positive Ziel des Untersagten, das sich mit dem «Gesetz» verbindet, ist nicht das mit dem «dritten Gebrauch des Gesetzes» Gemeinte, wie er im lutherischen Bereich gelehrt wird. Es geht hier nicht um den *Gebrauch*, den der Mensch macht, sondern es geht um die *Absicht Gottes* in der Gabe seines Gesetzes.

Wenden wir dies nun auf das Verbot zu töten an! Das Verbot fragt uns vielmehr: Wollt ihr in einer friedfertigen, gegenseitigen Liebe leben? Gut, aber dann prüft euch recht, ein jeder für sich, dass ihr keinen Hass, keine Feindschaft, keine Böswilligkeit gegen eure Nächsten habt.

> Denn wenn ihr gereinigt sein werdet von allem Zorn, von allem Hass, von aller Feindschaft, dann müsst ihr wieder zurückkehren dorthin, wo es nicht genug ist, dass ihr euch *enthaltet* von der Schädigung und dem Unrecht und der Gewalt, nicht genug, dass ihr die Personen eurer Mitmenschen nicht beeinträchtigt habt, nicht genug, dass ihr in eurem Herzen keinen Hass noch eine Bosheit gegen sie nährt, dass ihr von bösem Willen nicht vergiftet seid, sondern ihr müsst *leben in Liebe*, ihr müsst *miteinander Geschwister* sein, die Gott als ihren Vater anrufen.

Gott legt uns in seinem Gebot, nicht zu töten, allein dies nahe: die geschwisterliche Liebe zu unseren Nächsten und unter seinen Kindern. Von diesem Ziel und von dieser Absicht her verstehen wir, warum Calvin das Verbot des Tötens so radikal aufgefasst hat, dass es sich auch gegen das Wehtun und «Zu-Leide-Werken» gegenüber unseren Mitmenschen bezieht. Erst von daher wird es uns recht klar, dass unser Gott und Herr dies will, dass das Leben unserer Nächsten uns kostbar und wertvoll ist. Man muss in diesem Licht auch umgekehrt sagen: Die, die ihren Nächsten *nicht* mit dem Notdürftigen helfen, töten sie. Das ist ein Gedanke, den wir gerade heute aufs Neue verstehen können und verstehen müssen. Er hat ausdrücklich die Spitze, dass wir uns beteiligen am Mord von anderen, von Fernen, die doch unsere Nächsten sind, wenn wir ihnen nicht *helfen* in ihrer Not.

Dass auch Ferne und Fremde unsere Nächsten sind, ist eine Erkenntnis, die bei Calvin eine große Rolle spielt. Vielleicht war sie sogar der entscheidende Grund, warum ihn die alten Genfer nicht mochten. Er glaubt, dass wir unlöslich miteinander verbunden sind, wir tatsächlich mit *allen* Menschen, und zwar durch Gott, der uns alle nach seinem Bild geschaffen hat. Wir erweisen unserem himmlischen Vater keine Ehre, wenn wir solche Geschwisterlichkeit verschmähen. Calvin sagt hübsch einprägsam: «Hüten wir uns, uns zu sehr zu schonen!» Denn unser Gott will, dass wir uns Mühe geben, einander zu helfen. Es liegt dem Reformator daran, dass uns das Leben unserer Nächsten *so* wertvoll sein soll, wie es Gott in seinem Sohn wertvoll ist. Er weiß sehr wohl, dass das anspruchsvoll ist, was er da zu seinen Hörern und Lesern sagt. Aber er meint dazu nicht einfach, dass wir halt alle Sünder sind und dagegen verstoßen und darum immer wieder der Vergebung bedürfen, nach der wir bald erneut in unsere Sünde zurückfallen. An dieser Stelle redet er lieber von der Erlaubnis und von der Aufgabe des *Gebets* darum, dass Gott es uns in unserer Schwachheit schenke, nicht zu versagen. Zugleich rät er dazu:

> An *der* Stelle, an der wir gewohnt sind, uns eine Erlaubnis zum Bösehandeln zu geben, und an der wir uns etwas vormachen, dass dieses unser Handeln weder ein großes noch tödliches Verbrechen ist, *da* müssen wir stets gerade umgekehrt denken: Wenn ich mit meinem Nächsten einen Streit habe, der geringer ist, als man es sagen kann, so bin ich ein Mörder vor Gott. Wenn wir Böses tun wollen, das ist, wie wenn der Teufel uns mit Blindheit schlägt, mit dem Willen, mit einem stärksten Schlag zu töten und jemanden niederzumetzeln.

Natürlich brauchen wir immer wieder Vergebung. Aber Calvin sieht ein Übel *auch* darin, dass wir uns *selbst* derart freisprechen von unseren Fehlern und Verkehrtheiten, bis wir deshalb gar keine Vergebung mehr zu brauchen meinen. Dann verletzen wir vielleicht einen Mitmenschen, aber meinen, das sei doch gar nicht so schlimm, «in der Meinung, dass wir keine so große Verletzung machen, wenigstens scheint uns das so».

> Und dann erhebt man die Fäuste zum Kampf und zum Schlagen: Ach, das ist doch nur ein Schlag, das ist nicht tödlich. Da seht, wie die Menschen sich selbst freisprechen. Und warum? Weil sie nur daran denken, ihre falschen Taten zu verharmlosen.

Wir brauchen vielmehr eine ganz gegenläufige Ordnung, so wie Gott sie uns zeigt. Nach ihr müssen wir klar wissen, dass wir Sünder sind und Vergebung brauchen. Darum hat Gott im sechsten Gebot nicht ohne Grund das Morden verboten, bevor wir daraufhin die Aufgabe der Nächstenliebe erkennen und die Pflicht, einander zu helfen, so wie die Notdürftigkeit es fordert. Und warum? Calvin bemerkt dazu: Weil wir voll von schlechten Leidenschaften seien, sei es nötig, sie auszureißen – so «wie ein Erdreich vor der Aussaat urbar gemacht werden muss, wenn es voll von Stacheln und Dornen ist». *So* völlig also müssen wir gereinigt werden von unseren Verderbtheiten, die in uns sind. Aber so ist auch deutlich, dass schon solches Urbarmachen keine Strafe ist, sondern ein heilsames, gütiges Handeln des lieben Gottes an uns. Das zeigt sich darin, dass es fähig macht, unsererseits in rechter, gegenseitiger Liebe zu wandeln, so wie Gott uns dazu anweist. Der Genfer Theologe schließt seine Auslegung des sechsten Gebots darum ebenso praktisch wie radikal und sagt:

> Wenn ich so wohlhabend bin, dass ich meinen Nächsten zu helfen vermag, dann muss ich dies ganz konsequent lernen: Das mir von Gott Gegebene ist nicht *mir* [gegeben], das heißt: Ich soll nicht meine Person derart lieben, dass ich keine Rücksicht auf andere nehme, sondern wenn ich die Mittel habe, um ihnen entgegenzukommen, dann muss ich mich bemühen [, das zu tun]. Denn nur so gibt es eine Gemeinschaft unter den Menschen. Gott wollte nicht ebenso viele Welten getrennt voneinander erschaffen, wie es Männer und Frauen gibt, sondern er

hat uns alle verbunden. Da es ja so ist, dass Gott uns einander nahe zusammengerückt hat, müssen wir diese Gemeinschaft, die Gott unter uns gesetzt hat, pflegen und müssen immer wieder dorthin zurückkehren.

Calvin kommt zuletzt wieder und wieder auf diesen Punkt zurück: Es sei uns ja wohl von Natur zuwider, dass wir unser eigenes Ich hassen. Aber es gebe unter den Gläubigen eine neue Sichtweise, die anders ist als die, die uns angeboren ist. Denn Christen haben nicht nur zu erkennen, dass sie wie alle Menschen zum Ebenbild Gottes erschaffen sind. Mehr noch, sie haben daran zu denken, dass sie Glieder am Leib unseres Herrn Jesus Christus sind. Das ist doch ein viel engeres und viel heiligeres Band als das Band der Geschöpflichkeit, das dem ganzen menschlichen Geschlecht gemeinsam ist.

Es sei ja wirklich abscheulich, wenn Christen diese Einigung vergessen, die Gott in sein Volk gelegt hat. Sie verlangen leider Gottes geradezu danach, das zu zerstören, was Gott geeint und verbunden hat. Derartige Menschen zerstören den Leib seiner Kirche. «Es scheint, dass sie Gott ärgern wollen, weil der sie [vielmehr umgekehrt] hindrängt zu den Menschen.» Sind denn das glaubwürdige Christenmenschen, die sich von denen trennen, die nichts beitragen zu ihrem scheinbaren Profit und die nicht nach ihrer Fantasie gebaut sind? Das Benehmen solcher Menschen zeigt eine brutale Regung. Sie ist ein Zeichen dafür, dass in ihren Herzen nicht der Geist Gottes regiert. Wo aber der Geist Gottes sie regiert, da sind sie gereinigt von Gehässigkeiten und Böswilligkeiten. Da bemühen sie sich darum, sich im Dienst ihrer Nächsten zu betätigen. Das ist für sie keine Über-Forderung und kein gelegentliches Über-Soll, sondern das heißt schlicht dies, ihre Pflicht zu erfüllen, gemäß den Mitteln, die Gott ihnen gegeben hat. Darin hörte Calvin eine *Frage* an die *Christenheit*, wie sie sich aufgeführt hatte im Mittelalter, und diese Frage stellt sich erst recht in der Neuzeit und – wir haben hinzuzufügen – insbesondere im 20. Jahrhundert und heute wohl aufs Neue. «Sind solche Christen», fragt er, «nicht schlimmer als alle Heiden der Welt?» Calvin hält das dagegen, was er die wahrhafte Vollkommenheit der Christen nennt. Diese besteht darin, dass sie in der Kraft des Heiligen Geistes damit Ernst machen und sich auch daran freuen, dass sie untereinander wahrhaft *Geschwister* sind, um sich als solche gegenüber ihren Nächsten zu verwenden, soweit es ihnen möglich ist. Man muss im Sinne Calvins sagen: Indem sie sich für dieses Positive einsetzen, halten sie am sichersten jenen bösen Trieb zum Schädigen ihrer Nächsten in ihrem Herzen in Schach. Es kommt darauf an, dass uns der Geist bewegt, in dem Gott uns seine Gebote gegeben hat und nun eben das des Nicht-Tötens. Dann werden wir Gott in der Weise dienen, «dass sowohl unsere Füße wie unsere Hände, dass auch unsere Herzen recht unter Gott gebeugt sind» – in solchem Gehorsam, dass wir nichts verlangen, außer wirksam zu zeigen:

«Wir sind wahrhaftig *seine* Kinder, wenn wir in *Geschwisterlichkeit* leben mit all denen, die er in Verbindung mit uns gerufen hat.»

Die verantwortliche Gemeinde

Wir fragen heute nach dem rechten Kirchenverständnis in einer Situation, in der in manchen Ländern die Selbstverständlichkeit der Zugehörigkeit zu einer christlichen Kirche unselbstverständlich zu werden begonnen hat. In dieser Situation blicken wir in die Zeit des 16. Jahrhunderts hin zu dem Genfer Reformator Johannes Calvin und fragen ihn, gewissermaßen mit der Bitte um Beistand, nach seinem Gemeindeverständnis. Wir hören bei ihm dazu besonders dieses:

1. Die von ihrem Haupt, Jesus Christus, begründete Gemeinde

Die grundlegende Perspektive, in der Calvin die christliche Gemeinde versteht, ist durch ein biblisches Bild bestimmt, das er vor allem aus dem Epheserbrief geschöpft hat. Dieses Bild besagt, dass die christliche Kirche oder Gemeinde sich nicht selbst begründet hat noch begründen kann, weder durch den Willen ihrer Mitglieder noch durch die in ihr wirkenden Amtsträger, auch nicht durch eine alte Tradition, geschweige durch das Totschlagargument, dass es sie nun einmal gibt. Sie ist begründet – nicht nur einst, sondern auch heute – durch das Werk und Wirken des Sohnes Gottes, ihres einen Herrn und Leiters, in seinem Heiligen Geist. Das belegt Calvin mit der Rede von Christus als dem Haupt der Gemeinde in Eph 1,22:

Es ist Gottes Wille, dass Christus in seiner Gemeinde alles regieren und verwalten soll. Es handelt sich also nicht um einen bloßen Ehrenposten: vielmehr gebührt dem Haupt der Gemeinde unbeschränkte Gewalt und Macht. Heißt aber *allein Christus* das Haupt, so müssen wohl alle Engel und Menschen höchstens *Glieder* [seines Leibes] sein, und für ein irdisches Haupt der Kirche bleibt kein Raum. Wir bedürfen auch eines solchen nicht: denn zur wahren Einheit der Kirche ist es genug, dass jedes Glied des Leibes an dem einzigen Haupt Christus hänge. Wer freilich diesem sich nicht unterordnen will, ist nicht wert, ein Glied der Gemeinschaft zu heißen.[1]

Schon zuvor zu V21 – Christus ist «über alle Fürstentümer» gesetzt – heißt es: «Nichts ist so erhaben, so herrlich, wie es auch genannt werden mag, dass es der Majestät Christi nicht unterworfen wäre.»[2] In Eph 4,15 wird erneut von Christus als dem Haupt seines Leibes, seiner Gemeinde geredet. Diese Erkenntnis wird hier von Calvin nun derart akzentuiert:

1 CO 51, 159.
2 Ebd.

> Jeder Christ hat sich unter dies Haupt zu beugen und so in den Leib einzufügen. Christus allein muss wachsen, und alle Anderen müssen abnehmen: so wird die Gemeinde wohlgeordnet dastehen. Jeder Fortschritt soll sich in der Schranke halten: dass wir nur immer mehr das Haupt groß machen und ihm dienen wollen.[3]

Zur Rede von Christus als dem Haupt in Kol 1,18 wird das Verständnis dessen so ausgelegt: Damit ist besonders «von der Regierung der Gemeinde die Rede. […] Paulus will uns also lehren, dass Christus *allein* die Macht hat zu regieren.» Denn «in ihm [ist] *allein* die Einheit des Leibes begründet. […] An ihm besitzt also die Gemeinde ihr wirksam regierendes Haupt und bedarf weder des Papstes noch eines anderen.»[4] Wollte man jenen Leib unter Absehung von seinem Haupt, also die Gemeinde unter Absehung von dem sie bestimmenden Christus betrachten, nämlich als einen sich selbst organisierenden und regierenden Corpus, dann herrscht nach Calvin merkwürdigerweise vielmehr ein schreckliches Durcheinander, so ordentlich es nach außen auch aussehen mag. Denn in Wahrheit ist es doch so:

> Wir sind noch der Herrschaft des Todes unterworfen – Er, durch die himmlische Macht von den Toten auferweckt, ist der Fürst des Lebens. Wir seufzen noch unter der Knechtschaft der Sünde und haben hier, von zahlreichen Leiden umringt, einen harten Kampf zu kämpfen – Er sitzt zur Rechten des Vaters, übt die oberste Herrschaft im Himmel und auf Erden aus und triumphiert über seine besiegten und unterworfenen Feinde.[5]

Für Calvin, den Reformator der zweiten Generation, ist das Verständnis der Kirchenleitung *allein* durch Jesus Christus der entscheidende Punkt der Unterscheidung der Reformation vom römischen Papsttum. *Solus Christus*! So sehr Calvin sich mit Luther im Verständnis der Rechtfertigungslehre einig war – der eigentliche Anstoß war für ihn die römische Auffassung vom Papst als dem Stellvertreter Christi. Demgegenüber pochte er auf das Verständnis von Jesus Christus als dem *alleinigen* Haupt der Kirche. Wenn es heutzutage eine verbreitete Meinung in den evangelischen Konfessionen gibt, dass jene Trennung in der Rechtfertigungslehre überwunden ist, so ist die Trennung nach Calvins Auffassung doch nicht im Verständnis des «*solus* Christus», des «Christus allein» überwunden. Gewiss hat er nicht bestritten, dass Gott in aller Regel so unter uns handelt, dass er dazu den Dienst menschlichen Beistands gebraucht. Aber er legt allen Wert darauf, dass an dieser Stelle nur ja nicht das alles Entscheidende umgedreht und

3 CO 51, 202.
4 Zu Kol 1,18, CO 52,86f.
5 Zu Eph 1,20, CO 51, 159f.

umgebogen werde: Nicht *Gott* ist auf diesen menschlichen Beistand angewiesen, sondern der von ihm beigezogene menschliche *Beistand* ist ganz und gar auf Gott angewiesen. So sagt er zu Eph 4,12: «Gott erweist den Menschen damit eine außerordentliche Ehre, dass *er sich* ihrer Hilfe bedient, um andere Menschen selig zu machen.»[6] Oder zu 2Tim 1,8: «Obwohl [der Herr] unserer Hilfe durchaus nicht bedarf, [teilt er] uns doch die Rolle zu, zur Verkündigung seines Ruhmes für ihn Zeugnis abzulegen. Es ist eine große und besondere Ehre, deren er uns [damit] würdigt, und zwar uns *alle* (denn *jeder* Christ muss bedenken, dass er ein Zeuge Christi sein soll).»[7]

Das Bezeichnende für die christliche Kirche ist nicht allein, dass ihre Glieder von Gott zusammengerufen sind und von seiner gnädigen Zuwendung leben. Das ist sicher zuerst hervorzuheben, weil es die Grundlage ist, auf der sie beruht. Aber ebenso bezeichnend ist, dass die zu ihr gehörenden Menschen dies wissen und bejahen und dass sie *darum* auch regelmäßig *sich* versammeln. Mehr noch, es zeichnet sie aus, dass sie sich dazu *bekennen*. Gemäß der Formulierung von Emile Doumergue ist, «die Kirche [...] nach Calvin weder eine Auserwähltenkirche, noch eine Jedermannskirche. Sie ist Bekenntniskirche.»[8] Und zwar bekennen sie sich *verantwortlich* dazu. Sie tun damit nicht das, was Gott in Jesus Christus allein tut. Aber sie stehen dem nicht in einer bloßen, unwissenden und blinden Passivität gegenüber. In dem Wort «verantwortlich» steckt ja das Wort Antwort. In der rechten Ver-Antwortung geben Menschen *Antwort*. In dieser Erkenntnis von der christlichen Kirche steckt eine Anfrage an unser System von Volkskirche.

Diese Erkenntnis motivierte den 28-jährigen Calvin zu einem Vorstoß, der der Sache nach begreiflich, aber der Form nach zu ruppig war. Er dachte nämlich, dass die evangelisch gewordenen Genfer zwar einst als unmündige Kleinkinder in der katholischen Kirche getauft worden waren, aber dass sie sich nie ausdrücklich zu ihrem evangelischen Glauben bekannt hatten, wie das für die Hugenotten in Frankreich so wichtig war. Die wurden doch eben wegen des *Bekenntnisses* ihres Glaubens blutig verfolgt. Der Versuch, solches Bekenntnis auch in Genf einzufordern, führte zur Vertreibung Calvins. Als die Genfer ihn nach drei Jahren zurückriefen, war er unterdes in seinem Vorgehen weiser und bedächtiger geworden. Aber der Sache nach vertrat er weiter die gleiche Überzeugung: Zum evangelischen Glauben eines Christen gehört wesentlich auch das Bekennen des Glaubens. Er hatte diese Überzeugung aus der Heiligen Schrift gewonnen.

---

6 CO 51,199.

7 CO 52,351.

8 Emil Doumergue, Calvins Wesen, übers. Wilhelm Boudriot, Neukirchen 1934, 104

Jesus sagt in Mt 10,32: «Wer mich bekennt vor den Menschen, den will ich bekennen vor meinem himmlischen Vater.» In seiner Auslegung dieses Satzes nimmt Calvin Bezug einerseits auf den Zusammenhang, in dem der Satz bei Matthäus steht, und andererseits auf die bedrängte Situation seiner Mitchristen in Frankreich, und so sagt er: Jesus rede hier seine Jünger an, «damit nicht die Furcht vor dem Tode sie an dem freien Bekenntnis des Glaubens hindere, welches Gott mit Nachdruck fordert, die Welt aber nicht ertragen kann. Christi Jünger sollen tapfer und guten Mutes sein, stets bereit zur Verantwortung.» Man spürt in diesen seinen Worten die besondere Situation der hugenottischen Bedrängnis. Aber dann sieht er im Licht des Neuen Testaments das rechte Verhalten der Hugenotten als vorbildlich für alle Christen an:

> Das Bekenntnis zu Christus, mag es auch von der großen Menge als Nebensache behandelt werden, wird hier mit Recht ein Hauptstück im Dienst Gottes [...] genannt. Deshalb ist es unbestreitbar, dass Leute, die ihren Glauben nur still für sich behalten wollen und sorgfältig verbergen, als wäre das hörbare und sichtbare Bekenntnis etwas Überflüssiges, so viel an ihnen liegt, den Glauben töten. Nennt uns Christus hier seine Zeugen, durch deren Mund sein Name in der Welt gepriesen werden soll, [...] [so] beruft er uns ausdrücklich zum Zeugnis, damit der Glaube nicht in dem Herzen eines jeden verborgen bleibe, sondern sich öffentlich vor den Menschen bekunde. Wer [...] schweigt, verleugnet den Sohn Gottes und sagt sich selbst von Gottes Volk los.

Und zwar «gibt es unter den Gläubigen keinen, den der Sohn Gottes nicht als Zeugen haben wollte».[9] Gerade weil die christliche Gemeinde ganz von der Zuwendung Gottes lebt, betont Calvin im Blick auf deren Glieder: Sie vernehmen nicht nur, dass sich Gott in Christus zu ihnen bekennt, sondern sie bekennen sich auch ihrerseits ausdrücklich zu ihm als ihrem einzigen Grund und Halt.

2. Die Gemeinschaft in der christlichen Gemeinde

Calvin gebraucht in seinen ja nicht in Deutsch geschriebenen Schriften für beide Begriffe «Kirche» und «Gemeinde» mit Vorliebe den lateinischen Begriff «ecclesia» oder den französischen: «église». Das heißt zunächst Versammlung, aber dann auch Kirche. Wir können die Begriffe also nicht auseinanderreißen. Aber die vorrangige und erkenntnisleitende Bedeutung ist die der Versammlung oder Zusammenkunft.

Wir stoßen hier auf eine Auffassung, die so bei Luther weniger vorkommt. Bei diesem ist die Vorstellung ausgeprägt, dass sich der Glaube auf

9 CO 45,290f.

Gott bezieht und die Liebe allein auf den Nächsten, und zwar so, dass die Liebe von Gott her durch mich hindurch zum Nächsten fließt. Bei Calvin wird die Sache differenzierter ausgeführt. Bei ihm bezieht sich wie der Glaube, so auch die Liebe der Glaubenden durchaus auch auf *Gott* – gemäß dem *Doppel*-Gebot der Liebe (Mt. 22,37–39). *Und* nach ihm vollzieht sich die Nächstenliebe in ihrer rechten Gestalt grundsätzlich in *Gegenseitigkeit*. Das ist das Geschenk der christlichen Gemeinschaft, dass ich darin nicht nur meinerseits liebe, sondern auch geliebt werde – was ich ja durchaus auch (von Kindesbeinen an!) nötig habe, um andere lieben zu können. Das hat dann Karl Barth von Calvin übernommen.[10] Die rechte christliche Gemeinde ist das Miteinander von solchen, die sich untereinander, gegenseitig lieben. In Eph 4,16 steht das, was auch über der dritten These der Barmer Theologischen Erklärung von 1934 zitiert ist: dass von Christus her «der ganze Leib zusammengefügt ist und ein Glied am anderen hängt durch alle Gelenke; dadurch tut eines dem anderen Handreichung nach dem Werk eines jeden Gliedes in seinem Maß und macht, dass der Leib wächst zu seiner Selbsterbauung, und das alles in der Liebe».

Jene Epheser-Stelle erklärt Calvin derart: «So wie der Baum allen Saft aus der Wurzel zieht, so fließt für uns alle Kraft [...] aus Christus.» Dabei sind die Kräfte so verteilt, «dass alle Glieder Gemeinschaft pflegen müssen, weil jedes nur sein begrenztes Maß empfing». «Ohne diese wechselwirkende Liebe» kann der Leib nicht gesund bleiben.

> Wir verstehen, wie der Leib nur dann rüstig und gesund ist, wenn alle seine Teile ineinander greifen. Jedes Glied hat dabei seine Stelle. [...] Jedes wirkliche Wachstum des Einzelnen muss ja mit dem Wachstum des ganzen Leibes zusammenstimmen. Wer nur für sich selbst zu wachsen begehrt, befindet sich auf einem Irrweg. Denn was nützt es dem Schenkel oder dem Arm, wenn sie gewaltig dick werden? Oder was nützt es dem Knochen, wenn er gewaltig lang wird? Solche Anschwellung ist nur hinderlich. Wenn wir daher Glieder Christi sein wollen, so dürfen wir nichts für uns selbst sein, sondern was wir sind, müssen wir für andere sein; das geschieht durch die Liebe.[11]

Kurz, so zu Eph 5,2: Wir lernen von dem Apostel, «dass alle unsere Pflichterfüllung vor Gott nur angenehm wird, wenn wir *einander* lieben».[12]

Die Verschiedenheit unter den Gliedern der Gemeinde darf darum nicht beseitigt werden, weil in ihr ein jeder eine bestimmte Aufgabe hat. Die Einheit in der Gemeinde kommt nicht durch die Beseitigung dieser Verschiedenheit zustande, sondern in deren Zusammenspiel und dem der

10 Kirchliche Dogmatik IV/2, 911–915.
11 CO 51,203.
12 CO 51,214.

verschiedenen Aufgaben. Das zeigt die paulinische Rede von der Gemeinde als dem Leib Christi, die besagt: «Hier herrscht trotz aller Verschiedenheit der Glieder und ihrer Funktionen doch eine solche Einmütigkeit, dass jedes einzelne Glied seine besondere Gabe dem ganzen Leib zugute kommen lässt.»[13] Solche Einmütigkeit vollzieht sich in der gegenseitigen Liebe. Dem gemäß schreibt Calvin zu Eph 6,23: «Die Liebe macht, dass die Menschen in Frieden zusammenleben.»[14] Dabei heißt Frieden eben nicht Auslöschung der Verschiedenheit. Nach Eph 4,11 machen gerade «die mannigfaltigen Glieder einen ganzen und gesunden Leib aus».

> So hat Eifersucht, Neid und Ehrgeiz zu schweigen. Denn dies vernichtet ja den rechten Gebrauch der göttlichen Gaben, wenn jeder nur an sich denkt, für sich Ehre begehrt, sich selbst gefällt. [...] So erinnert der Apostel [daran], dass jeder etwas empfangen hat, – nicht um es für sich zu besitzen, sondern um es für die Gesamtheit zu verwenden.[15]

Das schließt nach Calvin vor allem ein Eingehen auf die Armen und Unterdrückten ein, mehr noch: eine Solidarität mit ihnen. Calvin weiß dabei auch und verschweigt es nicht, dass die Glieder nicht gleichmäßige Nummern sind, die auf einer bestimmten Linie zu halten und zu nivellieren sind. Er weiß, dass sie recht verschieden sind. Es gibt unter den der Gemeinde Zugehörigen stärkere und schwächere, ja, gesunde und kranke Glieder, ja, auch hilfreiche und störende Geschöpfe. «Was Wunder», sagt Calvin zu 2Tim. 2,20, «wenn Gott, dieser reichste Hausherr, in dieser Welt, seinem großen Hause, mancherlei Menschen, gleichsam vielfachen Hausrat, hat» – nicht nur eine «Tafel von Gold und Silber», sondern «in der Küche tönerne und irdene Gefäße».[16] Was für Calvin ausgesprochen nicht heißt, dass die Ersteren unterwürfig und die Letzteren nachlässig behandelt werden dürfen! Im Gegenteil, die Letzteren bedürfen einer vorzüglichen Zuwendung. Aber wichtig ist für ihn hier, dass die Unterschiedlichkeit der Menschen je zu einer besonderen Bemühung herausfordert. Und das heißt praktisch, dass die rechte Liebe rücksichtsvoll sein wird, wie es zu Eph 4,2 erklärt wird, dass die Liebe daher geduldig ist.

> Wo diese Liebe herrscht, wird jeder bereit sein, manches am Anderen zu tragen. Und zu vollem Recht empfiehlt Paulus gerade die Geduld als Grundlage für die

---

13 Ebd., Argumentum; ebenso Argumentum zu 1. Korinther, CO 49,302: Im einen Leib Christi sind verschiedene Glieder und Fähigkeiten und doch ist unter ihnen solche Einmütigkeit, dass jedes einzelne Glied seine besondere Gabe dem ganzen Leib zugute kommen lässt. [...] *ubi, quum diversa sint membra et facultates variae, talis tamen est symmetria et communio.*

14 CO 51,240.

15 Ebd., 233.

16 CO 52,371.

> Einigkeit im Geist. Denn tägliche Anstöße gibt es genug, aus denen Streit entstehen kann, besonders bei der bekannten Empfindlichkeit der menschlichen Natur. [...] Man muss daher sanftmütig sein im Leben, damit das gute Einvernehmen mit den Anderen erhalten bleibt.[17]

Geduld und Sanftmut ist vonnöten, damit die Unterschiedlichsten zusammenhalten. So bemerkt Calvin zu 1Kor 13,4, dass Paulus uns zeige, «wie unentbehrlich zur Wahrung der Einheit der Gemeinde die Liebe ist. [...] Sie trägt langmütig viele Beleidigungen. [...] Sie unterdrückt die Eifersucht oder den hässlichen Neid, in welchem jeder der Oberste sein will – den Samen aller Zwietracht.»[18]

Nicht zu vergessen: Natürlich achtet Calvin hier auf die kräftigen Sätze im Jakobusbrief Kap. 2,5 über die von Gott erwählten Armen, und er bemerkt dazu, ziemlich weit von Max Webers Kapitalismus-Deutung entfernt: dass die Christen «verkehrt handeln, wenn sie zugunsten der Reichen die Armen verachten. [...] Gott ehrt die Armen, also verkehrt Gottes Ordnung, wer immer sie zurücksetzt.»[19] Zudem ist nach Calvin zu bedenken: «Da die Reichen meistens den Armen und Unschuldigen Beschwernisse machen, so ist es doch sehr töricht, ihre Ungerechtigkeiten mit solcher Belohnung zu erwidern, dass wir sie uns *mehr* empfohlen sein lassen als die Armen, die uns [in Wahrheit] mehr helfen als verletzen.» Im Zusammenhang des Satzes Mt 11,5 «Den Armen wird das Evangelium verkündigt» hebt Calvin sogar radikal hervor: Christus erinnere uns daran, «dass das Evangelium seiner Natur nach *nur* für die Armen und Verachteten bestimmt ist. Folglich darf es uns nicht befremden noch erschrecken, wenn große Leute, die im Stolz auf ihren Reichtum keinen Raum für die Gnade Gottes haben, [das Evangelium] verschmähen.» Zugleich zeige Christus auch, «wer zur Aufnahme des ihnen dargebotenen Heils fähig ist; und so richtet er elende Sünder zu gewisser Zuversicht auf. [...] Denn unter den ‹Armen› sind hier solche Leute zu verstehen, die sich in elender, gedrückter Lage befinden und für nichts geachtet werden.»[20]

Gewiss gibt es nach Calvin auch leitende Ämter in der Kirche. In der Regelung dieser Sache waren nach seinem Sinn die reformierten Kirchen erstaunlich frei. In den Niederlanden, in England und Schottland, in Ungarn gingen sie schon im 16. Jahrhundert auch je eigene Wege. Die Organisation der Ämter in Genf zu Calvins Zeit war auch nicht die Realisierung eines Ideals, sondern des dort praktisch Möglichen, nicht ohne allerhand Kompromisse gegenüber den Forderungen des politischen Rats. Die eigenständige Organisation der evangelischen Kirche, so wie sie in Frankreich

17 CO 51,190.
18 CO 49,510.
19 CO 55,398f.
20 CO 45,300.

notwendig war, konnte Calvin an seinem Ort nicht wirklich durchführen, so gern er es getan hätte. Jeweils im Rahmen des praktisch Möglichen und Angezeigten wurde die Frage der kirchlichen Organisation auch an anderen Orten der reformierten Kirchen in Europa damals gehandhabt. Calvin schreibt in der Institutio von der Freiheit *der* kirchlichen Ordnungen und sogar von der Freiheit *gegenüber* den kirchlichen Ordnungen[21], und er sagt dabei, es handle sich in den wohl nötigen Ordnungen nicht um «unveränderliche, ewige Festsetzungen, an die wir gebunden wären, sondern um äußerliche Übungen der menschlichen Schwachheit», die wir abmachen, um «untereinander die Liebe zu pflegen». Immerhin gibt es nach Calvin für die Leitung der Gemeinde einige Grundsätze, die in jedem Fall zu beachten und einzuhalten sind. Drei dieser Grundsätze sind hier zu nennen.

Erstens: die *kollegiale* Leitung der Gemeinde. Die ist angebracht in Anerkennung dessen, dass nicht die Gemeinde sich *selbst* leitet, sondern dass der realpräsente erhöhte *Herr* sie regiert. Calvin sagt: «Die Kirche hat Christus zu ihrem einzigen Haupt» und die römische Kirche irrt mit ihrer Behauptung, «dass es unter ihm noch ein zweites ‹dienstbares Haupt› gibt – so drücken sie sich aus! –, das auf Erden seine Vertretung führt».[22] Die Formulierung findet sich so bei Johann Eck. Calvin beruft sich auf Eph 4,15f., wonach Christus eben das einzige Haupt ist, das den Leib, seine Gemeinde zusammenfügt.[23] Die irdische Leitung der Kirche ist ein *Dienst* im Verhältnis zu diesem Haupt, und zwar ein «gemeinsamer Dienst» von *mehreren,* die durch ihre Mehrzahl damit ernst machen, dass nicht sie das Haupt der Gemeinde sind, sondern Glieder seines Leibs.[24]

Zweitens: Alle leitenden Ämter in der Gemeinde bedeuten auch im Verhältnis zu den übrigen Gemeindegliedern nicht Herrschaft, sondern Dienst. Das hat einen tiefen Grund, der auch heute im Verhältnis zu der katholischen Auffassung vom Priesteramt streng zu beachten ist. Denn diese Ämter haben nicht die Aufgabe von Mittlern zwischen Gott und den Menschen und speziell den Gemeindegliedern. Nach Calvin ist dieser Mittler kein anderer als der Heilige Geist, und er sagt etwa: «Also ist die Hilfeleistung des Heiligen Geistes erforderlich, nein, es ist hier seine Kraft *allein* mächtig. […] Wir können also auf keine Weise zu Christus kommen, ohne dass uns der Geist Gottes zieht.»[25] «Alle Lehrer würden umsonst ihren Ruf erschallen lassen, wenn nicht Christus selbst als inwendiger Lehrmeister durch seinen Geist die Menschen zu sich zöge, die ihm der Vater gegeben hat (Joh. 6,44; 12,32; 17,6).»[26] Dieser Geist (also nicht das Pfarramt!) tut so sein Werk, dass er den Glauben wirkt und so, dass *alle* Gläubigen teilhaben

21 Institutio IV 10,30f.
22 Ebd., IV 6,9.
23 Ebd.
24 Ebd., IV 6,10.
25 Ebd., III 2,34.
26 Ebd., III 1,4.

am dreifachen Amt Christi. Im Genfer Katechismus redet Calvin dergestalt von der Wahrnehmung des dreifachen Amts durch Christus, dass er zugleich redet von der Teilhabe jedes an ihn Glaubenden an der Ausübung dieser Ämter.[27] Alle Christen sind verantwortliche Glieder der Gemeinde.

Drittens: Unter den gemeindeleitenden Ämtern ist für Calvin das Predigtamt von vorrangiger Bedeutung. Es ist das Amt der Verkündigung nach den Zeugnissen der Heiligen Schrift. Auch dieses Amt kann nicht das «Allermindeste abseits von Gott» vollzogen werden.[28] Es ist in genauem Sinn «*Dienst* am Wort Gottes», wie es von ihm genannt wird: *verbi Divini ministerium*;[29] so wird in der reformierten Schweiz bis heute das Pfarramt genannt. Jedoch sind die Pfarrer und Pfarrerinnen heute in unseren Kirchen noch vorrangig solche «Diener und Dienerinnen am Wort», wenn sie in leitender Funkion in einer Gemeinde mit organisatorischen Aufgaben überlastet sind? Zu 2Tim 1,7 führt Calvin aus: Paulus ermahnte eben die «Diener am Wort» besonders, «sich mit Fleiß zu einem hohen Mut zu entflammen, weil Gott nicht will, dass sie ihr Amt mit Gleichgültigkeit führen, sondern dass sie es kraftvoll ausrichten im Vertrauen auf die Wirksamkeit des Geistes».

> Kein Einziger unter uns [besitzt] die Höhe und ungebrochene Standhaftigkeit des Geistes, welche zur Ausübung unseres Dienst erforderlich ist, bis wir vom Himmel her mit neuer Kraft erfüllt werden [...]. Gott rüstet uns also mit dem Geist der Kraft aus; denn Männer, die sonst große Kraft beweisen, brechen in *einem* Augenblick zusammen, sobald sie nicht durch die Kraft des göttlichen Geistes gehalten werden.[30]

3. Die ökumenische Verbundenheit

Es kennzeichnet Calvins Ekklesiologie, dass sie zuerst auf den konkreten Platz der lokalen Gemeinde blickt, auf ihre Versammlung, ihren Dienst, ihr Aufgabe. Aber sodann und nicht weniger blickt sie hinaus zu den Christen, die zwar dem Auge fern, dem Herzen aber nah sind. Vor allem durch einen intensiven Briefwechsel, der damals manchmal erstaunlich schnell funktionierte; selbst in die französischen Gefängnisse hinein oder über den Kanal hinweg nach England oder bis nach Polen, konnte man aneinander teilnehmen. Vorbild waren Calvin dafür die Sätze, die den paulinischen Grüßen angefügt waren. Zu Röm 16,21 schreibt er: «Die Grüße, die [Paulus] anfügt,

27 Genfer Katechismus, Frage 42–45; CStA 2, 29.
28 Institutio IV 1,6.
29 Institutio IV 1,9.
30 CO 52,350.

sollten die Gemeinschaft zwischen den weit voneinander getrennten Brüdern festigen.»[31] Diese Worte waren für Calvin durchaus keine bloße historische Feststellung von damaligen Vorgängen, sondern die Erinnerung daran trieb ihn an, inmitten der Zerrissenheit der Christen und im Zerfall solcher Gemeinschaft nach einer Umkehr der Kirchen zu einem neuen Zusammensein in geistlicher Verbundenheit Ausschau zu halten und dafür zu beten und zu arbeiten.[32]

Es muss uns allerdings klar sein, dass eine Verbindung der Getrennten gewiss nicht durch ein gut gemeintes Bemühen der Getrennten erreicht wird. Sie wird allein durch das Haupt der Christenheit, in der Besinnung auf ihn und in der Sammlung um ihn gegeben. Calvin sagt drastisch: «Ohne Christus ist die ganze Welt wie ein deformiertes Chaos und eine erschreckende Verwirrung. Allein er selbst sammelt uns zu einer wahren Einheit.»[33] In der Auslegung des Deuteronomiums führt der Reformator aus:

> Unser Herr zeigt uns heute, dass wir Brüder sein werden, weil Christus der Friede der ganzen Welt und all ihrer Bewohner ist. Daher müssen wir zusammenleben in einer Familie von Brüdern und Schwestern, welche Christus mit seinem Blut begründet hat. Und mit jeder Feindschaft [, die uns entgegentritt,] gibt er uns die Gelegenheit, damit dem Schaden abzuhelfen (de procurer leur dommage).[34]

Er sagt weiter: Es werde uns in der Schrift vorgehalten, «dass wir alle *ein* Leib sind in unserem Herrn Jesus Christus, und ebenso wie sich Gott durch das Evangelium bekannt macht als Retter und Vater, müssen wir uns wie Geschwister behandeln». Wer ist da eingeschlossen in diese Verbundenheit und wer ist davon ausgeschlossen? Calvin stellt sich diese Frage und antwortet: Gott zeige uns heute – nicht nur uns für unseren nächsten Umkreis, sondern uns im Blick auf die uns Fremdesten: «Wir müssen *Brüder* sein».[35] Vielleicht ist das ja mit Bedacht in der dritten These der Barmer Theologischen Erklärung von 1934 aufgegriffen, dass die Kirche eine «Gemeinde von Brüdern» ist. Zur verantwortlichen Gemeinde gehört auch der heutzutage formulierte Grundsatz, den im Kern schon Calvin vertrat: «Weltweit denken und lokal handeln»[36].

31 CStA 5.2, 763.
32 Vgl. Schwarz, Briefe, 596.
33 Zu Eph 1,10; CO 51,151
34 Sermo 125 zu Dtn 22,1–4, CO 28, 16f.
35 Zu Dtn 22,1–4, CStA 7,141f.
36 Vgl. unten S. 97.

Sosehr die Gemeinschaft der Christenheit von ihrem Haupt abhängig ist, der Satz von der ökumenischen Geschwisterschaft rief seine evangelischen Zeitgenossen in eine konkrete Verantwortung. Es passte genau in die Situation, was er in seiner Auslegung von 1Kor 1,1 schrieb:

> Die Diener, welche der Herr sich erwählt, sollen keine stummen Hunde sein noch unter dem Deckmantel ihrer göttlichen Berufung eine Schreckensherrschaft ausüben noch ihren eigenen Launen leben. Gott bindet sie an *seinen* Willen, er ruft sie in *seinen* Dienst, damit sie rastlos für ihn arbeiten.[37]

Die konkrete Verantwortung bezog sich namentlich auf die unheimliche Bedrängnis der evangelischen Christen in Frankreich und Belgien, wo in wenigen Jahren über 100 000 Menschen um ihres Glaubens willen gefangen gesetzt und hingerichtet wurden. Man muss von da aus zumindest erwägen, ob nicht Calvins «Dogmatik», wie er sie in seiner Institutio vorgetragen hat, bis hin zu seiner Prädestinationslehre, zunächst als Belehrung einer im Kampf befindlichen Kirche zu verstehen ist und nicht als ein theoretisches Scharfsinnigkeitsprodukt. So steht es in seinem Vorwort der ersten Ausgabe des Buchs von 1536, und die letzte, stark erweiterte Ausgabe von 1559 enthält immer noch dieses Vorwort: Er trage hier die Lehre zusammengefasst vor, die gegenwärtig in Frankreich «mit Feuer und Schwert» erstickt werde.[38] Auch sonst sagte er: «Ist eine Lehre nicht *nütze*, so steckt nichts dahinter als Narrheit.» Oder: «Schaffe ich nicht die Auferbauung derer, die mich hören, so bin ich ein Gotteslästerer.» Oder: «Gott will nimmermehr uns schwätzen lehren, uns zu Schönrednern und Tiefsinnshelden machen, sondern [will] unser *Leben* neu gestalten.»[39] Die Lehre, die Calvin vortrug, wollte und sollte und konnte «nützlich» sein – besonders den um ihres Glaubens willen hart Bedrängten. Sicher löste er darum die biblische Botschaft nicht in ethische Parolen auf. Aber er war sich dessen gewiss, dass unter dem Hören auf die biblischen Texte und unter dem Singen der Psalmen die Gemeinde gerüstet wird, das Rechte zu tun, zu sagen und zu wagen und zu tragen in den Anfechtungen und Aufgaben der Zeit.

Es sei dem Gedanken zu der Aufgabe der christlichen Gemeinde hinzugefügt: Es geht um die auch zu ihrer Verantwortung gehörende Fürsorge für die Bedürftigen. Calvin hatte neben den Fremden stets auch die Armen im Blick – nicht so wie im Mittelalter, wo man zur Mehrung des eigenen Ansehens ihnen ein Almosen gab, bei dem sie doch arm blieben, sondern mit der Frage, wie Menschen aus ihrer Armut befreit werden. In 2Kor 8,14

37 Zu 1Kor 1,1, CO 49,305.
38 CStA 1.1, 67.
39 Nach Emil Doumergue, Calvins Wesen, übers. von W. Boudriot, Neukirchen 1934, 53.

steht geschrieben: «Euer Überfluss diene ihrem Mangel.» Dazu bemerkt der Reformator in erstaunlicher Formulierung: Es gibt in der Kirche «ein Recht auf Gleichheit»; und das bestehe darin: «Während die einzelnen Glieder sich untereinander teil geben, wird aus der gegenseitigen Mitteilung eine brauchbare Harmonie.»[40] Das spricht gegen die Theorie vom Calvinismus als dem Vater des Kapitalismus.[41] Zu Gal 6,2 – «Einer trage des anderen Last» – merkte der Reformator an, es gehe dabei nicht um eine neue Art von Beibehaltung der Übelstände, sondern um ihre Beseitigung.[42]

Man höre dazu die Auslegung zu Gal 5,13f.: Die Freiheit, von der Paulus dort redet, bestehe darin, «einander in der Liebe (zu) dienen», im gegenseitigen Beistand. Und was heißt Liebe? Antwort: «Wer liebt, lässt jedem sein *Recht* zukommen.»[43] Das ist ein typischer Gedanke der Ethik Calvins: Liebe und Gerechtigkeit stehen nicht in einem Gegensatz-Verhältnis, sondern sind die bipolaren Bezeichnungen eines angemessenen Tuns und Verhaltens, und zwar gegenüber *allen* Mitmenschen, auch wenn sie nicht der christlichen Gemeinde angehören. Eine Liebe, die einem Menschen nicht auch Gerechtigkeit widerfahren lässt, ist lieblos. Und eine Gerechtigkeit, die nicht in Liebe vermittelt und den Menschen zuteil wird, ist ungerecht. Wiederum, wenn die Gemeinde in allen ihren Gliedern verantwortlich ist, dann werden sie sich auch einsetzen für eine Liebe, die dem Recht dient, und für ein Recht, das in Liebe vollzogen wird. Man versteht hier, wie die calvinische Ethik einen Weg zwischen einem asozialen Liberalismus und einem antiliberalen Kommunismus mitten hindurch weist. Auch das sagt Calvin zur Förderung einer verantwortlichen Gemeinde.

40 CO 50,101.
41 Mehr dazu s. u. Kap. «Das Recht der Armen».
42 CO 50,258f.
43 CO 50,251.

Verbi Divini Minister – Diener am Wort Gottes

1. Calvin als Prediger

Man macht in der Regel zu wenig damit ernst, dass der Genfer Reformator im weitaus größten Teil seiner Arbeit Prediger und Ausleger der Texte der Heiligen Schrift war. Weiß man auch einiges von Calvin, dann weiß man oftmals doch gerade dies nicht. Geschweige denn, dass man kennt, *was* er wohl in der Verkündigung der biblischen Botschaft und in seinen Vorlesungen über die biblischen Bücher gesagt und *in welcher Weise* er sie ausgelegt hat. Nach seiner festen Überzeugung hatte sowohl der politische Rat der Stadt Genf wie die Leitung der Kirche zu beachten, dass die Verantwortlichen in beiden Ämtern verschiedene Aufgaben hatten. Ebenso hatte er die Erkenntnis, dass die Leitung der Christengemeinde von drei unterschiedlichen Ämtern wahrzunehmen war: von den Presbytern, die die menschlichen Leiter der Gemeinde waren, von den Diakonen, die sich besonders um die Armen zu kümmern hatten, und von denen im Amt des «Lehrers». Eben deren Aufgabe war vornehmlich die Predigt und die Bibelauslegung. Das Letztere war eine Art Theologiestudium, Zurüstung vor allem für künftige Prediger. Unter diesen waren viele, die aus Frankreich herbeiströmten, wo man sich durch die Evangeliumspredigt in Gefahr begab, und die dann gestärkt durch das Gehörte zurückkehrten. Für manche endete dies mit dem Martyrium.

Achten wir jetzt speziell auf einige Predigten Calvins! Er war ähnlich wie Luther Reformator vor allem anderen in dieser geduldigen Tätigkeit der Verkündigung gemäß der Heiligen Schrift. Nach Calvin besteht der Gottesdienst nicht nur aus einer Predigt. Dazu gehören auch die Gebete, zu denen die gemeinsam gesungenen Psalmen zählen, und dazu gehört das allsonntägliche Abendmahl, das nach seiner Vorstellung der Höhepunkt des Gottesdienstes sein müsste. In seinen Predigten verfuhr er anders, als es in der römischen und in der lutherischen Kirche Brauch war. Er predigte nicht nach den «Perikopen» (ausgesuchte Abschnitte in der Bibel je nach dem Lauf des Kirchenjahrs). Er predigte, indem er der Reihe nach Vers um Vers ganze biblische Bücher auslegte. Er hatte dabei wie auch bei seinen biblischen Vorlesungen nichts in der Hand außer der Bibel. Sie waren also frei gesprochenes Wort, das bestellte Schnellschreiber mitschrieben.

Bei seinen Predigten ist es eindrücklich zu sehen, wie er mit den Bibeltexten umgeht. Sie sind für ihn nicht einfach und direkt Wort Gottes. Sie sind dessen maßgebliches Zeugnis. Das hat für ihn eine bedeutsame Konsequenz. Auf der einen Seite unterscheidet er wohl, aber trennt er nicht das menschliche Bibelwort von dem Wort Gottes. Nach seiner Erkenntnis hören wir dieses Wort nur, wenn wir so genau wie möglich auf den Wortlaut der Texte achten. Er verwendet mit einer eindringlichen Beflissenheit die ihm zugänglichen Mittel seiner Zeit für die Auslegung, um zu hören, was da einst gesagt wurde. Das geschieht vor allem in seinen biblischen Kommentaren. Aber auf der anderen Seite: Trennt er zwar nicht Bibelwort und Wort Gottes, so unterscheidet er doch zwischen beidem. Denn er weiß, das Wort Gottes ist ein lebendiges Wort. Es ist keine vergangene Rede. Deshalb drängt Calvin darauf, dem nachzugehen, dass das Wort Gottes in den Bibeltexten nicht nur redete, sondern dass es in ihnen *redet*: aktuell, heute und hier in den Aufgaben und Nöten der jeweiligen Gegenwart. Damit macht er in seinen Predigten Ernst. Dabei ist es wichtig, sich auch die *Situation* klar zu machen, in der Calvin einen Text auslegt. Aber weil er in einer konkreten Situation auf das *Wort Gottes* nach einem bestimmten Bibeltext hört, darum ist es auch heute noch spannend, Predigten Calvins zu *uns* reden zu lassen. Es ist schade, dass man sich lange Zeit vorwiegend etwa mit den gelegentlichen Streitschriften Calvins beschäftigt hat, während eine Menge seiner Predigten bis heute nicht ins Deutsche übersetzt ist.

Reden wir nun nicht weiter *über* Calvins Predigten! Hören wir zusammen mit den einstigen Genfer Gemeindegliedern *auf* einige Predigten von ihm! Beachten wir dabei auch die jeweilige Situation, in der die Predigten gesprochen und gehört wurden!

2. Predigten zu Mt 5 und Lk 6

Zunächst zu zwei Predigten, die er hintereinander an zwei Sonntagen im Oktober 1560 über die ersten Verse der Bergpredigt Jesu nach Mt 5 und Lk 6 gehalten hat. Seine Helfer in seinem Predigtdienst waren damals nicht in Genf, so dass ihm Predigten und Vorlesungen mehr denn je aufgelastet waren.[1] Dabei ging es ihm selbst gesundheitlich nicht gut; er hatte Lungenbluten, furchtbare Kopfschmerzen und weitere Leiden.[2] Er musste deshalb im Bett liegen, um dann nur für die Wort-Verkündigung aufzustehen. Aber vielleicht war die Krankheit auch durch den Schmerz bewirkt, mit dem er in dieser Zeit die Lage für die Evangelischen in Frankreich sich dramatisch zuspitzen sah. Im Juni 1559 ordnete König Heinrich II. eine drastische Verfolgung der Evangelischen an: sie seien zu töten. Wir erfahren darüber einiges in Calvins Briefen. Ende Mai 1560 schrieb er, dass dort «jene Henker» eifrig darin waren, «grausam zu wüten», und dass dadurch nun auch Genf konkret bedroht sei.[3] Hier wirbelte jetzt alles durcheinander. Er bewahrte die Ruhe, und er ermahnte seine Mitchristen in *Frankreich* zu Gleichem und dazu, «keinen Tumult» zu machen, namentlich keinen militanten Aufstand

1 Schwarz, Briefe, Nr. 639, 3.10.1560.
2 Ebd., Nr. 641, 14.10.1560
3 Ebd., Nr. 625, 28.5.1560.

gegen das Unrecht.[4] Manche beschuldigten ihn deswegen «der höchsten Grausamkeit […], weil ich die Brüder geradezu der Hinschlachtung aussetze. […] Jetzt aber, wo ich sie vielem Unrecht ausgesetzt sehe, übermannt mich das Erbarmen, und ich kann mich des bittersten Unrechts nicht erwehren, sie so verlassen zu sehen.» Vor allem die Brüder de Guise, der eine Herzog von Lothringen, der andere der dortige Kardinal, waren Anführer des blutigen Streits gegen die evangelischen Christen. Diese Brüder, schrieb Calvin wenige Tage vor seiner Predigt, «haben nur den einen Vorsatz, alles durcheinander zu bringen». Der Herzog sei eine Gestalt von zügelloser Frechheit.[5] Calvin schrieb dies an den Zürcher Reformator Heinrich Bullinger, und er fügte hinzu, was er fast wörtlich in den Predigten wiederholte, die er zu dieser Zeit hielt: Jetzt erst recht «müssen wir eben in die Höhe blicken».

In der ersten Predigt redet er vom Anfang der Bergpredigt. Jesus lehrte: «Glücklich die Armen (im Geist), denn das Gottesreich ist ihrer. Glücklich, die Leid tragen. Sie sollen getröstet werden.» Calvin geht dabei davon aus, es gebe doch keinen, «der nicht glücklich sein wollte». Er fügt einen für ihn typischen Gedanken hinzu: «Ja, wenn auch die sprachlose Kreatur reden könnte […], sie spräche: ja, ja, glücklich sein, das ist's.»[6] Doch dann analysiert er dieses Glücksstreben und stellt fest: «Wir können das Glück, nach dem wir streben, *nicht* zusammenbinden mit Schande, Armut, Durst, Hunger und mit aller Anfechtung.» Genau an dieser Stelle begegnet uns der gewöhnlich allgemein anerkannte Jesus mit einer abschreckenden Zumutung und legt uns eine harte Last auf: Wir könnten nicht zu den Seinen gehören, wenn nicht ein jeder sein ihm auferlegtes hartes Bündel auf die Schulter nimmt. «Da ist keiner, der […] nicht vor unserm Herrn Jesus Christ sich davon machen wollte, keiner, der *gern* sein Schüler sein wollte.»[7] Da zucke jeder mit den Achseln, solange er bei der eingewurzelten Meinung bleibe, wir könnten nur im Wohlbehagen glücklich sein. Calvin glaubt, dass so die mit den vollen Taschen denken:

> Wenn die Großen in der Welt, die Hochgepriesenen und Beklatschten, die, die haben, was ihr Herz begehrt, die Reichen mit ihren wohlgedeckten Tafeln, kurz, die, die alles Wünschenswerte besitzen – wenn solche sich vergessen und an ihrem Glück sich berauschen und infolgedessen sich selbst verherrlichen […], dann nimmt einen das nicht wunder.

[4] Ebd., Nr. 635, 6.9.1560.
[5] Ebd., Nr. 638, 1.10.1560.
[6] CO 46,773 – die fremdsprachigen Zitate sind im Folgenden ins Deutsche übersetzt.
[7] Ebd., 775.

Aber halt!, fügt Calvin an: Denken die Habenichtse nicht ebenso? Denn «wenn (wilde Tiere) angekettet oder in einem Eisenkäfig sind, das macht ihre Wildheit nicht besser.»[8] Darum sagt Jesus nach Matthäus: Selig sind die Armen *im Geist* – und das heißt nach Calvin: das sind die, die *wirklich* arm sind. Das sind die, deren Heil in der *Hoffnung* liegt, denen es also jetzt verborgen ist, die, die «hier unten seufzen und warten», «warten auf den Trost» von Gott, die, denen es auch unter Tränen genug ist, «wenn Gott uns liebt».[9] Wir merken bei dieser Predigt erneut, dass die These von Calvin als dem Begründer des modernen Kapitalismus nicht stimmen kann. Calvin suchte vielmehr die Auswüchse des schon zuvor entstandenen Kapitalismus zu bekämpfen. Er orientiert sich nicht an denen, die «oben» sind. Ihm geht es zuerst um die, die am Boden liegen.

In der Predigt am folgenden Sonntag setzte Calvin sein Hören auf die Bergpredigt fort, jetzt über die Verse: «Glücklich die Sanftmütigen; denn sie werden das Erdreich besitzen. […] Glücklich die Barmherzigen; denn Barmherzigkeit wird ihnen widerfahren. […] Glücklich ihr, die ihr jetzt weint; denn ihr werdet lachen.» Er legt das so aus: Es sei nach der Bibel doch so, dass Gott alle Menschen, wirklich *alle*, nach seinem Bild geschaffen hat. Daher müsste jetzt eigentlich jeder an seinen Nächsten dies entdecken: «Wir miteinander sind *ein* Leib.» Wie verschieden auch Gesichter und Geister sein mögen, diese von Gott gestiftete Einheit können wir nicht auslöschen und aufheben. Wären wir dessen eingedenk, so lebten wir wie in einem Paradies auf Erden. Aber das gerate offenbar nicht. Jeder wolle Herr sein und wolle über Andere herrschen. Denn, so geschieht es doch: «Wer das Lamm spielt, der wird gefressen.»[10] Vielleicht ein Zitat aus dem Mund mancher der in Frankreich verfolgten Christen. Mögen wir uns erinnern, dass darauf auch die Ideologie des Kalten Krieges in der Mitte des letzten Jahrhunderts beruhte? – und wer widersprach, galt als Narr und Handlanger Moskaus. Selig sind die *Sanftmütigen*? Calvin setzt hier selbst ein Fragezeichen, und er bemerkt, dass angesichts des im Leben Üblichen das Unterliegen der Sanftmütigen das Höchstwahrscheinliche ist. Er heißt uns jedoch vielmehr aufzublicken zu der «Schutzmacht» unseres Herrn Jesus Christus.

> Denn bei der unendlichen Macht, die ihm zu unserer Erhaltung übergeben ist, wird er sich sicherlich stärker als alle erweisen. Das ist [unter allem anderen] die Hauptsache, die wir uns zu merken haben.[11]

8 Ebd., 776.
9 Ebd., 780.
10 Ebd., 785.
11 Ebd., 789.

Aus dieser Hauptsache folgert Calvin ein Doppeltes für das Tun seiner Hörer. Das Erste streift er nur kurz – es ist in dieser Situation wohl speziell an die Genfer adressiert, obwohl sie damals, nicht unbegründet, Angst vor dem französischen Zugriff hatten. Er sagt: Wir sollen «in unserem *eigenen* Elend geduldig sein». Vom Zweiten redet er dafür umso ausführlicher: Mit dem Elend der *Anderen* sollen wir *nicht* geduldig sein. Die Übertragung des Folgenden auf unser heutiges Verhältnis zur Dritten Welt liegt auf der Hand. Und zwar sagt Calvin nun dazu ein Zweifaches. Zum einen, wir müssen vor allem mit den leidenden Anderen von Herzen mitfühlen. Wir müssen «uns gleichsam mit ihrer Person bekleiden, um so im Innersten gerührt zu werden beim Anblick ihres Leidens, in zartem Mitgefühl mit ihnen zu seufzen, mit den Weinenden zu weinen».[12] Zum Anderen: es bedarf angesichts der Not aber nicht nur eines mitfühlenden Herzens, sondern auch einer beherzten Tat. Wenn wir von Not hören und wissen, dann ist es bei weitem nicht genug, an sie zu denken, «dann sollen wir mit der Tat zeigen, dass wir barmherzig sind. Denn wir können tausend Mal verkünden, die Leidenden täten uns leid, – wenn wir ihnen nicht helfen, so gilt all das Gerede rein nichts.»[13] Damit wir beim Tun von Gutem nicht übermütig werden, fügt Calvin hinzu: «dass wir selber nötig Erbarmen brauchen, bei Gott und bei den Menschen»; und damit das keine Selbstsucht nähre, kehrt er den Satz gleich wieder um und sagt, «dass das rechte Mittel, Erbarmen zu erlangen, das ist, selbst barmherzig zu sein».[14] In solchem Zirkel zu denken, ist ja wohl nötig, um beides auszuschließen: Hochmut und Faulheit, Egoismus in dieser oder jener Gestalt.

3. Predigt zu Ez 28

Eine andere Predigt. Der 44-jährige hielt sie am 25. Oktober 1553 über den Anfang des 28. Kapitels im Buch des Propheten Ezechiel.[15] Calvin redet darüber auf dem Höhepunkt des Konflikts zwischen ihm und führenden Alt-Genfern. Er rechnete dabei mit seiner erneuten Vertreibung und geradezu mit seiner Ermordung. An der Spitze des Widerstands gegen ihn stand ein Philibert Berthelier, eine anscheinend ziemlich haltlose Gestalt, die aber vom politischen Rat der Stadt gedeckt wurde. So konnten ihm auch seine verschiedenen Missetaten nichts anhaben: nächtliche Schlägerei, Verwundung von Bürgern mit seinem Degen etc. Seine Unart richtete sich speziell gegen den Reformator. Er scheint beteiligt an dessen Anklage; auch er

12 Ebd., 792.
13 Ebd., 793.
14 Ebd.
15 Manuscrits Inventaire, 209,9, Bl. 155ff., deutsch bei: Erwin Mülhaupt, Diener am Wort Gottes. Eine Auswahl seiner Predigten, Göttingen 1934, 21–30.

wirkte wohl mit bei den gottlosen Verlästerungen der Lehre Calvins.[16] Dieser seufzte: «Unsere Lage [ist nun] so geworden, als lebten wir unter offenen Feinden des Evangeliums.»[17] Am selben Tag an dem er jene Ezechielpredigt hielt, schrieb er an den Zürcher Reformator Bullinger: Dieser Berthelier, der wegen manchem Frevel «vom Abendmahl ausgeschlossen» ist, «bis er Reue zeige, verlangte trotzdem zugelassen zu werden, unter Verachtung des Urteils der Kirche. Und obgleich er damals mit seinem Trotz offen das Recht des Konsistoriums umstürzte, so wurde ihm [das] doch vom Rat bewilligt.» Offenbar wollte er zum Abendmahl, um Calvin zu provozieren, nicht weil er zum Mahl der Vergebung Verlangen hatte.

> (Da) die Bösen ihn mir absichtlich entgegenstellten, damit er durch seine Frechheit mich besiege oder einen Aufruhr errege, so hatte ich den Rat darauf aufmerksam gemacht, was ich tun werde. […] Hundertmal lieber wollte ich sterben, als das heilige Brot des Herrn vor die Hunde zu werfen, die eingestandenermaßen und nicht ohne freche Verhöhnung des Evangeliums die Kirchenordnung mit Füßen zu treten beschlossen hatten.[18]

Wir haben hier das Zweifache zu verstehen: Nach Calvin ist die äußerste Maßnahme einer *kirchlichen* Strafe der Ausschluss vom Abendmahl – und: Calvin lehnt es ab, dass ein solcher Ausschluss eine Angelegenheit des politischen Rats sei.

Was sagt er nun in jener Predigt unter dem Hören auf Ezechiel 28? «Das Wort Gottes sprach: […] So spricht der Herr (zu dem Fürsten von Tyrus): […] Dein Herz hat sich erhoben und du hast gesagt: Ich bin Gott und sitze auf dem Thron Gottes – obwohl du ein Mensch bist und nicht Gott.» Calvin führt dazu aus: Unter der Unzahl von Lastern unter den Menschen sei der Stolz das schlimmste und kaum heilbare. «Denn wir sind verblendete Leute, dass wir die Ehre, die Gott gebührt, ihm rauben und sie für unsere Person in Anspruch nehmen.»[19] Dieser Satz ist wie eine Zusammenfassung der ganzen Predigt. Aber sie legt den Satz in immer neuen Wendungen so aus, bis seine Aussage möglichst jeden Hörer erreicht hat. Das sei an einigen dieser Wendungen gezeigt. Also etwa so:

> Wenn wir […] sagen, es gibt einen Gott im Himmel, einen, der alles gemacht hat, und wollen dabei doch selber die weisen Leute sein, uns etwa Gerechtigkeit anmaßen, sagen, wir könnten recht tun, und uns mit dem brüsten, was uns gar

16 Schwarz, Briefe, Nr. 459, 12.8.1555.
17 Ebd., Nr. 387, 26.11.1553.
18 Ebd., Nr. 382, 25.10.1553.
19 Mülhaupt 21.

> nicht gehört, was Gott als das Seine erklärt und sich zuerkannt haben will, dann sagen wir [damit]: wir sind Götter.

Wir Menschen sind dabei Wesen, die verdrängen, dass wir aus Erde genommen sind und wieder zu Erde zurückkehren. Oder so:

> Auch die Verzweifeltsten haben noch eine gewisse Überzeugung davon, dass es einen Gott im Himmel gibt. Das ist [jedoch] ein nach ihrer Phantasie zurechtgemachter Gott. Der ist da oben gleichsam eingesperrt, hat keine Autorität und keine Macht, regiert die Welt nicht, hat sein Amt niedergelegt und ist da oben eingeschlafen. So denken die Bösen von Gott. Wenn sie ihn als den begriffen, der er ist, so dächten sie daran, dass sie seiner Hand nicht entgehen können, weiter, dass sie sich nie so verbergen können, dass er sie nicht sähe und sie nicht immer gleichsam in seiner Gegenwart wandelten.

Aber eben diesen Gott bestreiten sie. «Man lässt ihm nur noch einen leeren und schändlichen Titel; denn man nimmt ihm die Hauptsache an seiner Majestät, nämlich dass er alles durch seine Lenkung regiert.»[20]

Das macht verständlich, wie diese Predigt am 25. Oktober 1553 zu den Hörern gesprochen hat, und wenn wir aufmerksam sind, so merken wir, wie sie noch heute zu uns spricht. Calvin redet überhaupt nicht vom Fall «Berthelier». Indirekt redet er wohl auch davon. Wir begreifen im Licht dieser Predigt, dass der Ausschluss dieses Mannes vom Abendmahl eigentlich keine Bestrafung war, sondern eine Feststellung, nämlich die, dass dieser Mann in seinem praktischen Verhalten Gott aus der Lenkung seines Lebens ausgeschlossen hat oder dass er Gott in dem Himmel ferne eingeschlossen hat, damit er sein Leben selbst nach seiner Lust und Laune gestalten kann. Er bestreitet nicht Gott, aber der von ihm gelten gelassene Gott ist ein nichtssagender Götze. In der Predigt setzt sich Calvin demnach im Grunde nicht mit Berthelier auseinander, sondern mit einer Einstellung von damaligen Genfern und von so vielen Menschen überhaupt. Die besteht darin, dass wir «mit Gott spielen wie mit einem kleinen Kind».[21] Calvin sieht hier für alle nur einen Weg, wie er es zuletzt in der Predigt sagt:

> Lasst uns zu Gott gehen und betteln wie verhungerte Leute, die ihre Not und Bedürftigkeit kennen. Kommen wir so zu ihm, so nimmt er uns sicherlich an – und gibt uns nicht bloß das Nötige für dieses Leben, sondern lässt uns auch

20 Ebd., 25.
21 Ebd., 27.

fühlen, dass wir seine Kinder sind, so dass wir ihn kühn als unseren Vater preisen können, der in uns Wohnung hat und immer noch regiert durch seinen heiligen Geist.[22]

4. Predigt zu Gen 15,6

Wiederum in einer anderen Predigt im Frühling 1560 redet Calvin über Gen 15,6.[23] Es fällt auf, dass er davon ausgeht, dass die Aussage dieses Verses auch sonst in der Bibel vorkommt, zum Beispiel mehrfach im Römerbrief des Apostels Paulus, Kap. 4. Nach Calvin handelt es sich hier um eine biblische Grunderkenntnis; und so macht er sie zum Thema seiner Predigt. Dabei nimmt er selbst auf eine Fülle von weiteren biblischen Aussagen Bezug. Der Vers lautet: «Abraham glaubte dem Ewigen, und der rechnete ihm dies zur Gerechtigkeit an.» In der Auslegung dieses Grundsatzes entfaltet Calvin zugleich die zentrale Erkenntnis der Reformation, und dies in sachlicher Nähe zu den Einsichten Martin Luthers. Er erklärt also in dieser Predigt die evangelische Rechtfertigungslehre. Er predigt darüber in der Überzeugung, dass diese Lehre kein Reservat für theologische Spezialisten ist, sondern dass sie von jedem mündigen Christenmenschen verstanden und beherzigt sein muss. Denn es geht nach ihm darin um die rechte Praxis des christlichen Glaubens.

Und er predigt darüber in Auseinandersetzung mit der römisch-katholischen, der «papistischen» Lehre. Die war wenige Jahre zuvor auf dem Konzil von Trient formuliert worden. Während die Protestanten in Deutschland durch den Schmalkaldischen Krieg in Atem gehalten waren, war Calvin in Genf 1547 durch dieses *Konzil* in Atem gehalten. Dort sah man in der Tat in dieser Lehre den Kern der Reformation und formulierte dagegen die römische Gegenposition.[24] Es heißt in der Predigt: «Gottes Geist muss uns dessen gewiss machen, dass wir als Kinder [Gottes] angenommen sind, so dass wir ohne Zweifel und Schwanken Gott als unseren Vater anrufen.» Calvin merkt dazu weiter an: «Diese Art Gewissheit hat man im Papsttum nie begriffen, ja, sie kämpfen steif und fest dagegen und sagen, wir könnten nicht zu dieser entschiedenen Haltung kommen, dass Gott uns annehme und wir in seiner Gnade stehen; davon hätten wir vielmehr nur einige wahrscheinliche Vermutungen. Indessen verwirft man damit den ganzen Grund unseres Christentums.»[25]

Was der Reformator hier vom Papsttum sagt, ist kein Missverständnis. Es ist das folgerichtige Verständnis der Lehre des Konzils. Dessen Rechtfertigungslehre war ein mühsam ausgehandelter Kompromiss zwischen

22 Ebd., 30.
23 CO, 23,711–725.
24 Vgl. CStA 3,116f. Vgl. auch unten Kap. «Die eine Kirche Jesu Christi».
25 CO 23, 712.

zwei unterschiedlich denkenden Lagern, den spanischen Jesuiten und den italienischen Augustinern. Gleichwohl ist das Ergebnis Grundlage römischen Denkens in dieser Sache geworden. Die Lehre des Konzils sagt nicht etwa: Der Sünder wird von Gott angenommen teils wegen Gottes Gnade, teils aufgrund der guten Taten des Menschen. Nach dem Konzil sind auch die guten Taten des Menschen durch Gottes Gnade gewirkt. Allerdings, die so ermöglichten guten Taten muss der Mensch selbst vollbringen. Nur indem er sie leistet, kann er von Gott gnädig bejaht werden. Es ist jedoch stets eine offene Frage, ob ein Mensch das tut, was er da tun soll.

Damit setzt sich Calvin auseinander, indem er in seiner Predigt die Frage beantwortet: Wie kann man Menschen gutheißen, ja, wie kann man sie lieben, auch wenn sie böse sind und sich vergangen haben? Er beantwortet die Frage, indem er sie zuspitzt auf die tiefere Frage, wie kann *Gott* die Menschen lieb haben, auch wenn er ihre Verkehrtheit und ihr Versagen nicht gutheißen kann? Calvin platzt gleich am Anfang der Predigt mit der Antwort heraus: «Wir müssen nämlich Gewissheit haben, sonst bleibt uns das Tor des Heils verschlossen.» Diese Gewissheit dürfen wir haben; denn (wie schon zitiert) Gottes Geist macht uns dessen gewiss, «dass wir als Kinder [Gottes] angenommen sind, so dass wir ohne Zweifel und Schwanken Gott als unseren Vater anrufen».

Doch tönt es zunächst verwirrend, wenn Calvin dann auf einmal sagt: «Freilich werden wir immer irgendwelche Zweifel haben.» Und weiter: «Wenn wir also von dieser Glaubensgewissheit reden, so meinen wir nicht, es gäbe nichts, das uns zum Schwanken bringen könnte und wir seien nicht oftmals sehr verlegen und geängstigt.»[26] Wie sollen wir das verstehen? Redet Calvin jetzt nicht sehr ähnlich wie jene katholischen Theologen? Tatsächlich redet er hier wie jene Katholiken, und er meint sogar, das seien eingebildete Gesellen, die das etwa nicht sagen würden. Aber damit wir erkennen, dass er sich hier nicht widerspricht, müssen wir an dieser Stelle noch genauer hinsehen.

Darum geht es offenbar: Die unbedingte, völlig klare Gewissheit unseres Geliebtseins von Gott ist uns ganz und gar in *Christus* gegeben. Es ist die Gewissheit einer Wahrheit, die nicht wir haben, sondern die uns allein *in ihm* gegeben ist und die uns allein *durch ihn*, nämlich durch seinen Heiligen Geist geschenkt wird. In *ihm* ist das felsenfest wahr, auch wenn wir es für *uns* selbst nur unsicher schwankend wahrnehmen. Nicht unser Tun, auch nicht unser Glauben, sondern allein der, *an den* wir glauben, ist unsere Hilfe und Rettung. Wenn es heißt: «Im Glauben sind wir dessen gewiss», so ist der Glaube hier streng zu verstehen als der Blick über uns, über unser Denken, über unsere Möglichkeiten hinaus. Der Blick wohin? Calvin antwortet: Jawohl, «in der Person unseres Herrn Jesus Christus ist uns der

[26] Ebd., 716.

Himmel offen».[27] Deshalb, sagt er weiter, «rechtfertigt der Glaube nicht insofern, als er ein von uns getanes Werk ist».[28] Wie sollte es anders sein, wo wir doch immer auch noch Sünder sind – Sünder, die immer wieder der Vergebung ihrer Sünden bedürftig sind. Dass wir für Gott nicht Akzeptablen gleichwohl wahrhaftig in Jesus Christus gerechtfertigt, zurechtgebracht und akzeptiert sind, solche Gewissheit kann nur da sein, «wo Jesus Christus unser Anwalt und sein Tod die Genugtuung für unsere Sünden ist».[29] Der Grund für solche Gewissheit liegt also darin, dass Gott die Seinen stets *umsonst* rechtfertigt.[30] Sie haben dazu keinen Beitrag zu liefern. Sie können es nicht. Sie müssen es nicht. Sie dürfen sich darüber nur freuen und dafür danken – mit Herzen, Mund und Händen. Sie können sich das nicht mit guten Werken *verdienen*, aber sie werden gerade so in der Kraft von Gottes Geist gute Werke *tun*.[31]

Es geht in all den Windungen und Wendungen dieser Einsicht im Grunde um eine schlichte, aber wahrhaft grundlegende Einsicht: Wovon lebt der Mensch? Lebt er mehr oder weniger heimlich von seinem Können und Machen? Nein, sagt Calvin und buchstabiert das in all den vorgetragenen Überlegungen durch. Vielmehr lebt der Mensch von seinem ersten bis zu seinem letzten Atemzug ganz und gar und restlos von Gottes Gnade und Barmherzigkeit. Der Mensch hat sie nicht verdient, aber Gott will sie ihm schenken. Das hat eine Konsequenz, die der Reformator oft ausgesprochen hat. Es ist die Konsequenz einer großen Hoffnung für die Menschheit im Ganzen, wie nett oder böse, wie religiös oder gottvergessen sie sich auch benehme. Ist das Erbarmen Gottes *wahr*, unabhängig von seiner Wahr*nehmung* durch uns Menschen, darf man dann nicht hoffen, dass es auch gilt für die Vielen, die dies noch nicht wahrnehmen?

27 Ebd., 715.
28 Ebd., 724.
29 Ebd., 717.
30 Ebd., 719.
31 Ebd., 718.

Die eine Kirche Jesu Christi

Gut, dass das Thema der Einheit der christlichen Kirchen in der neueren Zeit wieder erwacht ist! Es ist aber keine Erfindung des 20. Jahrhunderts. Sicher hat man es im Lauf der Kirchengeschichte oft auch vergessen, und man hat sich sogar schrecklich dagegen versündigt, wie in der Zeit des 30-jährigen Krieges, wo sich lutherische und katholische Soldaten gegenseitig die Köpfe einschlugen, oder im 16. Jahrhundert, wo in Belgien Zehntausende Hugenotten um ihres Glaubens willen binnen kurzem erhängt oder verbrannt wurden, oder in den gleichen Zeiten, als sich Reformierte an der Tötung und Verjagung von friedfertigen Mennoniten aktiv beteiligten. Aber, gottlob, hat man das ökumenische Thema, das der Verbundenheit der einen Kirche Jesu Christi in den verschiedenen Kirchen, dann auch immer wieder neu entdeckt.

Das war ja auch kein Zufall. Es waren besonders die Gebetsworte Jesu nach Joh 17,20f. im «Hohepriesterlichen Gebet» unmittelbar vor seiner Gefangennahme, die wieder und wieder die Christenheit auf ihre Einheit aufmerksam gemacht und zu ihr hingedrängt haben. In diesen Worten betet Jesus auch für die, die einmal durch das Wort der Apostel an ihn glauben werden. Er bittet in dem Gebet darum, dass «sie alle eins seien, damit die Welt glaube und erkenne, du, Gott, habest mich gesandt». Die lateinische Fassung dieses Gebets *ut omnes unum sint* («dass sie alle eins seien») ist im 20. Jahrhundert das Motto und Leitmotiv der ökumenischen Verbindung christlicher Kirchen geworden – als Ausdruck des Gehorsams gegen das von Jesus Erbetene. Der Genfer Reformator schreibt in seiner Auslegung dieses Gebetes Folgendes:

> Das Ziel unserer Seligkeit ist die Einheit. Das nämlich ist das Verderben des Menschengeschlechtes, dass es von Gott abtrünnig geworden und darum auch in sich selbst verstümmelt und zerstreut ist. Im Gegensatz dazu besteht die Erneuerung also darin, richtig zu *einem* Leib zusammenzuwachsen, so […] dass die Gläubigen untereinander durch einen Geist verbunden sind.[1]

In seiner Schrift von 1539 an Kardinal Sadolet schreibt er: In der Tat, «das schrecklichste unter allen Verbrechen ist dies, dass wir [Reformatorischen] uns [angeblich] daran gemacht haben, Christi Braut [die Kirche] zu zerreißen. Wenn das wahr wäre, gälten wir mit Recht Euch und der ganzen Welt für verloren.»[2]

---

1 CO 47,386–388.

2 CStA 1.2, 425,8–10.

Er hat gelitten unter dem in seiner Zeit sich offenkundig zeigenden Auseinanderbrechen der abendländischen Christenheit – nicht nur in evangelisch und katholisch, sondern auch der Evangelischen in verschiedene, ja, gegensätzliche Konfessionen. Angesichts dessen schaute er erst recht aus nach der Verbundenheit der Christen untereinander unter dem sie zusammenführenden und sie verbindenden einen Haupt Jesus Christus und in seinem Geist.

1. Sehnsucht nach Verbundenheit der Glieder der Christenheit

Diese Sehnsucht war zunächst eine Grundgestimmtheit in der christlichen Existenz Johannes Calvins. Das Nebeneinander getrennter Kirchen war für ihn ein Schmerz. Darum regte sich in ihm ein lebendiger Wunsch und ein Sehnen nach einem Miteinander der Kirchen und ihrer Glieder. In seiner Lehre von der Kirche ist das ein oft auftauchender Gedanke, dass die Verbindung mit Christus nicht anders zu haben ist als zugleich in der gegenseitigen Verbindung der Christen untereinander. In seiner Institutio steht zu lesen:

> Es kann nicht anders zugehen: Wenn [die Christen] überzeugt sind, dass Gott für sie alle der gemeinsame Vater und Christus das gemeinsame Haupt ist, dann sind sie als solche einander in geschwisterlicher Liebe verbunden und teilen einander gegenseitig das Ihre mit.[3]

Was Calvin derart lehrte, das prägte auch sein Leben. Man höre sich an, mit welch flehentlichen Worten er sich 1552 an den Bischof Thomas Cranmer im englischen Canterbury wandte!

> Es gehört zu den Hauptübelständen unserer Zeit, dass die einzelnen Kirchen so auseinander gerissen sind, dass kaum die Zusammengehörigkeit als *Menschen* unter uns gilt, geschweige denn die heilige Gemeinschaft der *Glieder Christi*, die zwar alle mit dem Munde bekennen, aber nur wenige in der Tat pflegen. [...] So kommt es, dass der Leib der Kirche mit zerstreuten Gliedern verstümmelt daliegt. Ich persönlich wollte es mich nicht verdrießen lassen, wenn man mich braucht, zehn Meere, wenn es sein muss, zu durchqueren [4]

Nämlich eben dies zur Heilung solchen Schadens! Für ihn ist allerdings klar, dass es bei kirchlicher Einheit nicht um eine bloß äußerliche, formale Übereinstimmung oder gar Gleichmacherei gehen kann. Der Grund dafür

3 Institutio, IV 1,3.
4 Schwarz, Briefe, 596.

ist bei ihm der: Kirche ist Kirche nur, wenn sie Kirche *Jesu Christi* ist. Und damit ist zuerst und entscheidend nicht gemeint eine gemeinsame Überzeugung der Kirchenglieder. Calvin hat hier mit der neutestamentlichen Rede von Jesus Christus als dem «Haupt seines Leibes» gesprochen, und zwar in dem strengen Sinn, dass der Leib durch das Haupt begründet und zusammengefügt ist. Die Gemeinde hat also nicht Christus als ihr Haupt sich ausgesucht, sondern umgekehrt Christus als das Haupt seiner Gemeinde hat ihre Glieder zusammengerufen und zusammengefügt als die Glieder *seines* Leibes. Darum schreibt Calvin 1539 weiter an Kardinal Sadolet klar und deutlich:

> (Es gibt) kein anderes Band kirchlicher Einheit, als dass uns Christus, der Herr, der uns mit Gott, dem Vater, versöhnt hat, aus unserer Zerstreuung in die Gemeinschaft seines Leibes sammelt, damit wir so allein durch sein Wort und seinen Geist zu *einem* Herzen und *einer* Seele zusammenwachsen.[5]

Ein Ausdruck für solche christliche Verbundenheit ist zum Beispiel die schöne Bruderschaft Calvins mit dem 12 Jahre älteren Philipp Melanchthon. Die Verbindung zwischen beiden hatte Bestand, obwohl sie theologisch in manchem anders dachten. Sie hatte Bestand, auch als Calvin sich die Freiheit nahm, Melanchthon zu ermahnen, weil er zu nachgiebig, zu ängstlich, zu schwächlich sei.[6] Freundschaft muss dergleichen ertragen können, wenn sie tatsächlich Freundschaft ist. Seine Bruderschaft hatte Bestand, als er nach Luthers Tod von überspitzten Luther*anern* attackiert wurde und als er zu Melanchthon hin seufzte: Ach, «lebte Luther noch!»[7] Man höre sich die geradezu überschwänglichen Ausrufe Calvins an: «Mir (ist) alles lieb, was von dir kommt, weil ich daraus ersehe, dass in deinem Herzen noch die gleiche Liebe festwurzelt, mit der du mich von Anfang an umfasstest.»[8] Oder ein anderes Mal: «Ich bin von deiner wahren, echten Liebe zu mir überzeugt. […] Ich habe erfahren, wie weh dir der entsetzliche Fanatismus der Leute tut, die zum verhängnisvollen Schaden der Kirche sich an Zank und Hader weiden.»[9] Oder: Es freut «mich, in deinen Busen ausschütten zu können, was mich drückt». «Kein Ärgernis soll je mein Herz von der heiligen Freundesliebe, die es für dich hegt, abwendig machen.»[10] Nach Melanchthons Tod schrieb er:

> O Philipp Melanchthon! Zu dir, der du jetzt bei Gott lebst, rufe ich, bis ich mit dir in der seligen Ruhe versammelt bin. Hundertmal hast du gesagt, wenn du,

5 CStA 1.2, 429,7–11.
6 Schwarz, Briefe, 947, 971f., 727.
7 Ebd., 764.
8 Ebd., 762.
9 Ebd., 866f.
10 Ebd., 989.

> von Arbeiten ermüdet und von Verdrießlichkeiten bedrückt, den Kopf freundschaftlich an meine Brust gelegt hast: ‹O wenn, o wenn ich doch sterben dürfte, an dieser Brust!› Nachher habe ich aber tausendmal gewünscht, es möge doch geschehen, dass wir beisammen wären.[11]

Wir hören in diesen Zitaten einen Theologen reden, der sich nach Frieden sehnt. Und er sehnte sich nach einem Frieden nicht nur mit Freunden, sondern mit allen Christen – nach Frieden trotz allen Verschiedenheiten, nach einem Frieden nicht aus Gleichgültigkeit gegenüber den Verschiedenheiten, sondern nach einem in Christus begründeten und durch den Heiligen Geist geschenkten Frieden in geschwisterlicher Verbundenheit auch bei unterschiedlichen Ansichten

Die kirchliche Einheit war bei Calvin gewiss nicht bloß eine Sehnsucht, geschweige bloß eine Angelegenheit persönlicher Freundschaften. Er wusste, dass die von Jesus erbetene und erhoffte Einheit der Kirche auch bestimmte, konkrete Aufgaben stellt, an denen hart zu arbeiten, und vor Probleme, über die genau nachzudenken und eventuell sogar zu streiten ist. Aber dies um der Verständigung willen!

2. Ökumenisches Denken im Verhältnis zur römisch-katholischen Kirche

Gibt es bei Calvin denn auch in dieser Beziehung eine ökumenische Offenheit? Er, der Reformator in der zweiten Generation, steht ja vor dem Faktum, dass gegen die Absicht der Reformatoren ihr Wollen und Einsatz nicht zu einer Erneuerung der einen katholischen Kirche geführt hat. Faktisch war ihre Unternehmung nur Anlass zur Entstehung einer anderen, zweiten Kirche, der protestantischen oder evangelischen Kirche, der Päpste bis in unsere Zeit den Titel «Kirche» überhaupt verweigert haben. Auch Calvin hat wohl oder übel den Bruch zur Kenntnis nehmen müssen. Es hat allerdings den Grund für den Bruch nicht bloß in einem abweichenden Verständnis der Rechtfertigungslehre gesehen.

Er war in dieser Lehre zwar mit Luther durchaus einig. Aber der Grundfehler der Papstkirche war nach ihm noch ein anderer. Die Herausforderung zum unbedingten Bekennen lag für ihn in der Lehre von der *Kirche*. Nach ihm bedeutet der Glaube an den lebendigen Jesus Christus, dass er auch in der Gegenwart das unvertretbar *eine* Haupt der Kirche ist.[12] Christus kann und darf daher keinen Stellvertreter auf Erden haben. Wie

---

11 So 1561. Lateinisch in Calvin, Tractatus Theologici omnes, 1669, 724. Anscheinend bislang nicht übersetzt.

12 Wohl auch deshalb teilt er in seiner «Institutio» das Apostolikum in vier Abschnitte, wobei der letzte von der Kirche handelt. Vgl. auch den Anfang des Kapitels «Die verantwortliche Gemeinde».

gut oder schlecht er auch immer sein mag, ein Stellvertreter würde als solcher bedeuten, dass man die lebendige Gegenwart und Herrschaft des einen Hauptes der Christenheit in den Schatten stellt. Es gibt wohl auch eine menschliche Leitung der Gemeinde. Aber dass diese menschliche Leitung auf drei *verschiedene* Personenkreise aufgeteilt ist, das bezeugt sichtbar, dass die tatsächliche Leitung in keiner Menschenhand liegt, auch nicht in der jener Amtsinhaber, – sie liegt *allein* in der Hand des lebendigen Christus. Und die Inhaber jener drei Ämter sind genau genommen, nicht die *Leitung* der Gemeinde, sondern nur die *Diener* des einen Leiters der Gemeinde, des einen Hauptes seines Leibes. So ist es keine zufällige Beliebigkeit, wenn für Calvin in der Frage der Gemeindeleitung der entscheidende Unterschied zur römischen Kirche lag. Darum redete er in der Lehre von der Kirche in seiner «Institutio» so ausgiebig gerade davon.

Aber damit ist noch nicht alles über Calvins Stellung zur römisch-katholischen Kirche gesagt. Er glaubt daran, dass es dort nicht nur Irrtum und Verkehrtheit gibt, sondern auch «Spuren der Kirche» Christi. Ja, er sagt: «Wir leugnen nicht, dass es bei ihnen Kirchen gibt» – und zwar darum, weil «Gott es nicht geduldet hat, dass seine Kirche durch den Antichrist vom Fundament her umgestürzt […] wurde».[13] Es hat einen tiefen Grund, dass der trennende Punkt für Calvin nicht einfach die Rechtfertigungslehre war, so reformatorisch er sie verstanden hat. Der Grund dafür ist seine wache Aufmerksamkeit für das römisch-katholische Reformkonzil in Trient, das 1546 unmittelbar nach Luthers Tod begann. Calvin war namentlich durch die Texte der ersten Sitzungsperiode des Konzils beschäftigt. Anscheinend hätte er sogar gern daran teilgenommen. Offenbar war er beeindruckt durch die dortigen Vorgänge. Lehnte er das Papsttum ab, so doch nicht das Zusammentreten eines Konzils. Denn eine konziliare Leitung der Kirche war für ihn überaus wünschbar. Können auch Konzile irren, wie Luther sagte, so müssen sie es doch nicht. Obwohl die Texte des Konzils 1547 noch nicht veröffentlicht waren, war er immerhin sehr genau über die dortigen Beschlüsse und auch über die inhaltlichen Diskussionen und harten Gegensätze in Trient orientiert. 1547 hat er die Beschlüsse von dessen erster Sitzungsperiode erstmals vielleicht überhaupt und jedenfalls diesseits der Alpen veröffentlicht, zusammen mit einem Kommentar. Dieser ist wohl kritisch, aber nicht eigentlich polemisch, sondern Calvin *diskutiert* hier mit den Konzilsvätern: in Opposition zu den spanischen Jesuiten und in Nähe zu deren italienischen Gegenspielern aus der Augustin-Tradition.

Der bedeutendste Text der ersten Periode des Trienter Konzils ist der zur Rechtfertigungs-Lehre. So sieht es auch Calvin. Seine Einstellung in dieser Sache ist klar die reformatorische: Wir werden gerechtfertigt *allein* aus Gottes Gnade, nicht auch nur teilweise durch unsere Werke, so sehr

[13] Institutio IV 2,11f.

auch der Glaube nicht ohne Werke sein wird, aber wir werden gerechtfertigt allein im Glauben an diese reine Gnade. Wo diese Erkenntnis in Trient verdunkelt oder verkürzt wird, da legt Calvin sofort den Finger darauf. Wiederum fällt auf: Sein Stil in dieser Sache ist eben der der Diskussion mit den «ehrwürdigen Vätern», wie er sie ausdrücklich nennt. Das heißt: er verwirft nicht alles, sondern bejaht und unterstreicht nicht Weniges, was das Konzil zum Thema sagt.

Es betont den unbedingten Zusammenhang von Heiligung und Rechtfertigung. Gut, sagt Calvin, «darüber gibt es wirklich keinen Streit»[14] – wenn nur klar ist, was doch schon der Kirchenvater Augustin gesagt hat: *Gott* schafft es, dass wir in seinen Gesetzen wandeln.[15] Das Konzil erklärt, dass die Gläubigen in der Gerechtigkeit wachsen in guten Werken. Calvin diskutiert den Satz nicht, ohne zu bemerken: «Gewiss bekennen wir das gern.»[16] Oder wenn das Konzil sagt, dass in Gottes Endgericht gute Werke von Gott für gerecht gehalten werden, setzt Calvin hinzu: «Wer bestreitet das [denn]?»[17] Oder das Konzil spricht in zwei Artikeln über unsere Annahme von Gott an Kindes Statt aufgrund der Versöhnung in Christus. Dazu bemerkt Calvin, dass er hier *nichts* zu bemerken hat.[18] Diese Hinweise bedeuten nicht, dass Calvin die Rechtfertigungslehre des Konzils für reformatorisch hält. Aber sie zeigen an, dass der Text doch eine Vorlage ist, über die man miteinander diskutieren kann und sollte.

In diesem Zusammenhang berühre ich Calvins anregende These zu der Frage, wie Protestanten sich mit dem römisch-katholischen Gegenüber auseinandersetzen und auch verständigen könnten. Natürlich muss das mit der Bibel in der Hand geschehen. In ihr ist das Entscheidende über Auftrag und Gestalt der Kirche gesagt. Allerdings haben wir die Bibel nicht als Individualisten in der Hand. Wir lesen sie in der Gemeinschaft der Christen vor uns und neben uns. Dazu nun Calvins These: Wir wurzeln mit den Katholiken in derselben einen Kirche Christi. Nicht nur sie wurzeln in ihr, sondern auch wir, und nicht nur wir, sondern auch sie; und diese Kirche beginnt nicht erst im Reformationszeitalter. Aber das große Problem ist, dass diese eine Kirche, von der wir beide herkommen, im Lauf des Mittelalters in eine schwere Verwirrung geraten ist. Sie ist «durch die Tyrannei des Papsttums völlig zugrunde gerichtet worden», wie Calvin im Titel eines Abschnitts in der Institutio schreibt.[19] Jedoch nimmt er es als eine gewisse Tatsache an, dass die Evangelischen mit den Katholiken in derselben ursprünglichen Kirche wurzeln. Daher glaubt er auch, dass er die römische Kirche nicht von außen zur Umkehr ruft, und er glaubt zudem, dass bei

14 CStA 3, 151,6f.
15 Ebd., 143,10f.
16 Ebd., 173,22.
17 Ebd. 185,8.
18 Ebd., 139,13.
19 Institutio IV 5.

ihrer Umkehr der jetzt eingebrochene Zwiespalt in der Kirche überwunden sein wird. Es geht nicht um eine Umkehr der Römischen einfach zu den Evangelischen, sondern es geht um eine Umkehr zu ihrer Herkunft in ihren eigenen Anfängen. Ebenso liegt es Calvin daran, dass auch die faktisch entstandene protestantische Kirche umkehrt zu diesen Anfängen, die auch ihre eigenen Anfänge sind. Darum lautet der Titel seiner Genfer Gottesdienstordnung von 1542 eben so: «Die Gestalt der kirchlichen Gebete und Gesänge, mit der Weise, wie die Sakramente zu verwalten [sind] [...], *wie es dem Gebrauch der alten Kirche entspricht.*»[20] Darum gehört für ihn zu jedem Gottesdienst selbstverständlich auch die Eucharistie, die Abendmahlsfeier. Darum kann er in seiner «Institutio» die klassischen Kirchenväter als im Einklang mit der Heiligen Schrift stehend zitieren.

Er versteht auf dieser Linie das Wort *Re*formation. Reformation ist nicht Herstellung einer neuen Kirche, sondern Rückkehr zu der Kirche, wie sie vor ihrer *De*formation war, Rückkehr zu den Anfängen. Gemeint ist auch nicht eine angeblich ideale Kirche ohne Schwächen und Fehler, aber eine Kirche, die «nach der einzigen Richtschnur des Wortes Gottes eingerichtet» ist.[21] Das heißt auch, dass die *Predigt* recht nach der Weisung der Heiligen Schrift gehalten wird. Aber das heißt überhaupt (mit der dritten These der Theologischen Erklärung von Barmen 1934 zu reden), dass die Kirche «mit ihrer Botschaft wie mit ihrer Ordnung» nach der Richtschnur des Wortes Gottes gestaltet ist. Calvin bemüht sich daher zu zeigen, dass die Kirche vor ihrer Deformation, also vor ihrer tiefen Verwirrung, in ihrer Ordnung durch ein Miteinander in der Gemeindeleitung geformt war: durch das Miteinander von Lehrern, Presbytern und Diakonen. Denn «der Heilige Geist hat verhüten wollen, dass sich jemand [in der Leitung der Kirche] eine Obergewalt oder Vorherrschaft erträumt».[22] Wenn eine solche Gewalt oder Herrschaft der Sinn von Hierarchie ist, so hat der Heilige Geist das bestimmt ausschließen wollen. Man darf hier wohl fragen, ob nicht heute im Leben mancher evangelischer Kirchen so etwas wie eine Hierarchie eingerissen ist. Oder gibt es hier nicht eine Selbstverständlichkeit der Leitung von Gemeinden und Presbyterien durch die *Pastoren*, und zwar erst noch in Funktionen, zu denen sie weder ausgebildet noch berufen sind?

[20] CStA 2, 149.
[21] Institutio IV 4,1.
[22] Ebd., IV 4,4.

3. Kirchliche Einheit im innerevangelischen Bereich

Kaum hatte eine evangelische Kirche gegenüber der römischen Kirche Gestalt angenommen, so brach der Protestantismus auseinander – in zwei verschiedene, ja, entgegengesetzte Konfessionen. Der Streit ging über das Verständnis des Abendmahls – kurz: ob es eine Gnadenzuwendung Gottes zu den Empfängern sei oder deren Danksagung für die Versöhnung am Kreuz. Auf der ersten Seite standen Martin Luther und die Seinen, auf der anderen die Schweizer unter Anführung von Huldrych Zwingli und Heinrich Bullinger. Calvin schrieb darüber: dass ihm in den Anfängen seiner Hinwendung zum evangelischen Glauben und in seiner Abwendung von der päpstlichen Lehre eine Störung begegnete. Denn nach Ausbruch des Abendmahlsstreits zwischen jenen Theologen «bekenne ich, dass mich das abgestoßen hat, so dass ich während langer Zeit nicht mehr in ihren Büchern las».[23] Zwingli und Luther trafen 1529 in Marburg zusammen zu einem Versuch der Verständigung, aber eine Verständigung auf Grund der 14 Marburger Artikel scheiterte.[24] Wie will man eintreten für eine Einheit der Kirche im Verhältnis zu der römisch-katholischen Kirche und lebt doch in Streit und Gegensatz im *eigenen* Bereich?

Wenn Calvin nach einigem Zögern dann doch Protestant wurde, so *auch* mit dem Vorsatz, an einer Überwindung des Streits zu arbeiten. Dem widmete er sich nunmehr jahrelang. Er wollte dabei zwischen Luther und Zwingli hinsichtlich ihrer gegensätzlichen Abendmahlslehre ehrlich vermitteln. Einerseits sagte er im Blick auf Zwingli: In der Tat, du hast recht, wir glauben an das unwiederholbar, ein für allemal dargebrachte Opfer Christi; der Satz Jesu «das tut zu meinem Gedächtnis» sagt, was *daraufhin* im Abendmahl geschieht. Aber, bemerkt Calvin dann kritisch: Das darf doch nicht ausschließen, dass dieses Mahl ein Geschehen ist nicht in zeitlicher Entfernung von Christus, sondern in seiner Gegenwart. Er ist dabei anwesend und gibt uns Anteil an sich. Andererseits pochte Luther derart auf die Anwesenheit Jesu Christi in den *Elementen* des Mahls, dass er von einer Umwandlung von Brot und Wein in Leib und Blut Christi «träume», wie Calvin urteilte. Gewiss ist die Betonung des Geschenkcharakters des Heils im Mahl richtig. Aber man muss darum doch nicht eine Wiederholung der Fleischwerdung Jesu Christi in einer physischen Brotwerdung behaupten. In Calvins Sicht haben beide Seiten in gewisser Hinsicht gegenüber der jeweils anderen Auffassung recht. Aber was die Situation so schwierig mache, sei dies – und nun höre man seine weisen Worte an: Jeder beharrt auf seiner Meinung, ohne «dass jeder für sich seinen Irrtum an-

---

23 CO 9,51.

24 Zur Verständigung von Reformierten und Lutheranern in Ostfriesland gerade aufgrund der Marburger Artikel vgl. das nächste Kapitel.

erkennt»; jede Seite ist darauf bedacht, «ihre eigene Meinung zu verteidigen und die entgegengesetzte zu widerlegen, […] ohne dass jemals die Einen die Anderen mit friedfertigem Herzen hätte *anhören* wollen».[25] Ohne Hören aufeinander gibt es keinen Dialog.

Calvin wollte für eine innerprotestantische Einigkeit sorgen an dem einen Punkt, wegen dessen es keinen Frieden gab: beim Verständnis des Abendmahls, und er schrieb eindrücklich sanft an den Straßburger Reformator Martin Bucer:

> (Es) muss auf beiden Seiten die Erinnerung an das Vergangene begraben werden, wenn wir einen dauernden Frieden wollen. Der Kampf war zu scharf und zu bitter, als dass man daran erinnern dürfte, ohne wenigstens einen Funken wieder aufzustören.[26]

Das Abendmahl reimt sich für Calvin nicht auf Abendmahls-Streit, sondern auf Abendmahls-*Frieden*. In der Hoffnung auf Frieden unternahm er es, diese Feier so zu verstehen, dass dabei das berechtigte Anliegen Luthers wie auch dasjenige Zwinglis zu Ehren kommt. Er unternahm es mit der These, dass die Eucharistie einen *Doppel*aspekt hat. Zum einen ist das Abendmahl von einem Handeln Gottes erfüllt und keine leere Zeichen-Handlung. Denn darin wird uns die Gemeinschaft mit dem Leib und Blut Christi, *das heißt* mit ihm *selbst* zuteil. Das geschieht durch den uns mit Christus verbindenden Geist Gottes. Der tut, was er uns durch die äußerliche Handlung des Abendmahls, durch das Essen und Trinken von Brot und Wein verheißt und anzeigt. So werden wir der Vergebung unserer Sünden und der Gnade Gottes des Vaters versichert, der uns in Christus als seine Kinder angenommen hat.[27]

Zum anderen ist das Mahl unser Bekenntnis zu diesem so an uns handelnden Gott. Es ist Zeugnis unserer Dankbarkeit für dieses Handeln Gottes. Diese Dankbarkeit vollzieht sich in der Bereitschaft, «Christus und seinen Geringsten […], dem Hungernden, dem Dürstenden, dem Nackten, dem Fremden, dem Kranken, dem Gefangenen» Gaben zu bringen.[28] Dazu gehört auch die Entzündung «zur Liebe, zum Frieden und zur Eintracht».[29] Das Mahl dient ja dazu, «dass wir in solcher Herzenseintracht verbunden und vereinigt sind, dass keinerlei Zwietracht oder Entzweiung dazwischentritt». Belehrt aus 1Kor, 10,16f. wird uns durch das Sakrament eingeprägt:

25 Calvin, Kleiner Abendmahlstraktat (1541), CStA 1.2, 489.
26 CO 20,139f. – Brief an Martin Bucer, 12.1.1538.
27 CStA 2, 199,6–8.
28 CStA 2, 201,12–14.
29 Institutio IV 17,38.

> Wir können keines unter unseren Geschwistern verletzen, verachten, von uns stoßen, schmählich behandeln oder auf irgendeine Weise kränken, ohne dass wir in ihm zugleich Christus mit unseren Ungerechtigkeiten verletzen, verachten und schmählich behandeln, [...] wir können Christus nicht lieben, ohne dass wir ihn in unseren Geschwistern lieben.[30]

Es war in dieser Sache Calvins Anliegen, dass sich hier nicht jede Seite gegen das Unrecht der anderen Seite durchsetzen wollen möge; sondern es ging ihm darum, das Recht einer jeden Seite zu Ehren zu bringen und das auf der jeweils anderen Seite anzuerkennen.

Im Jahr 1545 wurde eine Abendmahlsschrift Calvins in lateinischer Fassung veröffentlicht, in der er die Feier schlicht für die Gemeinde erklärte. Darin warb er zuletzt für einen Frieden, um den Streit zwischen Luther und Zwingli beizulegen. Dazu sollten sich Vertreter der evangelischen Kirchen zu einem Konzil versammeln und eine Übereinkunft in dieser Sache beschließen. Er machte auch einen Vorschlag für eine solche Übereinkunft, in der das Anliegen der beiden Seiten vereint ist:

> Wir bekennen alle mit einem Munde, dass wir, wenn wir gemäß der Einsetzung des Herrn im Glauben das Sakrament empfangen, wahrhaft der wirklichen Substanz des Leibes und Blutes Jesu Christi teilhaftig werden.

Calvin selbst hat davon berichtet, dass Luther seine Schrift noch gelesen und ihr im Kern zugestimmt hat oder sie als Grundlage für einen Frieden in diesem Streit verstanden hat.[31]

Er suchte nun besonders die Zürcher Reformatoren für solchen Frieden zu gewinnen. Nach langem, höchst anstrengendem Bemühen um die Zustimmung der widerstrebenden Zürcher, kam es 1549 im so genannten Consensus Tigurinus zu einer Verständigung.[32] Zu den Dunkelheiten der Kirchengeschichtsforschung gehört das verbreitete Urteil, dass Calvin sich um des lieben Friedens willen von den Zürchern habe über den Tisch ziehen lassen. In dem Fleiß, dieses Urteil noch und noch zu wiederholen, hat man übersehen, dass der entscheidende Artikel in dieser «Zürcher Übereinkunft» (Consensus Tigurinus) in engster Anlehnung an das lutherische Augsburger Bekenntnis von 1530/40 formuliert ist. Dort wird in Art. 13 gesagt:

> Dass sie [die Sakramente nicht nur] Zeichen seien, dabei man äußerlich die Christen kennen muge, sondern dass es Zeichen und Zeugnus seien gottlichs

30 Ebd.
31 Weiteres bei Anm. 313.
32 CStA 4,1–27¸ und: RBS I,2, 467–490.

> Willens gegen uns, unseren Glauben dadurch zu erwecken und zu stärken, derhalben sie auch Glauben fordern und dann recht gebraucht werden, so man's im Glauben empfähet und den Glauben dadurch stärket.

Im Consensus Tigurinus lautet es so:

> Die Absichten der Sakramente sind, dass sie ein Kennzeichen des Bekenntnisses sind. Doch die hauptsächliche Absicht ist, dass Gott uns durch sie seine Gnade bezeugt, vergegenwärtigt und besiegelt, damit der Glaube mehr gestärkt wird und dass das aus Gottes Mund Verkündigte gleichsam durch Siegel bekräftigt wird.[33]

Dass bald darauf vergessen wurde, wie man sich hier auf der Linie des Augsburger Bekenntnisses geeinigt hat, zeigt, wie sehr in Glaubensfragen so manchen der Streit wichtiger scheint als der Frieden.

4. Global denken, konkret handeln

Dieses Motto ist erst vor wenigen Jahren formuliert worden und bezeichnet einen sinnvollen Grundsatz ökumenischen Handelns. Konkret handeln, ohne global zu denken, ist nicht weise und steht in Gefahr, egozentrisch und borniert zu verfahren. Global denken, ohne konkret zu handeln, ist im Grunde faul und steht in Gefahr, zwar «alles» zu wollen, aber nichts Hilfreiches in dem jeweils Nötigen zu tun. Es muss auch beides zusammenkommen: ein gutes Informiertsein, selbst über Vorgänge, die das Fernsehen nicht zeigt, und ein zupackendes Handeln in einer ganz bestimmten Aufgabe, wofür jene alte Chinesin ein Vorbild ist, die unermüdlich neue Bäume pflanzt. Global denken, konkret handeln! Bei einigem Nachdenken zeigt sich uns, dass Calvin hier auch Vorbild ist und dass das Leben nach diesem Motto auch zu seiner ökumenischen Existenz gehört.

Es versteht sich, dass er noch nicht derart global denken konnte, wie uns das heute möglich und nötig ist. Doch war das Genf zu damaligen Zeiten immerhin schon ein Ort gleichsam mit offenen Fenstern. Calvin hat auch aus diesen Fenstern hinausgeschaut und daraufhin für eine offene Tür plädiert. Man höre seinen Hinweis auf die Begegnung mit einem Fremden von weither. Bei seiner Auslegung von Deuteronomium 22 sagt er:

> Da ein Mensch, der von einem fernen Land ist! Und welche Kenntnis hatten wir davon? Und nicht *ein* Wort konnten wir miteinander reden, das verstanden wor-

[33] Nach Eberhard Busch, Gotteserkenntnis und Menschlichkeit. Einsichten in die Theologie Johannes Calvins, Zürich 2006^2,135.

> den wäre. Wie ich ihn betrachte, sehe ich da ein Wesen, das er mit mir gemeinsam hat. Ich sehe, dass Gott das so eingerichtet hat, als wären wir *ein* Fleisch. Das ganze Menschengeschlecht ist von solcher Art und Gestalt, dass wir fein Gelegenheit haben, uns darin zu üben und zu erkennen, dass wir einig sein sollen. Gibt es auch manchen Unterschied im gegenwärtigen Leben, den wir beachten müssen, wir alle kommen aus *einer* Quelle, und wir alle sollen auf *ein* Ziel hinstreben und zu *einem* Gott, welcher der Vater aller ist. [...] Wenn wir hier [...] unsere Schultern zucken und [...] nach einigen Ausreden suchen, mit dem Argument, dass wir [selbst] Fremde seien: Wir können es nicht schaffen, dass alle Menschen uns etwa nicht Nächste sind.[34]

Der Reformator sagt das in einem bewegend weltweiten Blick. Grundsätzlich erklärt er gegenüber dem Vorwurf von Kardinal Sadolet, er habe eine Vorliebe für eine Spaltung der Kirche: Nein, sie ist

> die Gemeinschaft aller Heiligen, die, über den ganzen Erdkreis und durch alle Zeiten zerstreut, doch durch die eine Lehre Christi und den einen Geist verbunden ist und an der Einheit des Glaubens und brüderlicher Eintracht festhält und sie pflegt. Dass wir mit dieser Kirche an irgendeinem Punkt uneins wären, bestreiten wir entschieden. Wie wir sie vielmehr als Mutter verehren, so wollen wir auch in ihrem Schoß bleiben.[35]

Aber man muss nun zugleich das andere beachten, das unter dem Stichwort steht: «lokal handeln». Darum war Calvin nach seinem Selbstverständnis nicht ein Bischof der weltweiten Christenheit noch der Gründer einer reformierten Konfession. Er war nach seiner Auffassung dies und nichts anderes: ein *verbi divini minister*, ein Diener am Wort Gottes in der Stadt Genf. Dieses Zweite hat wiederum einen bestimmten theologischen Grund: Nach seiner Erkenntnis ist eine christliche Gemeinde verbunden sowohl durch ihre Ausrichtung auf ihr eines Haupt wie zugleich dadurch, dass sie ein Zusammensein mit bestimmten Anderen ist, mit erkennbar gegebenen Gliedern dieses einen Hauptes. Christsein ist das Sein mit Anderen, die durch Christus zu seiner Gemeinde berufen sind. Der Göttinger Reformierte Theologe Otto Weber hat präzise Calvins Vorstellung formuliert, dass die Kirche in ihrer ersten Gestalt «die versammelte Gemeinde» ist.[36] Hören wir dazu wiederum Calvin selbst: In der rechten Christenheit herrscht weder eine Einmütigkeit, die die Unterschiede auslöscht, noch eine Verschiedenheit, die die Einmütigkeit aufhebt, sondern Einmütigkeit in aller Verschiedenheit der Glieder.[37]

---

34 CO 28,16f.

35 CStA 1.2, 369.

36 Otto Weber, Die versammelte Gemeinde. Beiträge zum Gespräch über Kirche und Gottesdienst, Neukirchen 1949.

37 S. zu Anm. 167.

> Die Heiligen [, das sind die durch Christus zu seiner Gemeinde Berufenen,] werden nach *der* Ordnung zur Gesellschaft Christi versammelt, dass sie die Wohltaten, die ihnen von ihm gewährt werden, sich einander gegenseitig mitteilen. Dadurch wird die Verschiedenheit der Gnadengaben nicht aufgehoben; denn wir wissen doch, dass die Gaben des Heiligen Geistes auf viele Arten ausgeteilt werden. [Jedoch] kann es nicht anders zugehen: Wenn sie wahrhaftig davon überzeugt sind, dass Gott für sie alle der gemeinsame Vater und dass Christus das gemeinsame Haupt ist, dann sind sie als solche untereinander in geschwisterlicher Liebe verbunden und dann teilen sie sich gegenseitig das Ihre mit.[38]

Dieses gegenseitige Mitteilen kann eigentlich nur stattfinden, wenn wir dabei ein bestimmtes, erkennbares Gegenüber haben. Mit der Gegenseitigkeit des Mitteilens ist gewiss nicht das heidnische «Ich gebe nur, wenn du mir gibst» gemeint. Vielmehr ist hier dies das Wichtige: Ich kann nicht als hochmütiger Geber dem Mitmenschen gegenüber treten, so, als brauche er nur mich, sondern ich habe mit ihm zu verkehren im Wissen, dass ich auch meinerseits den Anderen brauche. Wir brauchen einander *gegenseitig*. Das ist die Urgestalt der christlichen Gemeinde, die begründet ist in der reinen Liebe Gottes und seines Heilands zu den Anderen und zu uns.

Wiederum ist solch ein konkretes Miteinander nur dann nicht ein Glück im Winkel, wenn die Glieder der Gemeinde im Gebet zu «unserem Vater im Himmel» sich klar machen: In seiner Anrufung sind sie doch auch real mit all den Vielen geschwisterlich verbunden, die sie nicht sehen, die aber auch Kinder des einen «Vaters im Himmel» sind. Daher redete Calvin im Vorwort einer Schrift die sächsischen und niederdeutschen Pfarrer im Januar 1556 folgendermaßen an – und das sei hier zum Thema Ökumene bei Calvin zitiert:

> Zieht die heilige Verbindung mit so vielen Kirchen in Erwägung! Wir sind zur Übereinstimmung des Glaubens [...] doch nicht bloß in menschlicher Weise vereinigt worden. Vom einen Gott und der wahren, rechten Art, ihm zu dienen, von der Verderbtheit des menschlichen Wesens, von der Seligkeit aus Gnaden, von dem Weg, Gerechtigkeit zu erlangen, von Amt und Wirksamkeit Christi, von der Buße und ihren Wirkungen, vom Glauben, der, auf den Verheißungen des Evangeliums beruhend, uns Heilsgewissheit gibt, vom Gebet zu Gott und von allen anderen Hauptpunkten wird ja überall bei uns die gleiche Lehre verkündigt. Den einen Gott, unseren Vater, rufen wir im Vertrauen auf denselben Mittler an, der gleiche Geist der Gotteskindschaft ist uns ein Unterpfand unseres zukünftigen Erbes, durch das gleiche Opfer hat Christus uns alle versöhnt, auf die gleiche Gerechtigkeit, die er uns erworben, verlassen sich unser aller Herzen, desselben Hauptes rühmen wir uns. Da wäre es doch wunderlich, wenn Christus, den wir als unseren Frieden preisen, der aller Fehd› ein Ende gemacht und

38 Institutio IV 1,3.

Gott im Himmel uns gnädig gestimmt hat, nicht auch das bewirkte, dass wir auch auf Erden geschwisterlich Frieden halten.[39]

39 Schwarz, Briefe, 833.

Versöhnte Verschiedenheit: Johannes Calvin und Martin Luther

1. Spaltung der reformatorischen Kirche?

In Wittenberg ist an einem alten Fachwerkhaus der Spruch eingeschnitzt: «Gottes Wort und Lutheri Schrift / ist des Bapst und Calvini *Gift*. 1717.» Der Text drückt ein Denken aus, wie es im Verhältnis der beiden evangelischen Konfessionen in jener Zeit und in manchen Köpfen weit darüber hinaus geherrscht hat. Es hat das Bild von einem päpstlichen Calvin geprägt, das die Zeiten überdauert hat. Ja, diese gegnerische Haltung regte sich schon in der zweiten Hälfte des 16. Jahrhunderts. In Deutschland ging es den Reformierten unter der lutherischen Mehrheit ähnlich, wie es vermutlich umgekehrt den Lutheranern in den Niederlanden unter der reformierte Mehrheit erging.

Die Spaltung der reformatorischen Kirche in zwei getrennte und zuweilen gar feindliche Konfessionen hat Calvin miterlebt. Für ihn kam sie überraschend; und als sie eintrat, war er tief darüber betrübt, und er suchte, so sehr er konnte, ihr zu widerstehen. Er hatte zum Beispiel eine gewisse Beziehung zu Sachsen, und zwar seit er 1540 bei einem Religionsgespräch im elsässischen Hagenau dem sächsischen Kanzler Franz Burckhard begegnet war. Er lernte ihn dort als einen freundlichen protestantischen Mitstreiter kennen. Der könne «ein Zeugnis ablegen für meinen Eifer um die Ausbreitung des Reiches Christi» – so schrieb Calvin an die drei Söhne von Kurfürst Johann Friedrich von Sachsen in seinem ihnen gewidmeten Genesiskommentar. Das Buch hatte er eigentlich deren soeben verstorbenem Vater zueignen wollen. Im Vorwort heißt es: «Wenn die Neigung, um nicht zu sagen: der Mutwille, des Menschengeschlechts so groß ist, *neue* Kultformen zu erfinden, so kann uns nichts nützlicher sein, als das Gebot eines reinen, ordentlichen Gottesdiensts bei den heiligen Erzvätern zu suchen.» Deren Frömmigkeit war nach der Schrift dadurch gekennzeichnet, «dass sie allein an Gottes Wort hingen».[1] Auf Betreiben der Hoftheologen dieser Fürstensöhne wurde die Widmung des Kommentars an sie jedoch zurückgewiesen. Calvin schrieb daraufhin 1555 dem Kanzler Burckhard, dass ihn das «schwer enttäuscht» habe, nicht nur persönlich, sondern vor allem sachlich, weil «damit der ganzen Kirche» Unrecht zugefügt worden sei.[2] Jene Fürsten warfen ihm vor, erstens, dass er «der massiven Formulierung» ihrer Abendmahlslehre «nicht in jedem Wort zustimme», und zweitens,

---

1 Schwarz, Briefe, Nr. 406, 31.7.1554.
2 Ebd., Nr. 440, 27.2.1555.

dass seine Genesisauslegung «nicht überall Luthers Auslegung beipflichte». Richtig ist, dass er dabei doch mehr noch als auf Luther genauestens auf die *Heilige Schrift* hören wollte.

Diese Abweisung ließ Calvin keine Ruhe, weil er dadurch den Segen der evangelischen Reformation bedroht sah. Anfang 1556 richtete er sich in einem Brief an alle sächsischen Pfarrer[3] und flehte sie darin förmlich an, in christlicher Einheit *Frieden* zu halten. Das war keine bloß taktische Rede gegenüber den Sachsen, sondern so schrieb er auch sonst, zum Beispiel in seiner Auslegung von 1Tim 3,3–5:

> [Paulus] will sagen, dass alle Kinder Gottes friedliebend und bescheiden sein sollen, soweit es ihnen möglich ist, dass sie den Frieden suchen und Brüderlichkeit unter den Christen fördern sollen. Weil wir aber den Weg zeigen sollen, müssen wir umso mehr Auseinandersetzungen und Streitigkeiten vermeiden und dafür sorgen, dass sie unter uns keinen Platz haben. Deshalb ist an anderer Stelle gesagt, dass es sich für einen Diener Gottes nicht gehört und unangemessen ist, sich wie ein Krieger zu benehmen und grundlos Händel und Streit zu suchen. Im Gegenteil soll er menschenfreundlich und geduldig sein.[4]

Calvin lag daran, mit den direkt von Luther Geprägten so zusammenzustehen, wie ihm das seiner Meinung nach im Verhältnis zu Luther selbst beschieden war. Was er wollte, war auch die Auffassung von ihm Nahestehenden. Nehmen wir hier beispielsweise auch den Weg des ostfriesischen Reformators Johann a Lasco in den Blick! Ihm war es zunächst gelungen, lutherische und reformierte Pfarrer in *einer* Kirche zu vereinen, und zwar verwunderlicherweise aufgrund der Marburger Artikel von 1529. In deutschen Kirchengeschichtsbüchern liest man nur, dass sich damals in Marburg Luther und Zwingli entzweiten. Aber a Lasco nahm gerade *diese* Artikel als Grundlage für eine *Verbindung* der beiden Konfessionen in einer einzigen Kirche. Er argumentierte dabei auf Verständigung ausgerichtet: In den meisten Artikeln über die wichtigsten Glaubenslehren seien sich demnach beide Seiten einig. Und das Gemeinsame sei das Licht, in dem nun über den einen trennenden Punkt miteinander zu reden und nach Verständigung zu fragen sei: über das Verständnis des Abendmahls. Eine geradezu modern anmutende Konfliktlösungs-Strategie!

In solchem Geist lebten in Ostfriesland im 16. Jahrhundert lutherische und reformierte Pfarrer in einer Kirche friedlich zusammen – wie die For-

3 Ebd., Nr. 482, 5.1.1556. Am Ende des vorangegangenen Kapitels ist dieser Brief ausführlich zitiert.

4 CStA 7, 261.

mel des dortigen Reformators sagt: «in versöhnter Verschiedenheit» (*concors varietas*)[5]. Das ging gut, bis a Lasco wegen des aufkommenden konfessionellen Streits in das damals konfessionell friedliche England fliehen musste. Als dann dort die Königin Mary ans Ruder kam, die blutig die Re-Katholisierung durchführte, musste er mitten in einem strengen Winter mit seiner kleinen Gemeinde nach Dänemark fliehen – eine schreckliche Reise, bei der manche seiner Begleiter erfroren. Der König wollte aus Erbarmen diesen Flüchtlingen Asyl gewähren. Aber lutherische Theologen drängten auf deren Vertreibung. Diese Reformierten seien «Märtyrer des *Teufels*», Glieder einer «Synagoge des *Satans*». Mit solchen Sprüchen wurden sie dann auch andernorts abgewiesen, namentlich in Hamburg durch den Theologen Joachim Westphal.

Calvin war zutiefst erschüttert durch diese Konfrontation. Denn für ihn war doch klar, dass Luther derjenige war, der «das Papsttum ins Wanken brachte».[6] Er bekannte sich dazu, dass dieser den Zwingli weit überrage[7], doch auch dazu, dass die Streithähne vom Schlage Westphals «Affen» Luthers seien[8]. Er seufzte ihnen gegenüber 1555: «Lebte doch Luther heute noch!»[9] Ein Jahr später schrieb er in seiner Auseinandersetzung mit seinem Hamburger Kritiker Westphal, dass der Wittenberger Reformator nach Kenntnisnahme seines Kleinen Abendmahlstraktats günstig von ihm dachte, was neben anderen namentlich Melanchthon bezeugen könne.[10] Als dieser fünf Jahre später gestorben war, schrieb Calvin über ihn, der für ihn das Bindeglied zu Luther war, einen ergreifenden Nachruf. Darin wünschte er, bei ihm in der seligen Ruhe zu sein, oder denn, dass der Freund jetzt bei ihm sei in den irdischen Streitigkeiten:

> Ich aber habe [schon] tausendmal gewünscht, es möge uns widerfahren, dass wir zusammen wären. Gewiss wärst du beherzter, an Kämpfe heranzutreten und den Neid zu verachten, und stärker, die falschen Anklagen für nichts zu

5 Johannes a Lasco, Opera tam edita quam inedita, hg. von Abraham Kuyper, Amsterdam/s'Gravenhage Bd. II 1866, 584, Brief an Pellikan in Zürich, 1544. Diese Formulierung geht auf Augustin zurück

6 Schwarz, Briefe, Nr. 311 (Widmung d. Komm. zu den kathol. Briefen an Eduard VI., König von England).

7 Schwarz, Briefe, Nr. 45.

8 Ebd., Nr. 113, 432 u. ö.

9 Ebd., 444.

10 Calvin, Secunda Defensio de Sacramentis (1556), in: Opera omnia Bd. 3, Amsterdam 1667, 661. Vgl. Calvins Brief an Farel vom 20.11.1539, wonach Luther in einem Brief soeben an Martin Bucer seinen Kleinen Traktat über das Abendmahl «mit großem Vergnügen» gelesen habe, nach: Schwarz, Briefe, 126.

halten. Dadurch wäre die Bosheit vieler zurückgehalten, denen aus deiner Weichheit, wie sie es nannten, der Mut zur Anschuldigung erwuchs.[11]

2. Von der persönlichen Beziehung zwischen Luther und Calvin

Man bedenke: Calvin lebte eine Generation später als Luther und lebte fast 20 Jahre länger als er. Er ist ein Reformator der zweiten Generation. Als er antrat, war der Durchbruch der Reformation mit dem in ihr verkündigten Evangelium schon geschehen, in verschiedener Weise in Wittenberg und in Zürich, nicht ohne gewisse Berührungen. Huldrych Zwingli war schon gestorben und Luther befand sich in seinem letzten Lebensabschnitt, als Calvin seinerseits zur protestantischen Kirche übertrat. Es stellten sich dabei für ihn neue Fragen, die die Reformatoren der ersten Stunde noch nicht im Blick hatten oder die sie kurzschlüssig regelten. Es ging vor allem um die Frage der Ordnung der Kirche. Luther *und* Zwingli hatten diese Aufgabe weithin der «Obrigkeit» überlassen. Die Situation der politisch hart bedrängten Hugenotten in Frankreich machte es Calvin klar, dass die Kirche die Frage ihrer Leitung und Gestaltung in die eigene Hand nehmen musste. Sie durfte sich ihre Ordnung nicht von einer politischen Stelle vorschreiben lassen. Man hat ihm in der späteren Polemik daraus den Vorwurf einer Herrschaft der Kirche, sprich: Calvins über den Staat gemacht. Aber welch ein armer Herrscher, der nicht einmal gegen den Magistrat seine doch gut begründete Forderung eines allsonntäglichen Abendmahls durchsetzen konnte! Der zeitliche Unterschied zwischen den beiden Reformatoren Luther und Calvin bedeutete jedenfalls keine sachliche Trennung.

Neben dem zeitlichen Unterschied gab es zwischen beiden auch einen geographischen. Calvin verstand sich nicht wie Luther zuerst zu den Deutschen gesandt. *Er* war vornehmlich an der französischen Sphäre orientiert. Auch nachdem er seine Heimat verlassen musste und in Genf Zuflucht fand, blieb er dort die meiste Zeit ein französischer Flüchtling. Wichtiger noch ist, dass Luther und er aus verschiedenen geistigen Milieus herkamen. Luther kam aus der Welt des Klosters und Calvin war geschult im Geist des Humanismus[12]. Er sprach ein meisterhaftes ciceronisches Latein, während Luther das einfachere mittelalterliche Latein sprach. Von der verschiedenen Herkunft der beiden her lässt sich verstehen, dass Luther sich dann im Licht der reinen Gnade Gottes mit der Werkgerechtigkeit auseinandersetzte, während Calvin unter Betonung der Initiative Gottes in seiner Prädestination mit der humanistischen Unternehmung stritt, Gott zum

11 De vera participatione Christi in Coena (1561) (gegen Heshusius), in: Opera omnia, 724.

12 Im Kontakt zum Beispiel mit Guillaume Budé und Faber Stapulensis

bloßen Zuschauer der menschlichen Selbstbestimmung zu machen. Das eine Mal, wo sich auch Luther mit diesem Problem auseinandersetzte, hat er ähnlich wie Calvin geredet, der erklärte: Wir kennen die Entscheidung der göttlichen Vorherbestimmung nicht; aber wir sollen im Blick auf Jesus Christus mit allen Menschen so umgehen, als ob sie alle von Gott errettet werden, und sollen sie als Mitgenossen des Friedens behandeln.[13]

Gab es persönliche Kontakte zwischen den beiden? Gesehen haben sie sich nicht, wenn auch Calvin im letzten Lebensjahr des Wittenberger Reformators an ihn schrieb:

> Könnte ich doch zu euch fliegen, um auch nur einige Stunden deine Gegenwart zu genießen. […] Was aber auf Erden nicht geht, wird bald, wie ich hoffe, im Reiche Gottes möglich sein. Lebe wohl, du hochberühmter Mann, du trefflichster Diener Christi und mir ein stets geachteter Vater! Der Herr fahre fort, dich mit seinem Geist zu leiten bis ans Ende zum allgemeinen Wohl seiner Kirche![14]

Schon früher erklärte Calvin in einem Brief an seinen Freund Farel:

> Die guten Leute [in Zürich] sind gleich zornentbrannt, wenn einer wagt, ihrem Zwingli Luther vorzuziehen. Als ginge das Evangelium unter, wenn Zwingli Abbruch geschähe! Und doch geschieht dabei Zwingli nicht das mindeste Unrecht; denn du weißt selbst, wie weit Luther ihn überragt, wenn man die beiden vergleicht.[15]

Calvin hatte allerdings mit dem späten Luther auch seine liebe Not. Dies wegen seines jetzt hervortretenden «maßlos leidenschaftlichen» Charakters, «der nicht nur reizbar, sondern geradezu verbittert ist, auch aus geringfügiger Ursache aufbraust». Aber er fügt im selben Brief an seinen Zürcher Kollegen Bullinger hinzu: Aber auch «wenn er mich den Teufel schelten würde, ich würde ihm doch die Ehre antun, ihn für einen ganz hervorragenden Knecht Gottes zu halten», ja, für den «Erstling unter den Knechten Christi, dem wir alle viel schulden».[16]

3. Die theologische Nähe der beiden Reformatoren

Um ihre theologische Nähe zu sehen, legen wir die Auslegungen des Galaterbriefs durch diese Theologen nebeneinander: Luthers großen Kommentar von 1531/35 und Calvins allerdings kleinere Exegese dieses Texts.

---

13 Institutio III 23,14.
14 Briefe, Nr. 288f.
15 Ebd., Nr. 140.
16 Ebd., Nr. 285.

Sie hatten keine Kenntnis von der Auslegung des jeweils Anderen. Sie hatten nur die paulinische Darlegung vor sich. Sie verstanden sie so, dass ein finnischer Lutheraner in einem ausgiebigen Vergleich zu dem Ergebnis kam: «Indem Luther and Calvin aufmerksam waren gegenüber dem biblischen Text, haben sie grundsätzlich gleichartige Erkenntnisse zu wesentlichen Aussagen im Galaterbrief von Paulus gefunden. Während einige Unterschiede vorliegen, sind sie doch in der Regel unbedeutend.»[17] Die Unterschiede sind zwar nicht ganz klein. Schon darin liegt ein Unterschied, dass Luther den Galaterbrief «wie sein Eheweib» liebte, während Calvin es gut berücksichtigte, dass Paulus in seinem *Römerbrief* einige Überspitzungen in seinem Galaterbrief korrigierte.[18] Das betrifft namentlich das Verständnis des göttlichen Gesetzes. Zunächst sind Gottes Gesetz und menschliche Sünde eng zusammengerückt, so dass daher auch dieses Gottes-Gesetz und Gottes Gnaden-Evangelium sich kritisch gegenüberstehen. Hingegen nimmt derselbe Paulus im Römerbrief eine Klarstellung vor in der Bemühung darum, «keinen Schatten auf die Tora fallen zu lassen – allen Schatten aber auf die Sünde» und ihren Täter, «der sich von seinem Sündersein nicht distanzieren kann».[19] Gleichwohl steckt Wahrheit in der Aussage von der theologischen Nähe Luthers und Calvins im Verständnis des Galaterbriefes. Dazu einige Beispiele.

In Gal 2,19f. redet Paulus davon, dass wir mit Christus gekreuzigt sind – in dem Sinn, dass wir damit dem Gesetz gestorben sind und nun mit Gott leben. Luther sagt dazu: Wodurch sind wir denn mit Christus gestorben? Antwort:

> Durch die Gnade und durch den Glauben. Wenn ich durch solchen Glauben dem Gesetz gekreuzigt werde und absterbe, so verliert es ganz das Recht […], das es an mich je und je gehabt hat. […] Indem ich durch den Glauben mit Christus geistlich gekreuzigt werde, werde ich dem Gesetz, der Sünde usf. auch gekreuzigt und sterbe ihnen ab, (so) dass sie an mir weiter auch kein Recht haben können, sondern wir müssen nun wiederum auch selbst gekreuzigt und gestorben sein.[20]

Calvin versteht die Verse in seiner eigenen Sprache ähnlich:

> Sagt Paulus: ich bin mit Christus gekreuzigt, so beschreibt er damit die Art und Weise, wie wir als dem Gesetz Gestorbene dem Herrn leben sollen: indem wir nämlich, als in den Tod Christi eingepflanzt, von daher eine geheime Kraft

17 Juhan Mikkonen, Luther and Calvin on Paul's Epistle to the Galatians, Turku 2007.

18 Vgl. CStA 5.1, 231 zu Röm 3,31, und 355 zu Röm 7,14.

19 Georg Eichholz, Die Theologie des Paulus im Umriss, Neukirchen-Vluyn 1972, 252.

20 Martin Luther, WA 40 I, 280.

> schöpfen, wie das Pfropfreis aus der Wurzel. Ferner hat Christus die Handschrift des Gesetzes, die gegen uns war, an sein Kreuz geheftet, so dass wir nun als mit ihm Gekreuzigte von aller Verurteilung und Schuld des Gesetzes befreit werden. [...] So wollen wir uns tief einprägen, dass wir nicht anders vom Gesetzesjoch loskommen können als durch Einswerden mit Christus.[21]

Im selben Zusammenhang sagt Paulus: Das neue Leben, welches uns durch Christus geschenkt wird, besteht darin: er lebt nun «in mir». Was heißt denn das? Luther antwortet darauf in Verbindung mit der Frage, inwiefern der Glaube (nicht unsere guten Werke, sondern der Glaube!) uns von Gott als Gerechtigkeit angerechnet wird. «Die christliche Gerechtigkeit besteht in zwei Stücken: Erstlich (darin), dass wir Gott von Herzen glauben, sodann, dass Gott solchen Glauben uns als Gerechtigkeit anrechnet.»[22] Calvin redet mit anderen Worten von demselben, er tut es im Zusammenhang der Erklärung, was das heißt, dass Christus in uns lebt; in der Antwort darauf redet er nun nicht in der Perspektive des von Gott geschenkten Glaubens, sondern in der Perspektive des Heiligen Geistes, dem göttlichen Geber des Glaubens. Calvin sagt also, dass Christus auf eine zweifache Weise in uns lebe:

> Einmal regiert er uns mit seinem Geist und leitet all unsere Handlungen; das Leben besteht [zum anderen] darin, dass er uns einen Anteil an seiner Gerechtigkeit schenkt, so dass wir, was wir aus uns selbst nicht vermögen, in ihm vor Gott angenehm sind. Das Erste ist das Leben der Wiedergeburt. Das Zweite ist das Leben in der freien Gnade, die uns als gerecht annimmt.[23]

Am selben Ort sagt Paulus: «Ich lebe im Glauben an den Sohn Gottes, der mich geliebt und sich für mich gegeben hat» (2,20). Luther unterstreicht das: «Man soll diese Worte gar fleißig [...] bedenken» – nämlich im Blick darauf, «was es gekostet [...] habe, dass du bist erlöst worden, und siehst, wer der sei, der sich für dich in dein Gefängnis gestellt und sich für dich gegeben hat, und dass es Jesus Christus, Gottes Sohn, sei».[24] Luther unterstreicht also dies, dass die Liebe des Gottessohns nicht etwa ein bloße, ferne Gesinnung ist, sondern eine Tat und eine Tatsache, und zwar eine, in der er an unsere Stelle getreten ist und das uns von Gott Trennende beseitigt hat. So versteht es auch Calvin: Paulus erklärt «die Liebe und den Tod Christi für das Fundament, auf welches sich der Glaube stützt». Wir leben darum durch den Glauben an Christus, «weil er uns geliebt und sich selbst für uns hingegeben hat». Weil er uns liebte, verband er sich mit uns. «Diese

21 Johannes Calvin, CO 50,198f.
22 Luther, WA 40 I, 359f. zu Gal 3,6.
23 Calvin, CO 50,199.
24 Luther, WA 40 I, 291, 295.

Vereinigung erreichte ihr Ziel in seinem Tod; denn indem Christus sich für uns dahingab, litt er an unserer Stelle.»[25] Das ist die gemeinsame Erkenntnis dieser beiden Reformatoren, dass wir nicht durch eine abstrakt und allgemein gedachte Gnade gerettet werden. Wir werden es in der Hingabe Christi damals und dort in den Tod am Kreuz. Dieses Geschehen ist für immer und überall der Erweis der Liebe Gottes.

Bei solcher starken Betonung der reinen Gnade des Handelns Gottes in Christus an uns Sündern stellt sich für Paulus doch auch schon im Galaterbrief die Frage nach unserem Tun. Ein pures Nichtstun oder denn ein Überlassensein an böse Willkür kommt für uns nicht in Frage. Aber wenn wir jetzt zu einem Tun aufgeboten sind, wie verhält sich das zu dem reinen Geschenk? Luther sagt zu Gal 2,20: «Der Sohn Gottes hat mich geliebt und sich für mich gegeben; nicht ich habe Gottes Sohn geliebt und mich für ihn gegeben, wie die Sophisten träumen.»[26] Aber im Blick auf das, was dann Paulus in Gal 5 und 6 sagt, kann das auch für Luther nicht alles sein, was dazu zu sagen ist. Denn *Paulus* redet dort von der Freiheit eines Christenmenschen. Aber die hat mit egoistischer Selbstbehauptung nichts zu tun, sondern, so fährt Paulus fort: Sie besteht darin, einander zu *dienen* in der *Liebe* (5,13). Was bedeutet das? Paulus antwortet: «Tragt einer des anderen Lasten, so werdet ihr das Gesetz Christi erfüllen» (6,2). Er redet in einem neuen Sinn vom Gesetz, nicht in dem schrägen Licht, dass es bloß die Sündigkeit des Menschen und sein Angewiesensein auf Gottes Vergebung aufdeckt, sondern so, dass es das Bestimmtsein der Kinder Gottes durch Gottes Geist zu Ehren bringt. In diesem Sinn gibt es in der Tat «gute Werke», wie Paulus sagt: «Lasst uns nicht müde werden, das Gute zu tun!»

Wie nimmt *Luther* das auf? Tatsächlich hört er auch hier auf Paulus und spricht es ihm nach, wie immer sich das verhalte zu dem vorher Gesagten: «Er sagt nicht, dass die *Werke* an sich selbst böse oder nichts seien; ja, er wird hernach mit viel schönen Worten reizen und locken, gute Werke zu tun; sondern das *Vertrauen* auf die Werke, dass man dadurch gerecht werden will, verdammt er.»[27] Also: Liebe deine Nächsten! «Wer ist denn mein Nächster?» Antwort: der Nächste ist «jeder Mensch». Und dadurch ist uns geboten, «dass ich ihn wie mein eigenes Fleisch lieben soll, […] nicht Böses mit Bösem vergelte, sondern das Böse mit Gutem überwinde».[28] Ähnlich geht auch Calvin mit den Kapiteln 5 und 6 im Galaterbrief um. «Dies ist die Art und Weise, wie man die Freiheit zügeln muss», sagt er, «dass sie sich nicht in flatterndem und maßlosem Missbrauch verliere: die Freiheit soll sich durch die Liebe regieren lassen». Er bemerkt dazu den wichtigen Satz, der vor einer sentimentalen Auffassung der Liebe schützt: «Wer liebt, lässt

[25] Calvin, CO 50,200.
[26] Luther, WA 40 I, 291.
[27] Ders., WA 40 II, 11f.
[28] Ders., ebd., 73.

jedem sein Recht zukommen.»[29] Sodann bemerkt er zu der Mahnung, Gutes zu tun, es gebe hier so viele Hindernisse, welche selbst Gutgesinnte zurückhalten:

> Wir stoßen auf viele Unwürdige, auf viele Undankbare, wir werden durch die Menge der Bedürfnisse förmlich überschüttet, hie und da durch die Ausgaben erschöpft, die Kälte der anderen kühlt unseren Eifer ab. Schließlich ist die ganze Welt voll von Hindernissen, die uns von dem rechten Lauf ablenken. Es ist also gut, wenn Paulus uns ermuntert, nicht schlaff und müde zu werden.[30]

Diese hier beispielsweise zusammengetragenen Auslegungen zeigen, wie Luther und Calvin im Verständnis der Botschaft des paulinischen Galaterbriefs wohl je ihre eigene Sicht und Sprache haben, aber doch grundsätzlich übereinstimmen.

4. Verschiedenheiten der Erkenntnis, die keine Trennung bedeuteten

Es gab nun allerdings zwischen Luther und Calvin auch theologische Unterschiede. Die hatten jedoch für sie keine trennende Bedeutung. Zum Teil bekamen sie erst in späteren Zeiten ein erhebliches Gewicht. Auch bei der Aufsplitterung der evangelischen Kirche in einen lutherischen und einen reformierten Zweig im 16. Jahrhundert spielten sie keine Ausschlag gebende Rolle. Wohl waren die Lehrunterschiede bekannt. Aber man hielt sie anscheinend noch für erträglich. Man mag daraus lernen, dass die evangelische Kirche ein umfassenderer Raum ist als der, der sich mit einer einzigen Lehrtradition ausloten lässt. Man kann aber auch sagen, dass die evangelische Kirche in ihrer ersten Zeit noch ungeklärte Auffassungen in sich trug, die eines Tages der Klärung bedurften. Wir stoßen in der Auslegung des Galaterbriefs durch die beiden Reformatoren auf drei nicht unerhebliche verschiedene theologische Ansichten.

Das betrifft zuerst das Verständnis des biblischen Gesetzes im Verhältnis zum Freispruch des Evangeliums. Luther bemerkt dazu: Er lehre mit Paulus, «dass es des Gesetzes Brauch, Werk und Amt nicht sei», die Menschen selig zu machen, wie die Papisten träumen, sondern dass das Gesetz «das Widerspiel» dazu sei, das heißt, dass es «die Menschen verklage, schrecke, zur Verzweiflung treibe und verdamme». Und zwar wirke das Gesetz dabei auf zweierlei Weise: Äußerlich treibt es die Menschen «aus Angst vor Schwert, Galgen und Rad» zum Gehorsam gegen «Obrigkeiten,

[29] Calvin, CO 50, 250. Vgl. ebd., 251: Nam qui diliget unicuique ius suum reddet, nemine erit iniurius aut nocebit, benefaciet quoad poterit omnibus.

[30] Calvin, CO 50,263.

Eltern, Schul- und Zuchtmeistern» und innerlich errege es Angst vor Gottes Gericht und Zorn.[31]

Calvin hat hier eine andere Sicht. Das merkt man schon daran, dass er zu der Aussage «Das Gesetz sei um der Sünde willen hinzugekommen» bemerkt: Das sei aber nicht alles, was zum Nutzen des Gesetzes zu sagen ist.[32] Oder zu dem Satz von der Gültigkeit des Gesetzes bis zur Ankunft des Mittlers heißt es: «Nicht gestehe ich zu, dass mit Christi Kommen das ganze Gesetz abgeschafft wurde.» Denn es wird uns in der Wiedergeburt erst recht ins Herz geschrieben.[33] Das heißt, dass das Gesetz wohl nicht aufhört, «lehrend und mahnend seine Pflicht zu tun, aber der Geist der Kindschaft macht von der Unterjochung frei».[34] Und so sollen wir Gutes tun: «Als Menschen sind wir jedem verpflichtet, der Menschenantlitz trägt.»[35] Man sollte bei Calvin nicht von einem «dritten Gebrauch» des Gesetzes reden. Richtiger ist, dass er zwei Gestalten von Gesetz kennt: Wenn man es im Gegensatz zum Evangelium sieht, dann wirkt es so finster, wie Luther es sagt. Aber Calvin versteht das so: Da machen wir keinen rechten *Gebrauch* vom Gottesgesetz, sondern *miss*brauchen es. Wir sollen Gottes Gesetz vielmehr verstehen in seiner Verbindung mit der Gnadenwohltat Gottes; dann folgen wir gern seinen Weisungen konkret in unseren Aufgaben. Unter dem Mittler des Gesetzes nach Gal 3,19 von Gott an uns versteht Calvin daher *Christus*[36] und nicht wie Luther den *Mose*[37].

Zweitens: Für Luther ist die Rechtfertigungslehre alles entscheidend. Schon gleich am Anfang des Briefs, wo Paulus den Lesern Gnade und Frieden wünscht, fällt Luther mit der Türe ins Haus und legt das so aus:

> [Wenn dieser Artikel] danieder liegt, so liegt alles [am Boden]. Darum ist es vonnöten, dass wir ihn täglich treiben und ihn wohl schärfen und einbläuen so, wie Moses von seinem Gesetz befiehlt. Denn man kann ihn nimmermehr genug […] fassen und halten. […] Denn das Gesetz klagt das Gewissen immerfort an, […] verkündigt Gottes Zorn und treibt das Gewissen in Verzweiflung.[38]

Darum bedarf der Mensch immer wieder der Rechtfertigung. Und deswegen bemerkt Luther zu dem Satz (3,6), dass Abraham Gott glaubte, dies, dass der Glaubende stets zugleich ein Gerechter und ein Sünder ist.[39] Calvin weiß auch, dass die Lehre von der Rechtfertigung ein zentraler Artikel

31 Luther, WA 40 I, 476, 480.
32 Calvin, CO 50,215 – zu Gal 3,19.
33 Ebd., 216.
34 Ebd., 256.
35 Ebd., 263.
36 Ebd., 216.
37 Luther, WA 40 I, 494.
38 Ders., WA 40 I, 52, vgl. 54.
39 Ders., ebd. 40 I, 36.

des christlichen Glaubens ist, aber er versteht die Rechtfertigung nicht losgelöst von der Heiligung des gerechtfertigten Sünders. Gott nimmt nicht nur den Sünder in Gnaden an, er macht ihn zu seinem *Kind*, das ihm gehorsam folgen darf und soll. Obwohl es vom Rückfall in sein altes Leben bedroht ist, darf es in einem neuen Leben wandeln. Daher sagt er zu Gal 5,24f.: Worin besteht «eigentlich ein wahres christliches Leben»? Darin:

> Gottes Gnade (pflanzt uns) in die Gemeinschaft des Todes Christi, so dass wir fortan nicht mehr für uns selber leben. [...] Ist Gottes Geist wirklich die innere Kraft unseres Lebens, so müssen wir auch im Geist wandeln, das heißt denselben im äußeren Handeln zur Erscheinung kommen lassen. Die Werke sollen Zeugnisse des geistlichen Lebens sein.[40]

Drittens: Nach Luther ist die Grundform des christlichen Lebens individuell gedacht, nämlich in der Weise, dass «mein» Glaube sich auf *Gott* und «meine» Liebe sich auf den *Nächsten* richtet. Dabei ist es merkwürdig, dass diese Liebe sich trotz Jesu Doppelgebot der Liebe (Mt 22,37–40) bei Luther nicht auch auf Gott bezieht. Vielmehr kommt es im Leben eines Christenmenschen darauf an: «Glaube an Christus und liebe deinen Nächsten als dich selbst».[41] Calvin gibt es mehr zu denken, dass wir es nach den Evangelien doch mit einem *Doppel*gebot zu tun haben: «Liebe Gott und den Nächsten». Aber, fragt er: Warum betont Paulus im Galaterbrief nur das Letztere, obwohl die Beachtung des Ersteren «an sich viel höher» steht? Seine Antwort: Gott will «als Beweis unserer Liebe zu *ihm* die *Bruder*liebe sehen». Und er fügt hinzu: «So fließt denn freilich die Nächstenliebe allein aus Gottesfurcht und Gottesliebe.»[42] Der Normalfall der Nächstenliebe aber ist, laut Calvin, dass «wir *einander* in der Liebe dienen» oder, wie er übersetzt: in «mitfühlender Hilfsbereitschaft»[43]. Die habe nicht nur *ich* zu leisten, sondern ich kann nicht lieben, ohne auch geliebt zu werden.

Wir sehen also in den genannten Punkten, dass im Verhältnis Luther – Calvin bei aller grundsätzlichen Einigkeit auch Verschiedenes gesagt wurde, ohne dass das getrennt hat. Aber schwierig wurde es an einer Stelle, die für manche heute wohl weniger nachvollziehbar ist – beim Verständnis des Abendmahls.

40 Calvin, CO 50,251.
41 Luther, WA 40 I, 64f.
42 Calvin, CO 50,251.
43 Ebd., 50,259: nempe ut mutuam humanitatem colamus inter nos. [...] Vero dicit adimpleri Christi legem, ubi quisque proximum misericordia sublevat.

5. Das Problem eines gemeinsamen Abendmahls

Es ist traurig, dass die Kirchen der Reformation in der Zeit des 16. Jahrhunderts auseinanderliefen allein wegen der Uneinigkeit über das Verständnis des Abendmahls. Evangelisch war man auf beiden Seiten. Aber man erkannte nicht mehr, dass auch die Christen auf der jeweils anderen Seite evangelisch waren. Man nahm auf beiden Seiten gerade im Blick auf das Abendmahl die Worte Jesu am Ende seines Erdenwegs nicht ernst: «Es kommt die Stunde, dass ihr zerstreut werdet, ein jeder in das Seine. Solches habe ich mit euch geredet, damit ihr in mir Frieden habt» (Joh 16,32f.). Das hat besonders Calvin zeit seines Lebens umgetrieben. Im Jahr 1556 erinnerte er sich an den Anstoß, den er schon in seiner Frühzeit bei seinem eigenen Weg zum evangelischen Glauben am protestantischen Abendmahlsstreit nahm:

> Ich begann langsam, aus der Finsternis des Papsttums herauszukommen, und hatte einigen Gefallen an der rechten Lehre gefunden. Da las ich bei Luther, dass Oekolampad und Zwingli von den Sakramenten nichts übrig ließen als nackte und leere Redeweisen. Ich bekenne, dass mich das abgestoßen hat, so dass ich während langer Zeit nicht mehr in ihren Büchern las.[44]

Die Schuld an dem Streit sah er also nicht bei Luther, sondern bei dem Basler Oekolampad und dem Zürcher Zwingli. Als er dann trotzdem ein evangelischer Christ wurde, da sah er seine Aufgabe als Reformator auch darin, an einer Überwindung dieses Streits und so der Gefahr des Auseinanderbrechens der evangelischen Kirche zu arbeiten. Namentlich die Zürcher suchte er zu einer Öffnung zu bewegen.

1541 verfasst er eine Schrift über das Abendmahl in der Meinung, dass das Werk der Reformation durch den Abendmahlsstreit Luthers und Zwinglis bzw. seiner Nachfolger bedroht sei. Angesichts dessen will er der Verständigung der beiden Lager in dieser Frage und damit der Einheit der reformatorischen Kirche dienen. Er sucht die Bereitschaft zu fördern, sich einander anzuhören. Dabei hat er die Absicht, «diesem unseligen Streit ein Ende zu setzen». Das schriftgemäß gefeierte Abendmahl selbst macht den Gedanken unerträglich, dass darüber unter den Evangelischen Zwietracht besteht. Ist es doch vom Haupt der Kirche dazu eingesetzt, «dass wir untereinander eine solche Liebe und Eintracht üben sollen, wie sie die Glieder desselben Leibs haben müssen». Darum leidet die Glaubwürdigkeit der Reformatoren Schaden, wenn sie im Verständnis des «heiligen Mahls» uneins sind. Er hält die Spaltungen für vom «Teufel angestiftet», um den Lauf des Evangeliums zu hindern oder zu stoppen. Darum muss der Streit durch *Verständigung* überwunden werden. In seiner Schrift schlägt Calvin

---

[44] Calvin, Defensio de Sacramentis, (s. Anm. 10), 661.

ein evangelisches Konzil mit dem Ziel solcher Verständigung vor und meint, man könne sich dort einigen, wenn man etwa folgenden Satz anerkennt: «Wir bekennen alle mit *einem* Munde, dass wir, wenn wir gemäß der Einsetzung des Herrn im Glauben das Sakrament empfangen, wahrhaft der wirklichen Substanz des Leibes und Blutes Christi teilhaftig werden.»[45]

Der Satz sucht die positiven Anliegen der beiden Seiten zu verknüpfen, um im Übrigen Freiraum für die unterschiedlichen Erkenntnisse zu lassen. Klar ist, dass die Feier in der Gegenwart Christi geschieht und somit Teilhabe an der «Substanz» seines Leibes und Blutes, gemeint ist: an Christus selbst gewährt. Bei der Frage, wie sich Leib und Blut Christi zu Brot und Wein verhalten, ist alles auf die Aussage zugespitzt, dass solche Teilhabe geschenkt wird, wenn das Mahl «nach der Einrichtung des Herrn» gefeiert wird. In der Frage des wirksamen Empfangs der verheißenen Gaben verknüpft die Formel das Anliegen der Wittenberger und Schweizer. Sie sagt mit den Wittenbergern, Leib und Blut Christi werden wirklich und wirksam im Mahl empfangen; und sie sagt mit den Zürchern: Das geschieht, wenn das Sakrament «nach der Einsetzung des Herrn im Glauben» empfangen wird. Anfang 1545 erschien eine lateinische Übersetzung der Schrift. Luther hat sie im Erscheinungsjahr «zu Gesicht bekommen und durchaus gebilligt», wie Calvin Anfang 1546, noch zu Lebzeiten Luthers, in einem Brief berichtet: Als das Büchlein «in das Lateinische übersetzt worden war, brachte es [der Buchhändler] Moritz Goltsch im Jahre 1545 von der Frankfurter Frühlingsmesse nach Wittenberg und händigte es dort Luthern ein, als dieser ihn nach den buchhändlerischen Neuigkeiten fragte. Da wird mir nun von den zuverlässigsten Zeugen gemeldet, dass er beim Lesen in die Worte ausgebrochen sei: ‹Wahrhaftig! dieser Mann urtheilt nicht übel. Ich für meinen Theil wenigstens nehme an, was er von mir sagt. Wollten die Schweizer dasselbe thun, so dass eine jede Partei mit Ernst ihr Unrecht anerkennte und wieder zurücknähme, so hätten wir jetzt den Frieden in diesem Streite.›»[46]

Als Luther gestorben war, hat sich Calvin zwei Jahre lang in schwierige Verhandlungen mit den Zürcher Theologen begeben. Es ging dabei darum,

[45] CStA 1.2, 489–493, 493. Der Satz ist auch in anderem Zusammenhang zitiert im Kapitel «Die eine Kirche Jesu Christi», S. 96.

[46] Vgl. Eberhard Busch, Gotteserkenntnis und Menschlichkeit. Einsichten in die Theologie Calvins, 2. Aufl., Zürich 2006, 128f. Nach dem Bremer Melanchthonschüler Christoph Pezel empfahl Goltsch Luther die Schrift mit den Worten, sie zeige, worin beide Seiten «im Streit vom heiligen Abendmahl sollen zu weit gangen seyn.» Nach Lektüre des ersten und letzten Teils habe Luther über Calvin bemerkt: «Er ist gewiss ein gelehrter vnnd frommer Mann / dem hette ich anfänglich wol dörffen die gantze Sache von diesem Streit heimstellen / Ich bekenne meinen theil,» wenn die andere Seite ebenso verfahren wäre, hätten wir uns von Anfang an vertragen.

die Sakramente nicht nur als Bekenntnis der Christen zu verstehen, sondern mehr noch als Zeichen und Zeugnis des Willens Gottes gegen uns. Aber als die Bemühung von Erfolg gekrönt war, rief ein scharfer lutherischer Flügel zum Kampf gegen diesen Abendmahlsfrieden. Damals – im April 1552 – schrieb Calvin an Bischof Thomas Cranmer in Canterbury, dieser Abendmahlsstreit bedeute nicht weniger als dies, dass der Leib der Christenheit, ja, der Leib Christi blute.[47]

Diese Klage ist aber auch wie ein stilles Ausschauen nach einer Zeit, in der sich Reformierte und Lutheraner neu verstehen könnten als gemeinsame Brüder und Schwestern in der einen evangelischen Kirche. Das, worauf Calvin hoffte, ist endlich im 20. Jahrhundert in Erfüllung gegangen in der Konkordie lutherischer, unierter, reformierter Kirchen in Europa. In deren Grundlagentext von 1973 ist die Formulierung im Augsburger Bekenntnis von 1530/40 und die im Zürcher Konsens von 1549 zum Verständnis der Sakramente sinngemäß aufgenommen:

> Im Abendmahl schenkt sich [!] der auferstandene Jesus Christus in seinem für alle dahingegebenen Leib und Blut durch sein verheißendes Wort mit Brot und Wein. Er gewährt uns dadurch Vergebung der Sünden und befreit uns zu einem neuen Leben aus Glauben. Er lässt uns neu erfahren, dass wir Glieder an seinem Leibe sind. Er stärkt uns zum Dienst an den Menschen. Wenn wir das Abendmahl feiern, verkündigen wir den Tod Christi, durch den Gott die Welt mit sich selbst versöhnt hat. Wir bekennen [!] die Gegenwart des auferstandenen Herrn unter uns. In der Freude darüber, dass der Herr zu uns gekommen ist, warten wir auf seine Zukunft in Herrlichkeit.

47 S. zu S. 88 Anm. 4.

Der Mensch: Gottes Geschöpf

Bei diesem Thema gibt es eine bestimmte Auffassung von dem, was der Genfer Reformator angeblich dazu gesagt hat: Er habe hier nicht auf die Bibel gehört, sondern auf den altgriechischen Philosophen Plato. Demnach habe auch er ein leibfeindliches Verständnis des Menschen vertreten. Hingegen sei für ihn die Seele der eigentlich göttliche Teil im Menschen. Sie sei daher unsterblich. Ob das wohl stimmt? Wenn das richtig wäre, dann hätte er beim Verständnis des *Menschen* seine Bibel geschlossen gehalten. Versuchen wir, möglichst genau ins Auge zu fassen, was er uns zu diesem Thema zu sagen hat!

1. Der Mensch als Gottes Geschöpf

Gehen wir gleich auf den ersten Satz ein, mit dem seine Institutio anfängt, seine «Unterweisung in der christlichen Glaubenserkenntnis». Er sagt dort, dass die Erkenntnis Gottes und die Erkenntnis des Menschen untrennbar zusammengehören. Dieser Satz schließt eine ganze Lehre vom Menschen in sich. Man versteht diese Lehre nicht, solange man übersieht, dass sie diesen Satz entfalten will. Dies ist ernst gemeint: Ohne Gotteserkenntnis lebt der Mensch in Unkenntnis über sich selbst – ein Satz, den Calvin auch umkehren kann: ohne Selbsterkenntnis kann Gott von uns nicht wirklich erkannt werden.[1] Wir erfahren das, was der *Mensch* ist, nur in der *Beziehung* von Gott und Mensch. Dahinter steht die Vorstellung, dass der Mensch allein in seinem Sein von Gott her Mensch ist. Mensch ist Mensch nicht anders als durch Gott und mit Gott, in seiner Hand, in der Verbundenheit mit ihm und im Gebundensein an ihn. In solchem Zusammensein von Gott und Mensch ist es für den Menschen *gut*, Mensch zu sein. Zu Jak 3,9 sagt der Reformator: «Wer Gott wahrhaftig achtet und ehrt, wird davor zurückschrecken, verleumderisch gegenüber Menschen zu sein.»[2] Und ähnlich zu Jer 22,16: «Wo Gott erkannt wird, da wird auch Menschlichkeit gepflegt» – was laut Calvin auch bedeutet: Wo Menschen sich unterdrücken und betrügen, da ist auch die Gottesfurcht erloschen.[3]

Gewiss ist dieses Zusammensein von Gott und Mensch, von Schöpfer und Geschöpf das von zwei höchst Ungleichen. Nach Calvin ist *das* die Natur oder das Wesen des Menschen: sein anfängliches und bleibendes und

1 Institutio I 15,1.

2 CO 55,441: Ergo qui Deum vere colit atque honorat, in hominem contumeliosus esse verebitur.

3 CO 38,388: Ubi cognoscitur Deus, etiam colitur humanitas.

gänzliches Angewiesensein auf Gott; und das Verhältnis ist nicht umgekehrt zu denken. Aber er ist nicht auf eine tyrannische Übermacht angewiesen, sondern, wie der Reformator zu Gen 1 bemerkt: auf «Gottes väterliche Fürsorge gegen den Menschen». Ja, wie er weiter schreibt: Schon «ehe [Gott] ihn bildet, schafft er eine Welt für ihn, mit allem Nötigen, ja mit einer unermesslichen Fülle von Schätzen ausgestattet». Bei allem Gebrauch auch dieser irdischen Gaben sollen wir uns daher üben in der Erkenntnis seiner Güte und väterlichen Führung.[4]

Der Mensch hat somit auch guten Grund zur *Demut* – nämlich in der Erkenntnis, dass *er* nicht der Schöpfer Gottes ist, sondern umgekehrt das Geschöpf Gottes. Aber zugleich hat er auch Grund zu tiefer *Dankbarkeit*. Er darf darauf vertrauen, dass Gott der Geber alles Guten ist: nicht nur von *etwas* Gutem. Denn das Dasein der Geschöpfe ist schon als solches ganz und gar gute Gabe Gottes. Schon rein in ihrer Existenz sind sie Spiegel der göttlichen Herrlichkeit, und zwar sie *alle,* bis hinauf zu den Sternen am Himmel. «Es wäre doch eine Schande für [Gott], wenn man beweisen könnte, an der Natur sei etwas Verkehrtes.» Vor allem aber ist der Mensch «unter allen Werken Gottes der erlesenste und alleransehnlichste Erweis seiner Gerechtigkeit, Weisheit und Güte». [5] Warum? Darum, weil der Mensch den, auf den er genau so wie alle übrige Kreatur angewiesen ist, *erkennen* darf. Auch die übrige Kreatur *spiegelt* ihn wider. Aber der Mensch darf und soll darüber hinaus Gott auch zustimmend *wahrnehmen*. So hat er Grund zur Demut und zur Dankbarkeit – zur Demut, weil er nicht Gott ist, sondern auf Gott angewiesenes Geschöpf, und zur Dankbarkeit, weil er die Bestimmung hat, die Herrlichkeit und Güte Gottes zu erkennen.

Ein besonderes Merkmal dieser göttlichen Güte ist die Erschaffung des Menschen in der Zweieinheit von Mann und Frau. Zu Gen 2 bemerkt der Reformator:

> Gottes Absicht bei der Erschaffung der Frau ist diese: es sollen Menschen auf Erden sein, die Gemeinschaft untereinander pflegen (*mutuam inter se societatem*). [...] Es gilt der Satz, dass der Mensch auf eine Gemeinschaft hin angelegt ist (*ut sit animal sociale*). [...] Und alle menschliche Gemeinschaft ist Spiegelbild jenes geheiligten Bundes, in dem zwei Ehegatten ein Herz und eine Seele werden. [...] Ein hässliches Sprichwort redet (von der Frau) als von einem notwendigen Übel, aber Gott selbst redet von einer Gesellin, Gefährtin und Gehilfin fürs Leben.[6]

[4] Zu Gen 1, 27f., 22f.; CO 23,28f.,24.

[5] Institutio I 15,1.

[6] Zu Gen 2,18; CO 23,46f.

Und zwar ist sie dies, wie es dort weiter heißt, als *Frau*, abgesehen davon, ob sie auch Mutter wird oder nicht. In Gal 3,28 spricht Paulus von der Gleichheit von Mann und Frau.[7]

In der Auslegung von 1Kor 11 macht es Calvin daher Mühe, wie dort Paulus von der Überordnung des Mannes über die Frau redet, und er bemerkt dazu spitz: «Hier handelt es sich ohne Zweifel um *ungeschriebene* apostolische ‹Traditionen›, aber dieselben haben mit der heilsnotwendigen Lehre gar nichts zu schaffen, wollen auch keineswegs die Gewissen binden.»[8] Ja, er setzt dem noch Eines obendrauf, indem er beifügt[9]: Salomo aber rühmt der Frau nach, «dass *sie* die Krone ihres *Mannes* sei; das gilt im Blick auf die ursprüngliche Ordnung Gottes von dem ganzen weiblichen Geschlecht». Und zu Eph 5,21f. kann er nicht der paulinischen Rede vom Untertansein der Frau folgen, ohne zunächst den Grundsatz zu entfalten: «Gott hat uns so aneinander gebunden, dass *niemand* sich der Unterordnung entziehen darf: denn überall, wo die *Liebe* herrscht, da ist auch *gegenseitiges* Dienen.»[10] Auf diesem Hintergrund ist es wohl begründet, dass Calvin 1557 an Frauen schrieb, die um ihres Glaubens willen in Paris eingekerkert waren:

> Da es Gott gefallen hat, euch zu berufen so gut wie die Männer (denn vor ihm gilt nicht Mann noch Frau), so müsst ihr auch eure Pflicht tun und ihn verherrlichen nach dem Maß der Gnade, die er euch gegeben hat, so gut wie die größten Helden. Da wir alle zusammen unser Heil haben in ihm, müssen wir auch einmütig, Männer wie Frauen, seine Sache führen. […] Haben wir es nicht auch heute vor Augen, wie Gott täglich wirkt durch das Zeugnis von Frauen und seine Feinde bestürzt macht.[11]

In der Schöpfungsgeschichte ist nach Gen 2 die Rede auch davon, dass Gott dem aus Erde und Staub geformten Leib lebendigen Atem einflößte. Wie hat der Genfer Kirchenlehrer diese Aussage verstanden? Es ist schon wahr, dass er in seinem Verständnis des Menschen von dem altgriechischen Philosophen Plato beeindruckt war. Dieser verstand die menschliche Seele als den göttlichen Funken im Menschen. Sie sei unsterblich und lasse nach dem erhofften Tod den unbrauchbar gewordenen Leib zurück. Sie selbst eile dann zu ihrer Einheit mit dem göttlichen Quellgrund, aus der sie zuvor schon auf die Erde herabkam. Inwieweit war Calvin von solcher Sicht des Menschen beeinflusst? Tatsächlich spricht auch er von der Unsterblichkeit

7 CO 50,223.
8 Zu 1Kor 11,2f., CO 49,474f.
9 Zu 1Kor 11,7, CO 49,476: coronam mariti sui.
10 CO 51,221f.
11 Schwarz, Briefe, 916f.

der Seele. Aber er hat ja auch die Bibel in der Hand, und von daher korrigiert er sich Stück um Stück, weg von seiner Neigung zu jener philosophischen These. Ist die Seele *wirklich* unsterblich? Aber sie ist doch auch geschaffen wie der Leib, also ist sie kein göttlicher Ausfluss in den Menschenleib.[12] Sie hat einen irdisch-zeitlichen Anfang. Zu 1Tim 6,16 muss Calvin anmerken: Demnach eignet *allein* Gott Unsterblichkeit.[13] Und zu 1Petr 1,25 schreibt er: *Unsere* Unsterblichkeit besteht allein darin, dass wir uns an Gott halten. Doch jene Vorstellung muss *noch* mehr relativiert werden. In seiner Auslegung der Psalmen heißt es etwa: Der Mensch ist ohne Gottes Gnade ganz und gar sterblich.[14] Oder: Der Mensch kriecht derart auf der Erde herum, dass Gott für uns zu sorgen hat – nein, nicht wegen einer Verwandtschaft der Seele mit ihm, sondern allein wegen Gottes Herablassung zu den Menschen am Erdboden, von dem sie nicht von sich aus zu ihm hochkommen.[15]

Nun kennt Calvin in seinem Verständnis des Menschen neben Leib und Seele noch ein Drittes: die Gottebenbildlichkeit, zu der der Mensch nach Gen 1,27 erschaffen ist. *Sie* – und nicht etwa die Seele ist das eigentliche Band, das Gott und Mensch verbindet. Calvin ist in seinem Sprachgebrauch so beweglich, dass er «Seele» sagen kann und meint damit speziell die Gottebenbildlichkeit. Aber beides ist doch für ihn nicht dasselbe. Wenn er sich genau ausdrückt, heißt es: die Seele ist der *Sitz* unserer Gottebenbildlichkeit, so wie der Leib der Sitz oder der Tempel unserer Seele ist. In diesem Sinn sagt er:

> Der Mensch ist aus Erde und Lehm genommen, und damit ist seinem Hochmut ein Zügel angelegt; denn es wäre mehr als absurd, wenn einer, der […] doch in einer Lehmhütte wohnt, sich seiner Vortrefflichkeit rühmen wollte. Jedoch hat Gott dieses irdische Gefäß dessen gewürdigt, es nicht nur zu beleben, sondern überdies hat er es zur Wohnung des unvergänglichen Geistes haben wollen.[16]

Und das aus lauter Freigebigkeit seines Schöpfers! Ohne sie würden wir sofort «ins Nichts zurücksinken, aus dem wir [nach Leib *und* Seele] gerufen worden sind», «würde Gott uns auch nur für einen einzigen Augenblick die Gegenwart seines Geistes entziehen».[17]

Die Gottebenbildlichkeit ist das, was Menschen zu Partnern Gottes macht, nämlich zu Menschen, mit denen sich Gott verbunden hat. Sie besitzt der Mensch nicht automatisch, sondern sie ist Gabe Gottes und wird im Glauben wahrgenommen. Darum ist das der gute Sinn des biblischen

12 Institutio I 15,2.
13 CO 52,331.
14 Ps 103,15f.; CO 32,82.
15 Zu Ps 113,5f.; CO 32,178f.
16 Institutio I 15,1.
17 Zu Ps 103,15; CO 32,82.

Bilderverbots: der Hinweis auf das Ebenbild Gottes, zu dem *Gott* den *Menschen* geschaffen hat. Darum heißt es wiederum in einer Predigt über 1Tim 3,14f.: «Der *Glaube* ist die Seele unserer Seelen. [...] Wir sind tot, wie Leichen, die im Grabe faulen, solange uns Gott nicht zur Erkenntnis seiner Wahrheit ruft.»[18]

2. Der von Gott gelöste Mensch

Wir haben nun von der Sünde des Menschen zu reden. Calvins Auffassung vom Sündenfall meint zutiefst dies, dass hier die Menschen heraustreten und heraus-fallen aus ihrer wesentlichen Verbindung mit Gott. Ein Mensch ohne Gott ist daher eigentlich gar kein menschlicher Mensch, sondern ein Wesen, das seine Natur verfehlt, ihr zuwider lebt. Diese Tatsache hatte für Calvin eine bestimmte Folge, die es ermöglichte, überhaupt von der Menschlichkeit des Menschen zu reden. Er dachte sich in seiner Schöpfungslehre nicht einen idealen Menschen aus, einen, der dann wohl in irgendeinem Ausmaß durch den Sündenfall seine Idealität einbüßte. Vielmehr kann die Wirklichkeit der guten Schöpfung *Gottes* durch die Sünde nicht einfach ausgelöscht sein. Andererseits war ihm auch das klar, dass die Wirklichkeit der Verkehrung des Menschen durch die Sünde nicht geleugnet werden darf – wie das in einem Denken der Fall ist, das durch das alte Griechentum bestimmt ist. Aber wenn denn der Mensch ganz und gar Sünder ist, wie kann er dann von sich aus erkennen, dass er ein Sünder ist? Das muss ihm jedenfalls von Gott aufgedeckt werden. Wiederum meinte Calvin auch nicht, dass die Menschlichkeit des Menschen darin bestehe, ein Sünder zu sein. Im Gegenteil, sein Sündersein ist die tiefe Störung, ja, Zerstörung seiner Menschlichkeit.

Vor allen Dingen haben wir hier auf den zu blicken, in dem Gott uns Menschen die Sünde vergibt, ja, in dem Gott das da Gestörte und Zerstörte wieder heilt: auf Jesus Christus. Im Gegenüber zu ihm, der unsere Sünde getragen hat, wird erst recht deutlich, dass wir Sünder sind und worin unsere Sünde besteht. Es ist beachtenswert, dass Calvin in seiner Institutio von der menschlichen Sünde nicht etwa in Buch I im Zusammenhang mit der Schöpfung redet, sondern in Buch II im Zusammenhang mit der Lehre von Gott dem Erlöser, also im Licht dessen, dass, wie groß auch die Sünde der Menschen ist, für sie doch ein noch größerer Erbarmer gegeben ist.

Sünde ist im *Grunde* dies, sagt Calvin daher: Unglaube. Der Unglaube ist die Wurzel des Abfalls von Gott – und die Voraussetzung aller weiterer Sünden.[19] Unglaube ist der Wille, unabhängig von Gott und abgesehen von

---

18 CO 53,308.311.

19 Institutio II 1,4.

ihm zu leben. Statt sich in Abhängigkeit von Gott zu verstehen, ist der Unglaube der Entschluss, «sich mit sich selbst zufrieden zu geben».[20] Der Mensch ohne Gott mag religiös sein. Besonders in der Auslegung des Buches Daniel beschreibt Calvin eindringlich, wie der Mensch, der sich von Gott lösen will, trotzdem religiös ist. Er ersinnt sich in seiner Religiosität Götter und dient ihnen. «Immer, wenn abergläubische Leute mit großem Aufwand Tempel bauen [...] und man sie fragt, was für eine Absicht sie dabei leite, so erfolgt sofort die Antwort: Das tun wir zur Ehre Gottes! Dabei aber suchen sie alle [...] ihre eigene Ehre.» Ihr Werk soll gleichwohl «einen frommen Schein haben».[21] In dieser Religiosität schaffen Menschen ohne und gegen Gott, aber sie beruhigen mit ihrer Religiosität nur ihr Gewissen über ihr Sich-Absondern von Gott.

Dieses Sich-Absondern ist die Sünde. Und die verdirbt den Menschen ganz und gar, auch und gerade wenn er das selbst gar nicht merkt. Dass es so ist, ersehen wir aus dem Einsatz Christi gegen die Sünde. Von daher redet Calvin unheimlich stark von der Sünde. «In unserer Natur ist nichts als Verderbtheit.» Selbst die so genannten natürlichen Tugenden sind «ganz und gar Sünde». Die Menschen «nähren sich von Sünden und [in ihnen] ist auch nicht ein einziger Tropfen Gutes zu finden».[22] «Unsere Natur ist gewissermaßen ein Pflanzbeet der Sünde», und wir sind deshalb Gott verhasst.[23] Der Quellort der Sünde ist nicht etwa der Leib, sondern: «die Seele selbst [ist] ein Sumpf und eine Herberge allen Schmutzes».[24] Sie in ihrem höchsten Adel ist «derart verderbt, dass es nicht bloß der Heilung, sondern geradezu der Annahme einer neuen Natur bedarf». Denn «der ganze Mensch ist von Kopf bis Fuß wie von einer Sintflut derart über und über [mit ihr] bedeckt, dass kein Teil unberührt ist».[25] In der Predigt zu Dtn 24,19f. wird ausgeführt: Das Bild Gottes, zu dem der Mensch erschaffen wurde, ist «durch Adams Sünde ganz zerstört und ausgelöscht».[26] Dabei ist nach Calvin die Sünde nicht bloß eine unschöne Schale, während der Kern des Menschen gut ist. Gerade sein Kern ist verdorben, eben seine «Seele vor allem»[27], sagt er.

Diese Ursünde zeigt sich dann in einer Doppelgestalt: in Hochmut und in Undankbarkeit, also in Verachtung von beidem: der Ehre Gottes und seiner Barmherzigkeit. In der Sünde raubt der Mensch Gott die Ehre, indem er sich an Gottes Stelle setzen zu können glaubt und sich selbst regiert.

20 Ebd., II 1,2.
21 Zu Dan 3,1, CO 40,618.
22 Vgl. Thomas F. Torrance, Calvins Lehre vom Menschen, Zürich 1951, 98ff. An seine profunde Darstellung lehne ich mich hier weitgehend an.
23 Institutio IV 15,10.
24 Ebd., I 15,5.
25 Ebd., II 1,9.
26 Pred. Dtn 24,19; CO 28,205.
27 Institutio II 1,7.

Und in der Sünde wird der Mensch zum Tier, weil er ohne Gottes Gnade und Barmherzigkeit leben zu können meint. Beides trifft wohl zusammen, wenn der Mensch aus der für ihn wesentlichen Beziehung zwischen Gott und ihm selbst heraustritt und herausfällt.

Zu Jes 6,5 sagt der Genfer Theologe: «Solange Gott sich uns nicht offenbart, denken wir nicht, dass wir *Menschen* sind. Solange denken wir nämlich, wir seien *Götter*. Wenn wir aber Gott geschaut haben, beginnen wir zu fühlen und zu erkennen, was wir sind» – *Menschen*! Nach Calvin wird also der Mensch erst «durch Gotteserkenntnis zum wirklichen Menschen».[28] Darum erkennt der Mensch auch sich selbst erst dann, wenn er Gott erkennt. Und darum besteht die wahre Demut darin, dass der Mensch damit Ernst macht, ganz von Gott abhängig zu sein. Deshalb stehen die Menschen wiederum nicht zu ihrer eigenen Natur, wenn sie Gott nicht anerkennen. Solange sie den wahren Gott nicht kennen, «scheuen sie keine Mühe, keine Kosten, die zu Göttern zu machen, nach denen ihr Herz verlangt», so bemerkt Calvin – auch heute noch aktuell – zu Jes 44,12, wo von dem Herstellen von Göttern durch den Menschen geredet wird, die er dann anbetet.[29] Doch wenn der Mensch noch so sehr von *diesen* Göttern abhängig zu sein vorgibt, in Wahrheit ist nicht er von ihnen, sondern sind sie von ihm abhängig. So vergottet er in ihnen sich selbst. Zu Hiob 22,12f. heißt es: «Je mehr sich der Mensch emporhebt, desto weiter entfernt er sich von ihm [Gott]».[30] Die Erkenntnis des wahren Gottes zerstört nicht nur die von Menschen gemachten Gottesbilder, sondern nimmt dem Menschen auch den Wahn, selbst Gott zu sein. Denn die rechte Gotteserkenntnis zeigt den wahren Gott, der nicht vom Menschen abhängig ist, sondern auf den die Menschen angewiesen sind.

Aber solange der Mensch in jenem Wahn beharrt, gilt der Spruch: Hochmut kommt vor dem Fall! Eben der Mensch, der sich selbst an die Stelle Gottes setzt, der Mensch, der nicht den vom ihm verschiedenen Gott erkennt und ehrt, der wird zum *Tier* und fristet sein Dasein tierisch. Genauer noch: der ist «nicht nur ohne jeden Vorzug gegenüber den unvernünftigen Tieren, sondern [steht] in mancher Beziehung gar noch tiefer als sie, da er, so vielerlei Unglück unterworfen, stets in Unruhe und Ratlosigkeit dahinleben» muss.[31]

Calvin redet so massiv wie Luther von der menschlichem Verderbnis. Es fällt allerdings auf: Bei ihm spielt nicht wie bei Luther das Gesetz Gottes die verheerende Rolle, teils den Menschen erst recht in die Sünde hineinzutreiben, teils sie dem Menschen aufzudecken. Er redet in dieser Bezie-

---

[28] Zu Jes 6,5; CO 36,131.

[29] Zu Jes 44,12; CO 37,114,

[30] Hiob 22,12f.; vgl. 10,16f.; CO 34,292f.; bzw. 33,491f.

[31] Institutio I 3,3.

hung zurückhaltender. Das darum, weil er das biblische Gesetz nicht derart als ein Widerspiel gegenüber dem Evangelium ansehen kann. Nach ihm handelt es sich in der totalen Verurteilung der Sünde um die Kehrseite des Zuspruchs der totalen Gnade. Die Sünde ist erst recht von hier her erkennbar. Der schottische Theologe Thomas Torrance schrieb: «Nur in diesem durch die Gnade bestimmten Rahmen, nur auf Grund dieser Gnade haben wir überhaupt das Recht, ein so totales Urteil über den Menschen, wie er ist, zu fällen.»[32]

Das weist uns darauf hin: Es ist nicht etwa so, dass unsere Sünde darum total genannt wird, weil Gott so schwach dagegen ist. Vielmehr wird dadurch unterstrichen, dass *nur* Gott ihr gewachsen ist. So bemerkt Torrance des Weiteren: «Der Glaube spricht von Sünde und Sündenverderbtheit in totalen Begriffen, weil von Erlösung und Vergebung nur in totalen Begriffen gesprochen werden kann.»[33] Gott liebt und erlöst uns Menschen nicht nur etwas, sondern *ganz*. Er tut es darum, weil wir das *ganz* nötig haben. Würde Calvin das Gutgeschaffensein von Gottes Geschöpfen einschränken, so würde er Gott zum Urheber der Sünde erklären. Und würde er das Verdorbensein der Geschöpfe durch die Sünde abschwächen, so würde er den Menschen die Kraft zutrauen, selbst mit der Sünde fertig zu werden. Er redet wohl stark von der menschlichen Sünde. Aber er weiß zugleich, dass Gott mit ihr wahrhaftig fertig wird. Er erlöst die Menschen. Darum redet der Reformator von der Sünde, um die Menschen in das Licht ihrer Erlösung hinzuweisen, nicht etwa, um aufgrund irgendeines Pessimismus den Menschen schlecht zu machen. So sagt er zu Hiob 10,7f., dass «Gott jederzeit im Menschen das Werk seiner Hände anerkennt, obwohl er ihre Sünde so gar nicht leiden kann».[34]

Wir haben hier genau hinzusehen, um Calvin recht zu verstehen. Auf der einen Seite ist es für ihn klar: «Nicht Halbtote beruft Gott zum Empfang der Erleuchtung durch Christus, sondern Tote und Begrabene.»[35] Auf der anderen Seite liegt ihm daran, dass wir in aller Bestimmtheit glauben: Die Größe der menschlichen Sünde verkleinert nicht Gottes Handlungsspielraum. Der, der den Menschen gut geschaffen hat, wird nicht dadurch widerlegt, dass der Mensch das gut Geschaffene schlecht macht. Es ist auch nicht bloß so, dass das in einer historischen Reihenfolge zu denken ist: Erst war die Schöpfung gut, dann wurde sie verdorben. Calvin sagt tatsächlich, dass beides merkwürdigerweise gleichzeitig gilt, so wie es am Ende der Josefsgeschichte heißt: «Ihr gedachtet es böse zu machen, aber Gott gedachte es gut zu machen» (Gen 50,20). Der Reformator bemerkt dazu in

[32] Torrance, aaO. 97.
[33] Ebd.
[34] Hiob 10,7f., CO 33,481.
[35] Institutio II 5,19.

seiner Auslegung des Satzes: «Denn Gott ruht nicht aus oder schläft zuzeiten und lässt dann der menschlichen Bosheit die Zügel schießen.» Sondern wir sehen «mitten im Dunkel unserer Ungerechtigkeit das Licht von Gottes Gerechtigkeit».[36] Zu Ps 138,8 sagt er sogar das Verblüffende: «Gott verlässt nicht das Werk seiner Hände. *Darum* tragen die Menschen auch weiterhin die Zeichen des Geistes.»[37] Das beweist nicht, dass die Menschen doch nicht so ganz Sünder seien. Aber es ist ein Zeichen dafür, dass Gott den totalen Sünder gleichwohl ganz und gar nicht fallen lässt. Zu Joh 1,5 sagt Calvin: Jesus habe zwar versucht, mit seiner Botschaft an ein Erkenntnisvermögen des Menschen anzuknüpfen, «aber ohne Erfolg. [...] Daraus folgt, dass für die Menschen keine Hoffnung auf Heil besteht, wenn nicht Gott neue Hilfe schickt.»[38]

3. Der zur Menschlichkeit erlöste Mensch

Der Titel dieses Abschnitts soll andeuten, dass wir in der Erlösung durch Jesus Christus nach Calvin befreit werden von dem bösen Traum, Götter zu sein, und erlöst zugleich auch von dem argen Fluch, uns wie Tiere oder unter dem Niveau von Tieren aufzuführen. Die uns bescherte Erlösung ist derart, dass wir dadurch erst recht *Menschen* werden, Menschen als Partner, mit denen als solchen Gott verbunden sein will. Wir stoßen dabei auf eine Überraschung, wenn wir uns klarmachen, wie Calvin sich das denkt: Er, Jesus Christus, gibt sich für uns hin zur Erlösung von der Sünde, zur Rechtfertigung des Sünders und zu seiner Heiligung. Aber recht verstanden, geht es darin um mehr als bloß um die Heilung einer Verwundung. Man versteht das Geschehen erst in der Erkenntnis, dass der Mensch «geradezu der Annahme einer neuen Natur bedarf».[39] Gemeint ist, dass die Gabe Gottes, seine Gabe der Ebenbildlichkeit des Menschen, die durch den Sündenfall «schier zerstört worden ist», aufs Neue hergestellt wird. Das ist es, was uns durch Christus geschenkt wird. Das aber *kann* uns zuteil werden, weil *das* Wort Gottes «das lebendige und lebensspendende Bild Gottes» ist, wie Calvin einmal geheimnisvoll sagt.[40] Oder deutlicher: Das *kann* uns zuteil werden, weil *Christus* «das vollkommenste Ebenbild Gottes» ist.[41]

Er sagt nun weiter: Weil die Gottesebenbildlichkeit in uns fast zerstört ist, erkennen *wir* sie erst da, wo sie erneuert worden ist – eben in dem, der das vollkommene Ebenbild Gottes ist. Darum vermag der Reformator

36 Gen 50,20, CO 23,619.
37 Ps 138,8; CO 32, 374.
38 Joh 1,5, CO 47,6f.
39 Institutio II 1,9.
40 Torrance 61.
41 Institutio I 15,4.

einen radikalen Gedanken auszusprechen. Wir haben hier nicht auf einen uranfänglichen Zustand vor dem Sündenfall zu blicken, sondern genau umgekehrt: Wir haben hier zuerst auf Jesus Christus zu blicken, um nachträglich sozusagen nach rückwärts zu erkennen, was Gott von Anfang an wollte. Weil die Sünde uns den Blick zur Erkenntnis des Schöpfers versperrt, darum müssen wir dorthin blicken, wo Gott unseren Schaden wiedergutgemacht hat. Dort erkennen wir nicht nur unsere Sünde und die Vergebung. In unserem Versöhner erkennen wir *auch* unseren Schöpfer und nicht umgekehrt. In der Einleitung seiner Auslegung der Schöpfungsgeschichte in Genesis sagt Calvin darum:

> Wir suchen Gott vergeblich unter der Führung der sichtbaren Dinge. So bleibt uns nun nichts anderes übrig, als dass wir uns geradewegs zu Christus begeben: Sich ganz allein auf Christus zu richten, ist der einzige Weg, zu Gott und zu rechter Erkenntnis zu kommen. Die Welt der geschaffenen Dinge führt niemand zu Gott. Also muss man folgern: Nicht die Elemente dieser Welt sollen den Anfang machen, sondern das Evangelium, welches uns Christus und sein Kreuz predigt und bei ihm festhält. [...] Christus ist das Ebenbild göttlichen Wesens. Gottes Herz, das ist seine unaussprechliche Liebe, mit der er uns in Christus umfasst. Die Spur von Gottes Hand und Fuß enthüllt sich uns in den Werken, in der Welt der Schöpfung. Sobald wir aber von Christus weggehen, wird bei uns der Irrtum im Ganzen und im Einzelnen unvermeidlich.[42]

Die Gottesebenbildlichkeit ist aber dazu vollkommen in ihm gegeben, damit wir Menschen an ihr teilbekommen und teilnehmen dürfen. «Ihm sollen wir gleichgestaltet und dadurch derart erneuert werden, dass wir in wahrer Frömmigkeit, Gerechtigkeit, Reinheit und Erkenntnis das Ebenbild Gottes tragen.»[43] Zu 1Petr 1,25 wird bemerkt: «Es gibt kein wahres Leben außer in Gott, und dieses Leben wird uns durch sein Wort mitgeteilt. Wie vergänglich die menschliche Natur auch sein mag, so gibt doch das Wort dem Menschen Ewigkeit.»[44] Der Genfer Theologe sieht die Gläubigen als Wesen, die unterwegs sind, schon erfasst von dem, was in Christus gegeben ist, aber noch nicht am Ziel, wo das in ihm Gegebene ganz in ihnen lebt. Zu 1Kor 15,49 heißt es in diesem Sinn:

> Zwar beginnen wir jetzt das Bild Christi zu tragen und werden täglich mehr in dieses Bild umgewandelt. [...] Dann aber wird es in Leib [!] und Seele voll hergestellt werden, und das, was jetzt angefangen ist, wird vollendet werden, und

42 CO 23,10f.
43 Institutio I 15,4.
44 CO 55,230.

> wir werden dementsprechend in Wirklichkeit erhalten, was wir jetzt nur erhoffen.[45]

Zu 1Tim. 1,17–19 wird gesagt: «Also ist in unseren Seelen keine Lebenskraft enthalten. Sie ist geliehen und kommt anderswoher.»[46] Und zu 1Tim. 6,16, wonach Gott allein Unsterblichkeit besitzt, steht die Bemerkung: «Unsere wahre Unsterblichkeit besteht darin, dass wir uns fest an Gott halten.»[47]

Um das noch hinzuzusetzen: Der Reformator hatte durchaus auch einen Sinn dafür, dass jeder Mensch ein eigenes Geschöpf ist. Wir spüren das in seinen zahlreichen Briefen, in denen er feinfühlig und seelsorgerlich auf seine Mitmenschen einzugehen vermag und das jeweils gerade ihnen Nötige zu sagen sucht. Einem streitlustigen Zeitgenossen sagt er: «Wenn wir nichts ertragen können, was uns nicht behagt, so müsste jeder eine Welt für sich haben.»[48] Einem Luftikus schreibt er: «Wir dürfen keine Entschuldigungen suchen, die unsere Fehler kleiner erscheinen lassen.»[49] Einem furchtbar Erregten übermittelt er den Wunsch: «Ich wollte, du könntest über deine […] wütende Entrüstung selber lachen.»[50] Einem wegen seines evangelischen Glaubens inhaftierten französischen Adligen redet er in *der* Weise zu: «Selbst wenn Sie noch hundertmal schärfer […] angefochten werden, so ist doch der Herr, dem Sie dienen, es wert, dass Sie Widerstand leisten und […] um nichts in der Welt abfallen.» Und einem polnischen Grafen legt er nahe: Ruhe mag die erste Staatspflicht sein, aber für uns muss in der «Ehre Gottes und seiner himmlischen Lehre mit Recht alles zurücktreten».[51] Diese Zitate veranschaulichen auch dies, was in der Tat der Grundsatz in der Lehre Calvins vom Menschen ist: Wo Gott ernst genommen wird, da ist auch der Mensch ernst zu nehmen. Denn wir können vom Menschen erst dann recht reden, wenn wir verstehen, dass Gott mit ihm verbunden ist.

45 CO 49,560.
46 CO 52,16.
47 CO 52,331.
48 Schwarz, Briefe, 860.
49 Ebd., 942.
50 Ebd., 852.
51 Ebd., 986; vgl. 1036.

Das Recht der Armen

1. Einige Erläuterungen

Der Titel dieses Kapitels steht in Spannung zu der noch heute vertretenen Meinung, die vor bald 100 Jahren der Soziologe Max Weber formuliert hat. Dieser erklärte, der Reformator Johannes Calvin sei ein Begründer des modernen Kapitalismus. Er wollte das so beweisen: Das Grunddogma des «Calvinismus» sei die «Prädestination», gemeint ist die vorzeitliche Festlegung Gottes, wen er erwählen und wen er verdammen will. Diese Festlegung sei uns freilich unbekannt. Doch gebe es gleichsam einen Schlüssel, mit dem wir herausbekommen könnten, was das ewige Schicksal der Menschen ist. Wer wirtschaftlich erfolgreich ist, der sei von Gott erwählt. Die ohnehin Nichterfolgreichen, die armen Hunde seien folglich für die Hölle bestimmt. Diese Lehre sei der Motor des Kapitalismus geworden. Man ist erschrocken, wenn man das bei Max Weber liest. Man ist jedoch verblüfft, wenn man mittendrin bei ihm auf den Satz stößt, den manche anscheinend überlesen haben: *Dieser* «Calvinismus [ist] mit der Stellungnahme Calvins selbst nicht identisch».[1] Aber was sagt der Reformator selbst denn anderes als angeblich der nach ihm benannte «Calvinismus» (ein Wort, das im deutschen Sprachraum in der Regel nicht-reformierte Gelehrte für die reformierte Konfession gebrauchen)?

Legen wir neben Webers These die seines damaligen Zeitgenossen Ernst Troeltsch! Nach ihm legte der auch von ihm so genannte Calvinismus «den sozial Bevorzugten so starke Verpflichtungen für das Ganze auf», damit «eine Solidarität, ein Gemeinsinn und eine gegenseitige Verantwortlichkeit [...] für einander» entstehe, ein «christlicher Sozialismus».[2] Der habe im Gegensatz zu dem Kapitalismus gestanden, der später von dem Schotten Adam Smith formuliert wurde. Hingegen gebe es in der Nachfolge Calvins «sozialistische Geistliche» – wie die Religiös-Sozialen um Leonhard Ragaz am Anfang des 20. Jahrhunderts –, was «auf dem Boden des Luthertums als ein Angriff auf alle heiligen Grundlagen der gottgesetzten Ordnung» angesehen werde.[3] Das ist nun deutlich ein anderes Verständnis von Calvins Sicht der Dinge hinsichtlich der sozialen Frage. Aber man nimmt Troeltschs Deutung heute kaum zur Kenntnis. Welche der beiden Deutungen hat wohl recht?

1 Max Weber, Die protestantische Ethik I, Siebenstern TB 53/54, München / Hamburg 1969, 332.

2 Ernst Troeltsch, Die Soziallehren der christlichen Kirchen und Gruppen, Ges. Schr. I, Tübingen 1912, 676.

3 Ebd., 717.721.

Hören wir uns Calvin selber an! Doch um seine Stimme zu hören, ist es nötig, zunächst zu wissen, was seiner Zeit hinsichtlich der sozialen Frage voranging. Es war gewiss nicht so, dass im 14. und 15. Jahrhundert die Armut der Armen übersehen worden wäre.[4] Almosen für die Armen galten als ein gutes Werk. Sie galten es so sehr, dass man in den Armen geradezu etwas Gottgegebenes zu erkennen glaubte. Das galt umso mehr, als nun auch Mönche und Nonnen zum Bettelstab griffen zur Vollendung ihrer Heiligkeit. Wiederum bedeutete dieses Almosenwesen keine Einbuße für den Reichtum der Reichen. Sie wurden immer reicher, und die Kluft zwischen Arm und Reich wurde immer größer. Die kirchliche Geistlichkeit beteiligte sich kräftig daran. Man liest, dass ein Papst auf Kredite einen Wucherzins von bis zu 30 Prozent erhob. Jene Kluft spiegelte sich auch darin, dass schweres Leid in der Regel nur bei solchen wahrgenommen wurde, die sich in den gehobenen Kreisen der Gesellschaft befanden. Die Situation war so, wie sie Calvin in einer Predigt zu Hiob 12 sarkastisch beschreibt:

> Wenn irgendein *armer* Mensch heimgesucht wird oder wenn ihm irgendein Unglück zustößt, dann gibt man dem keinerlei Obacht; denn wir sind ganz an derlei gewöhnt. Aber wenn ein *Prinz*, der hocherhaben zu sein scheint, getötet worden ist, dann sind wir aufs Heftigste davon berührt, und wir müssen die Vorsehung Gottes [bei diesem Geschick] wissen, wenn wir nicht sehr dumm sind.[5]

Schon damals gab es die Ideologie der Unterhaltungsindustrie, die vorwiegend am Geschick der so genannten besseren Gesellschaft und der höheren Kreise interessiert ist und die die Armen davon ablenken, wie schlecht sie dran sind.

Dazu kam noch ein weiteres Problem, das besonders in Genf eine Rolle spielte. Es war, wie zu lesen ist, in der vorreformatorischen Zeit die Regel, dass nur denjenigen Armen geholfen wurde, die sich in ihrem Heimatort befanden. Zugelaufene Bettler wurden weggeschickt. Aber nun erstreckte sich Genf ja wie eine Zunge in französisches Gebiet. Dort wurden die Gefolgsleute der Reformation, die Hugenotten, verfolgt. Nicht wenige suchten darum Zuflucht und Asyl in Genf. Vielleicht in Solidarität mit diesen Flüchtlingen blieb Calvin die längste Zeit hier selbst auch ein Fremder, ein Asylant. Dagegen richtete sich die Kritik der Alteingesessenen an ihm, dem Fremdling. Die Nervosität steigerte sich zu einem Siedepunkt angesichts

4 Zum Folgenden vgl. die bedeutende Arbeit von Robert Kingdon, Calvinism and social welfare, in: Calvin Theological Journal 1982, 212–230; ebenso Stanford Reid, Early Critic of Capitalism, in: ed. R. C. Gamble, Articles on Calvin and Calvinism, Vol. 11, New York / London 1992.

5 In Pred. zu Hiob 12,17–25; CO 33,593.

dessen, dass sich die Einwohner-Zahl der Stadt wegen der vielen Flüchtlinge innerhalb von 15 Jahren fast verdoppelt hatte.[6]

Eben in *dieser* Zeit – 1555 und 1556 – hielt nun Calvin Predigten über das 5. Buch Mose, das Deuteronomium. Vor dem angedeuteten Hintergrund verstehen wir, wie zugreifend und mutig damals die Auslegungen des Reformators waren. Die Texte sind bislang bei uns kaum beachtet worden, obwohl sie uns noch heute über Hunderte von Jahren hinweg Wegweisendes zu sagen haben. Gehen wir auf diese Predigten ein, vor allem auf die Auslegung des achten Gebots! Dazu seien weitere Bibelauslegungen beigezogen.

2. Calvins Predigten gegen die Diebstahl

Das achte der zehn Gebote lautet: «Du sollst nicht stehlen» (Dtn 5,19). Calvin meint, dass ein Gebot wie dieses unsere zerstreuten Gedanken zur Ordnung bringen will, und er sagt spöttisch über eine verkehrte Haltung:

> Wir sehen, wie viele Leute in übler Neugierde nach Dingen Ausschau halten, die nicht einmal in hundert Jahren eintreffen. Sie malen sich Unmögliches aus: ‹Und wenn das passiert! Und wenn das passiert!› So halten sie ihr Hirn mit nutzlosen Fragen in Bewegung. Unterdessen bemerken sie nicht, was vor ihren Füßen liegt.[7]

Was uns vor Füßen liegt! Calvin denkt, dass uns das achte Gebot auf etwas gegenwärtig Beachtenswertes hinstößt. Was ist dieses Wichtige? «Du sollst nicht stehlen»? Wir denken da womöglich, sagt er, an die «kleinen Diebe, die man an den Galgen führt»[8]. Und weil wir uns natürlich nicht da hinzuzählen, meinen wir, wir seien treffliche Gesellen, die dieses Gebot halten. Nein, so der Reformator, es ist viel ernster zu nehmen. Es zielt auf die Entlarvung des diebischen Treibens gerade dieser *trefflichen* Gesellen. Es steckt in *uns* ein «Appetit, uns zu bereichern».[9] Und wer kann diesem gemeingefährlichen Appetit entfliehen?

Unter Berufung auf den Propheten Jesaja redet Calvin nun selber wie ein Prophet und weist hin mit langem Zeigefinger auf die «großen Fürsten und Monarchen, die jetzt beliebt sind in aller Welt», und klagt sie an: «*Deine* Fürsten und Gouverneure sind Gesellen der *Diebe*».[10] Ausgiebig redet er davon, dass es in besonderem Ausmaß gerade die Reichen die Räuber sind, aber ihren Raub verstecken unter «schönsten Deckmänteln» und «unter

6 Kingdon, (s. Anm. 4) 223.
7 CO 27,336.
8 CO 26,347.
9 Ebd. 351.
10 Ebd., 347.

der Farbe des Rechts».[11] Sie sind Menschen, die sich auf Kosten anderer «bereichern und vergrößern», ja, die «den Hals des armen Volks zerschnitten und viele zu Witwen und Waisen gemacht haben».[12] Ihr Luxus ist ein offensichtlicher Ausdruck von Egoismus.[13]

Man weiß jedoch nicht, was den Reformator mehr erschreckt: die Frechheit jener Herrscher oder ihre Beliebtheit bei den Massenmenschen. Denn die Frechheit der Herrscher steht auf den tönernen Füßen des Beifalls der kleinen Leute. So oder so, der anklagende Finger bleibt nicht bloß ausgestreckt hin auf «die da oben», sondern er weist auch hin auf mannigfaltige Formen von verdecktem Diebstahl unter seinen Hörern – etwa darauf, «wenn irgendein Kaufmann seine Ware überteuert verkauft oder eine unfaire Ware veräußert».[14] Noch erschreckender ist es, was Calvin zu bemerken Anlass hat: «Viele, die das *Evangelium* zu haben scheinen, sind alles in allem Diebe.»[15] Der Reformator sieht es als immer noch aktuell an, dass in die korinthische Gemeinde, an die Paulus schreibt, «Üppigkeit, Stolz, Eitelkeit, Vergnügungen, unersättliche Habgier und ehrgeiziges Streben, diese allbekannten Laster der Handelsstädte, eingedrungen sind und die Ordnung (*disciplina*) erschüttert haben».[16]

Was kann all diesem falschen Glanz wehren und das Verkehrte ans Licht bringen? Calvin denkt, dass das zuweilen auch geschieht, gottlob! Was das Unrecht aufdecken und einschränken kann, ist das *Recht*, ist konkret die Ausübung der Justiz. Gut, wenn wenigstens sie funktioniert. Doch kennt Calvin, er, der einst Rechtsgelehrsamkeit studiert hat, auch das Übel einer *verkehrten* Rechtsprechung, und er sagt von so manchen Richtern:

> Sie stellen alles Recht und alle Billigkeit auf den Kopf. Die Rechtspflege wird zuweilen wie ein Jahrmarkt zum Verkauf des Rechts an einen anderen, um alle rechtliche Billigkeit zu pervertieren.

Er bemerkt dazu: Die Verletzung des Rechts sei die Beschädigung einer «heiligen Angelegenheit», ein «Sakrileg, das Gott nicht ausstehen kann».[17] Das treibt die Verkehrtheit auf die Spitze – und das Problem ist bekanntlich im 21. Jahrhundert nicht ausgestorben: Es ist die Verkehrtheit, dass ein Böses sich hinter der Maske eines Guten versteckt, und dann auch noch offiziell für rechtmäßig erklärt wird.

In diesem Zusammenhang sieht Calvin zwei Probleme auffallend nah verbunden: Wucher und Bettelei. Man muss auf der einen Seite seine Kritik

---

11 Ebd., 349.
12 Ebd., 354.
13 Argumentum zu 1. Korinther., CO 49,302.
14 CO, 26, 348.
15 CO 28,7.
16 Argumentum zu 1. Korinther, CO 49,297.
17 CO 26, 349.

am Wucher sehen, um zu begreifen, dass er wahrhaftig nicht der Erfinder von Zinserträgen war. Richtig ist, dass er in seiner Kritik am Wucher sehr viel niedrigere Zinsen vorgeschlagen hat. Der Wucher war ein Übel im vorangegangenen 15. Jahrhundert. Calvin sagte dagegen: Selbst wenn es erlaubt ist, Zinsen zu nehmen, sollen «die Gläubigen auch beim Verleihen den Weltkindern nicht gleichen, sondern eine lautere Freigebigkeit beweisen».[18] Also, wenn sie es vermögen, sollen sie es zinslos ausleihen. Wenn Calvin andererseits zugleich sich auch gegen das Bettelwesen gestellt hat, so war damit ausdrücklich keine Verachtung der Armen gemeint. Aber er richtete sich dabei gegen ein Unwesen, wie es bei den Bettelmönchen hervortrat. Es ist die Unart, bei dem aus Nichtstun ein Verdienst und Geschäft gemacht wurde, das darum die Armut gar nicht beseitigen wollte. Nach ihm ist Armut ein *Elend,* aus dem betroffene Menschen *heraus*kommen wollen und aus dem herausgeholfen werden muss.

Das alles ist – so sieht es der Reformator – gemeint mit dem Verbot: «Du sollst nicht stehlen!» Besonders ist damit die versteckte Form dieser Untat unter dem Mantel der Wohlanständigkeit und Rechtschaffenheit angeprangert. Aber auch wenn diese Untat noch so versteckt ist, so ist sie doch Gott bekannt. *Er* übersieht sie nicht, und Calvin beruft sich hier auf Paulus in 1Kor 6,9f.: «Die Diebe und Räuber werden nicht ins Reich Gottes kommen.»[19] Auch nimmt er Bezug auf Sach 5,4: Es werde die Verfluchung Gottes zum Haus der Diebe kommen, und sie werde bleiben, bis sie verschlungen seien. Sie setzten ihr Glück und Heil auf große Güter, und wenn sie hinfielen, so würden sie mit ihnen hinfallen.

Doch ist das alles nur die eine Seite, von der das Gebot «Du sollst nicht stehlen» nach Calvin handelt. Das Gebot ist noch nicht recht aufgefasst, wenn man es nur als *Verbot* des Raubes versteht, als Beschreibung dessen, was wir *nicht* tun sollen. Das Gebot ist erst dann verstanden, wenn es als Anweisung aufgefasst wird, was wir positiv zu *tun* haben, wenn also das Gegenteil von stehlen unternommen wird: statt stehlen – geben. Oder, wie es der Reformator sagt: «Wenn man Liebe hat, wird man niemals ein Dieb sein.» «Wir müssen diese Lektion der Liebe studieren, wenn wir nicht Diebe sein wollen.»[20] Oder so: «Wer sich davon ausnehmen wollte, für seine Nächsten zu sorgen, der […] erklärt, dass er kein Mensch mehr sein will.»[21] Oder so: Gott «hat die Menschen gleichsam miteinander in einer Vereinigung verknüpfen wollen, und Gott hat sie alle nach seinem Bild geformt, und deswegen dürfen wir nicht hart sein noch aufgebracht, um uns gegenseitig zu lieben».[22] Es ist also nicht genug, «dass wir uns von allem

18 Zu Lk 6,35, CO 45,188.
19 CO 26,356.
20 CO 26,351.
21 Pred. Gal 6,9–11; CO 51,105
22 Ebd.

Bösen enthalten, sondern wir müssen uns einsetzen für unsere Nächsten, wie wir wollen, dass man es für uns tut».[23] Das heißt jedoch nicht, dass wir Mitmenschen darum etwas geben sollen, weil sie uns etwas gegeben haben! Nein, fährt Calvin fort: «Es genügt mir, dass Gott in dem allem erkannt sein will». Das meint, dass hier aller erst auf ihn, auf seine Gabe und sein Gebot geblickt wird; und daraufhin haben wir uns jedem Nächsten zuzuwenden.

Kommen wir von da aus zu der Frage, was uns mit dem Gebot, positiv aufgetragen ist. Denn erst dann wird das Gebot recht aufgefasst, so, wie Gott es will. Was ist mit dem einen Wort gemeint, das alles zusammenfasst – mit dem Wort Liebe! Das muss näher erklärt werden, damit die Liebe nicht mit einer momentanen Gefühlsaufwallung verwechselt wird. In seiner Institutio sagt Calvin: «Die Schrift lehrt uns so, dass wir daran denken: die Gaben, die uns Gott gewährt hat, sind nicht unser Besitz, sondern Gottes Geschenk.»[24] Wir können nicht beliebig darüber verfügen, sondern wir haben damit im Geist des Schenkers umzugehen. Wir sollen im Geist des göttlichen Schenkers durch sein Geben unsererseits fröhliche Geber werden, Geber von Liebesgaben. Das gilt gleich, ob die Empfänger das verdient haben oder nicht.[25] Es versteht sich nicht von selbst, dass wir das können und dass wir das tun. Noch einmal: «Wir müssen die Lektion der Liebe *studieren*, wenn wir nicht Diebe sein wollen.» Wo keine Liebe ist, zeigt sich bald einmal, «dass wir wie wilde Tiere sind, kurz, dass wir nicht wert sind, für Menschen gehalten zu werden, da wir ja das Band der Verbindung durchbrechen, das Gott zwischen den Kindern Adams gesetzt hat».[26]

Es sind offenbar Reichere, die Calvin in seiner Predigt anspricht. Er sagt zu ihnen: «Wer viel [an Gütern] hat, sorgt dafür, sie zu verteilen.»[27] Aber beachtenswert ist dabei, wie stark er sich dagegen wendet, dass diese menschlichen Geber mit den Bedürftigen «von oben herab» verkehren; sondern sie müssen auf gleichem Fuss mit ihnen umgehen. Zu Dtn 22,1–4 erklärt er: «Ebenso, wie sich Gott durch das Evangelium bekannt gemacht hat als Retter und Vater, müssen wir *Geschwisterschaft* miteinander haben.»[28] Das muss so sein, weil Jesus Christus der ganzen Welt Frieden und Versöhnung gebracht hat.[29] Auf Grund solcher Geschwisterschaft haben wir nicht als Einzelne jeder je für sich zu leben, sondern in Solidarität mit-

23 CO 28,9.
24 Institutio III 7,4.
25 CO 28,9.
26 CO 26,351.
27 CO 26,357.
28 CO 28,16.
29 Ebd., 17.

einander. Und zu Dtn 5,17: «Gott hat uns dazu erschaffen, dass wir friedlich miteinander leben», und daher dazu, «um einander zu helfen».[30] Gott wollte nicht, dass wir gleichgültig nebeneinander, geschweige gegeneinander leben, sondern alle, «Männer und Frauen», miteinander; denn «er hat alle verbunden».[31]

Hören wir dazu Calvin in einer Predigt zu Mt 5,5–7 sagt, nach den Versen in der Bergpredigt Jesu: «Glücklich, die hungern und dürsten nach Gerechtigkeit, denn sie sollen satt werden. Glücklich die Barmherzigen, denn Barmherzigkeit wird ihnen widerfahren.» Dazu der Prediger:

> [Wir müssen] über das hinaus, dass wir in unserem eigenen Elend *geduldig* sein sollen, auch die Not unserer Nächsten umfassen, uns gleichsam mit ihrer Person bekleiden, um so im Innersten gerührt zu werden beim Anblick ihres Leides, in zartem Mitgefühl mit ihnen zu seufzen, mit den Weinenden zu weinen. […] Erbarmen, das ist nichts anderes als ein Schmerz, der uns ergreift bei der Traurigkeit eines anderen.

Calvin hebt hervor, dass wir wohl den anderen helfen *sollen*, aber dass wir ihnen nur dann helfen *können*, wenn uns ihr Leid selbst zu Herzen geht. Das in diesem Sinn verstandene Wort Zartgefühl taucht übrigens zuweilen bei Calvin auf (*affection tendre*). Und so sagt er weiter:

> Wenn wir die einen krank, die anderen arm und aller Güter bar, wieder andere verdrossen und in Not sehen, ob an Leib oder Seele leidend, wir sollen denken: ach, der gehört zu unserem Leib, und dann sollen wir mit der Tat zeigen, dass wir barmherzig sind.[32]

Alle hat Gott miteinander verbunden? Aber gibt es nicht unwürdige *Andere*, die uns nichts angehen, ja, gegen die wir uns abgrenzen müssen? Die Frage war auch damals schon ein heißes Eisen. Calvin sagt offen und klar dazu: Ohne Frage, auch diese *Anderen* gehören dazu.

> Wenn wir mit den Fremdesten der Welt zu tun haben, muss es da nicht sein, dass wir sie für unsere Brüder halten? […] [Ihr seid] unsere Feinde und die, welche uns verschlungen haben wollen, [aber] wenn es darauf ankommt, pflegen wir Bruderschaft mit euch.[33]

Schlimm, ihr Christen, wenn es bei euch so ist: «Ihr kennt keine Bruderschaft, außer sie sei blutsverwandt»! Nein: In und durch Christus sind «alle

30 CO 26,325.329.
31 Ebd., 332.
32 Zu Mt 5,5–7; Lk.6,21; CO 46,792f.
33 CO 28,13.

Menschen» unsere Nächsten.[34] Calvin spitzt die Dringlichkeit der Entdeckung unseres Nächsten dergestalt zu: «Wer bist denn du, du Mensch, der du deinen Bruder so verachtest? Er ist *dein* Armer!»[35]

So sehr er betont, dass auf der menschlichen Ebene Geber und Empfänger auf *einem* Boden stehen und dass auch der Ärmere dem Reicheren in seiner Weise etwas geben kann, so bedeuten diese Gedanken doch nicht eine Entlastung von der Aufgabe, dass der Reichere dem Ärmeren beizustehen und zu helfen hat. Daher sagt der Reformator dem Reicheren: «Der *rechtmäßige* Gebrauch aller dieser [uns verliehenen] Gaben besteht darin, dass wir sie freimütig und gerne mit den anderen teilen. [...] Für alles, was uns Gott übertragen hat, mit dem wir dem Nächsten zu helfen vermögen, sind wir als Haushalter eingesetzt.»[36] Die Reichen haben ihre Güter an die Bedürftigen zu verteilen.[37] Dazu die bewegenden Worte:

> Wenn wir jemanden sehen, der betrübt ist, und wir trösten ihn, wenn wir einen anderen sehen, der verkrüppelt ist, und wir machen ihm Mut, wenn wir einen sehen, der allzu sehr eingewickelt ist von den Sorgen der Welt, und wir bemühen uns, ihn daraus herauszunehmen, [...] *dann* tragen wir untereinander die Lasten und Bürden.[38]

3. Das diakonische Amt

Calvin hat, wie angedeutet, großen Wert darauf gelegt, dass in einer Christengemeinde Gutes nicht nur gesagt, sondern auch getan wird. Darum hat er neben dem prophetischen Predigtamt in der Kirche auch ein diakonisches Amt eingesetzt. Allerdings hat er erklärt, dass die Aufgabe auch in diesem Amt nicht an einige Spezialisten abgeschoben wird, während die anderen Christen sich in dieser Angelegenheit zurückhalten. Ein jeder Christenmensch ist auch mit der diakonischen Aufgabe betraut. Das ist zutiefst darin begründet, dass der Gott, an den die Christen glauben, seinerseits selbst verwundet ist durch die von ihren Mitmenschen verwundeten Opfer. Christen können daher nicht an Gott glauben, ohne für solche Opfer einzustehen. Und das Ziel ihrer Bemühung ist die Sorge dafür, dass die zu kurz Kommenden nicht mehr zu kurz kommen. Zu 2Kor 8,13f. schreibt Calvin: «Einen solchen Ausgleich legt uns der Herr nahe: Wer Überfluss hat, soll den Armen beistehen, damit nicht die einen im Luxus leben und die anderen hungern.» Denn das «Recht» des Ausgleichs besteht darin,

34 Ebd., 15f.
35 CO 27,342.
36 Institutio III 7,5.
37 CO 26,357.
38 CO 28,12.

«dass die gegenseitige Mitteilung der Glieder, die nach dem Maß der Gaben wie des Bedürfnisses erfolgt, in der Gesamtheit eine zusammengefügte Harmonie schafft».[39] Derart ist einzustehen für «das Recht der Menschlichkeit zwischen den Menschen (*inter homines ius humanitatis*)», dass ein jeder bekommt, was ihm zusteht.[40]

Obendrein ist, wie gesagt, in der *Leitung* der Gemeinde neben der Aufgabe der Prediger und der Presbyter auch die der Diakonie einzurichten. Diakonie heißt auf Deutsch Dienst. Bei Calvin ist damit speziell gemeint der Dienst an Kranken, Armen und sonst Bedürftigen und Behinderten. In der Auslegung von Apg 6,2f. schreibt er:

> Ein Diakon ist […] ein Armenpfleger. (Dessen) Wahl wird nun der Gemeinde überlassen. Denn es ist eine Tyrannei, wenn irgendein Einzelner die Amtsträger nach seinem Belieben anstellt. Die rechte Ordnung ist die, dass man Leute, die ein öffentliches Amt in der Gemeinde übernehmen sollen, durch allgemeine Stimmenabgabe wähle. […] Mit höchster Gewissenhaftigkeit ist darauf zu achten, dass nur erprobte Leute zum heiligen Dienst in der Gemeinde berufen werden.

Daher ist es nichts Anstößiges, «wenn die Apostel die Gemeinde um Befreiung von einem Amt [eben dem diakonischen Amt,] ersuchen, von dem sie erfahren, dass es nicht für sie passt».[41]

Dass die soziale Hilfstätigkeit tatsächlich zu den zentralen Aufgaben der christlichen Gemeinde gehören, hat Calvin durch eine eindrucksvolle Einrichtung in ihrem Gottesdienst sichtbar gemacht. Nach seiner Auffassung sollte in jedem Gottesdienst auch regelmäßig das Abendmahl gefeiert werden – was offenbar der Rat der Stadt verhindert hat.[42] Jedenfalls bezeugt nach ihm das Abendmahl laut seiner Liturgie wohl zuerst den Dienst Gottes an uns; und, wie es in der Ermahnung vor dem Mahl heißt, ist es auch «Medizin für die armen Kranken»[43]. Aber das Mahl bezeugt auch die Bereitschaft der versammelten Gemeinde, ihrerseits Gott zu dienen.[44] Das wird zunächst dadurch zum Ausdruck gebracht, dass der Pfarrer Brot und Wein den Diakonen übergibt, die dann beides den Gliedern der versammelten Gemeinde überbringen.[45] Zugleich wollte Calvin die Diakone bei dem Mahl zu einem Dienst an den abwesenden Kranken und Bedürftigen eingesetzt sehen. Die Feier sollte also auch deren Aussendung sein, um Brot und Wein zu diesen Menschen zu tragen und damit Beistand und

39 CO 49,101.
40 CO 49, 29.
41 CO 48,119f.
42 Schwarz, Briefe, Nr. 751, 1.12.1563.
43 CStA 2,209, Z 39f.
44 Ebd., 131f.
45 Ebd., 211, Z 35–43.

Hilfe zur Genesung oder denn zu ihrem Abschied vom irdischen Leben zu bringen.

Durch die Verankerung des diakonischen Einsatzes im Gottesdienst der Gemeinde ist die Wichtigkeit dieser Aufgabe für alle Gemeindeglieder eindrucksvoll sichtbar gemacht. Die diakonische Aufgabe ist wohl zu jeder Zeit eine besondere, je nachdem, an welchem Punkt die soziale Not brennend ist. Zu Calvins Zeit war es eine Not, für die man heute allerdings aufs Neue Kenntnis und Verständnis hat. Es suchten damals viele Flüchtlinge, vor allem aus Frankreich, in der Stadt Zuflucht und Asyl. Man bedenke, dass zu dieser Zeit in Frankreich und Belgien über hunderttausend Menschen um ihres Glaubens willen hingerichtet wurden! In solcher Todesgefahr suchten damals viele in Genf Zuflucht. Wie viele Altgenfer haben jedoch dasselbe gedacht, was in diesen Jahren ein gewisser Ami Perrin dort als Parole ausgab – und eine Reihe Leute hat es auch laut nachgesprochen: «Tötet diese Franzosen!»[46] Immerhin wurde Perrin von anderen Genfern vertrieben. Aber der Zwischenfall zeigt, wie heiß umstritten die Aufnahme und Rettung von Fremden in Genf war.

Die für deren Aufnahme und Rettung einstanden, luden sich mit ihrer diakonischen Aufgabe eine schwere Bürde auf, neben den ohnehin bestehenden Aufgaben unter den Armen, die es in Genf schon gab. Es versteht sich, dass die mancherlei Spannungen und Kämpfe in der Stadt auch durch den sich über die Stadt ergießenden Flüchtlingsstrom veranlasst waren. Wenn man näher hinschaut, begreift man, dass die Einrichtung der diakonischen Ämter wahrlich keine Luxustheorie, sondern eine schiere Notwendigkeit war. Es ist erst in letzter Zeit wieder ausgegraben worden, wie unerhört vielfältig die diakonischen Tätigkeiten waren, bei denen es sich den Diakonen von selbst aufdrängte, mit den politischen Ämtern in ihrer Stadt zusammenzuarbeiten. Einige der dabei angepackten Aufgaben seien genannt.[47] Es mussten – innerhalb der engen Stadtgrenzen – zahlreiche Unterkünfte besorgt werden und darin Betten und Matratzen. Es waren Nahrungsmittel aufzutreiben und Kleider und mehr noch: Arbeitsplätze. Es brauchte Ammen für Babys, deren Mütter gestorben waren, es brauchte Ärzte und Apotheken. Und es brauchte zu dem allem Geld, viel Geld. Aber zugleich bemühten sich die Diakone um die Herausgabe der gereimten Psalmgesänge. Sie sorgten überdies für die Niederschrift von Calvins Predigten und biblischen Vorlesungen. Das geschah offenbar in der Überzeugung, dass es darin um das geistliche Fundament für die sozialen Hilfsmaßnahmen gehe.

Umgekehrt begreift man in diesem Zusammenhang, dass die Predigten und Vorlesungen Calvins, die inmitten all der vielen sozialen Tätigkeiten stattfanden, dadurch mitbestimmt waren. Es handelte sich dabei nicht um

---

[46] Robert Kingdon, (s. Anm. 4), 224.

[47] Ebd., 226.

frei schwebende geistige Unterhaltungen, abseits der dramatischen Vorgänge im Leben der damaligen Genfer. Sie schufen gewiss auch Raum für ein Atemholen in all den anstrengenden Pflichten. Aber sie bedeuteten auch kritische Bearbeitungen dieser Vorgänge im Licht der Heiligen Schrift. Und sie boten zugleich Klärungen und Zurüstungen zu den Diensten in solchen Aufgaben. In diesem Licht werden Calvins Worte *sprechend*, die er in der Predigt über Dtn 15,11–15 geäußert hat:

> Wenn ein Mensch arm ist, dann verachtet man ihn. Jeder kehrt ihm den Rücken zu. Warum? O, es scheint den Reichen, die Armen dürften gar nicht in ihre Nähe kommen. Sie möchten gleichsam eine getrennte Welt für sich haben. [...] Im Gegensatz dazu unser Herr. [...] Unser Herr ist's, der sie [die Armen] uns darbietet. [Gott will,] dass Reich und Arm gemischt sind, dass sie also einander begegnen, um miteinander zu kommunizieren und dass der Arme empfängt und der Reiche gibt und dass ich [Gott] von den Einen und von den Anderen geehrt sei. Er legt sie uns vor die Füße, so dass wir nicht außerhalb ihrer Armut stehen und sie nicht getrennt sind von unserem Reichtum. Vielmehr wollen wir dafür sorgen, freundliche Gemeinschaft zu halten mit denen, die mit uns verbunden sind durch ein unzerreißbares Band.[48]

Calvin, der Prediger im 16. Jahrhundert, redet hier wie ein Prophet, der uns heute anspricht.

4. Das Recht der Unterdrückten

Mit diesem Titel ist mehr und anderes gemeint als bloße Mildtätigkeit gegenüber Armen. Es geht darum, dass ihnen *Gerechtigkeit* zuteil wird. Und es geht darum, dass die, die unter dem bloßen Deckmantel des formalen Rechts die Benachteiligten bedrängen, zur Einsicht kommen, dass *sie* schuld sind am Elend der zu *unrecht* Leidenden. Wie wir schon sahen, stellt Calvin sich der Frage: Wie ist es denn, wenn die Fürsten und Magistraten selber «Böses tun»? Wenn sie sich an dem von ihnen zu regierenden Volk vergehen? Wenn von ihnen Menschen im Gemeinwesen unterdrückt werden? Calvin stellt sich diesem Problem ausgiebig in seinem Daniel-Kommentar. Schonungslos deckt er das Schreckensregiment von Herrschern auf. Er klagt die an, die «ihrer Wut die Zügel schießen lassen und meinen, sie dürften sich alles erlauben», über deren Schwelle man nicht treten kann, ohne dass es «mit der Freiheit vorbei» ist, – sie, die über alle «Untertanen frei verfügen», nicht weil sie es dürften, jedoch «weil es sich alle schweigend gefallen lassen», – sie, die dabei die Religion zur Festigung ihrer Macht benutzen und «mit großem Aufwand Tempel bauen»; und wenn

48 CO 27,349.

«man sie fragt, was für eine Absicht sie dabei haben, so erfolgt sofort die Antwort: Das tun wir zur Ehre Gottes! Dabei suchen sie allein ihren eigenen Ruhm.»[49]

Was tun, wenn Herrscher, die «die Freiheit, zu deren Beschützern Menschen doch eingesetzt sind», diese ihre Pflicht schwerwiegend verletzen?[50] Dies sich schweigend gefallen lassen, darf um Gottes willen nicht in Frage kommen. Es gibt in der Tat da etwas zu *tun*. Hier drängt sich dem Reformator die Frage einer Kontrolle der Macht staatlicher Regenten auf. Die positive Beantwortung dieser Frage wurde die Quelle der modernen Demokratie. Nach Calvin hat vor allem Gott das Recht, die Mächtigen zu stürzen und die durch sie Gebeugten zu erretten.[51] Es gibt aber auch ein dem entsprechendes Menschenrecht, sich gegen das «maßlose Wüten [der Starken] und [ihr] Schinden der kleinen Leute» zu erheben.[52] Dieses Recht erlaubt Widerstand gegen schweres obrigkeitliches Unrecht. Und dieses Recht haben letztlich diese «Leute» oder sonst Verantwortliche in deren Namen; denn «wir sollen nicht gezwungen werden, irgendjemandem zu gehorchen, der mit Gewalt über uns gesetzt ist».[53] Calvins Freund, der schottische Reformator John Knox, der eine Zeit lang in der Genfer englischen Gemeinde an Calvins Pult im Auditoire predigte, setzte in diesem Sinn in das schottische Bekenntnis von 1560 den Satz: Nächstenliebe heiße unbedingt auch «das Leben der Unschuldigen zu schützen, der Tyrannei zu widerstehen, den Unterdrückten beizustehen».[54]

[49] Daniel, 564. 713. 618.
[50] Institutio IV 20,8.
[51] CO 40, 578.
[52] Institutio IV 20,31.
[53] CO 26,575.
[54] Nach Karl Barth, Gotteserkenntnis und Gottesdienst nach reformatorischer Lehre. 20 Reden über das Schottische Bekenntnis von 1560, Zollikon 1938, 21.

Traurig – dennoch getrost!

1. Einige Erklärungen

«Wie sollte ich fröhlich sein?» – diese Frage steht in einem der Briefe Calvins und besagt, er könne aus schwerwiegenden Gründen durchaus *nicht* fröhlich sein. Das sei näher erklärt. Er war wohl überhaupt eher ein weicher Typ. Bei ihm findet man keinen der derben Witze, wie sie von Martin Luther überliefert sind. Gelegentlich stößt man zwar in seinen Briefen auf Äußerungen eines spitzen Humors. Etwa hat er einmal etwas Löbliches über sich selbst in einem seiner Druckwerke gesagt, er hat diesen Text aber von seinem Sekretär unterschreiben lassen – so dass «ich [...] gleichsam aus seinem Mund so über mich geredet (habe), damit ich mit dem Hinweis auf solches Lob jeden lachend abweisen kann, der mich als Verfasser bezeichnet».[1] Zum Vorwurf, die Genfer Pfarrer seien reich, schrieb er an seinen guten Freund Pierre Viret, Reformator in Lausanne[2]: Sehr richtig, «Abel und de Gallars sind reich – an Kindern. Bourgoing und Raymond haben jeder zwei Töchter – sonst nichts». Ein anderes Mal spöttelt er über einen, der «so griesgrämig (ist), dass er kaum seinen Schatten neben sich erträgt».[3] Oder an einen Herrn de Falais verfasste er eine Gratulation zur Geburt eines Kindes:

> Es tut mir leid, dass ich nicht wenigstens einen halben Tag bei Ihnen sein kann, mit Ihnen zu lachen und dabei zu warten, ob man nicht auch das arme Kindlein lachen machen kann, wenn es schreit und weint. Denn das ist ja der erste Ton, den wir anstimmen zum Lebensanfang [: das Schreien und Weinen]. Lachen können wir dann erst recht, wenn wir aus diesem Leben geschieden sind.[4]

Der letzte Satz ist ein Schlüssel, um Calvin in dieser Angelegenheit zu verstehen: Lachen, unbekümmert und ungestört und ungebrochen lachen ist eine zukünftige, eine eschatologische Gabe. Sie ist jetzt erst in gelegentlichen Vorwegnahmen gegeben. Das war nicht bloß bei Calvin so. Können wir uns etwa den Apostel Paulus lachend vorstellen? Ist es ein Zufall, dass uns das auch von Jesus nicht überliefert ist? Was wir jetzt hinbekommen, ist im Vergleich mit dem Künftigen ein freundlich gemeintes Lächeln. Es taucht nicht selten nur verkrampft, gellend oder ein wenig verbissen und jedenfalls nur für kurze Momente auf. Es ist noch nicht jene ewige Freude,

---

1 Nr. 137, Juli 1545. In diesem Kapitel, in dem viel aus Briefen Calvins zitiert wird, weise ich auf die Nummern und das Datum in der Sammlung Schwarz, Briefe hin.

2 Nr. 276, 4.9.1549.

3 Nr. 303, 10.11.1550.

4 Nr. 209, 16.8.1547.

sondern ein bisschen Vorfreude. So sagt es Calvin bei seiner Auslegung von Ps 73,20: Gott lässt von der künftigen Erfüllung seiner Verheißung je und je «gleichsam ein Morgenrot aufleuchten, damit kein zu dichter Nebel traumhafter Verblendung uns umfange».[5] An eine wegen ihres Glaubens bedrängte und vereinsamte Frau schrieb er:

> Werden Sie nicht müde festzuhalten, dass Sie Gott zum Helfer haben. […] Mitten in allen Nöten wollen wir uns an das Wort des heiligen Paulus erinnern: Freut euch in dem Herrn allewege […], dann werden wir einen unüberwindlichen Mut haben in aller unserer Trübsal.[6]

Solche Freude ist sogar in aller Trübsal möglich, weil diese Freude *in dem Herrn* begründet ist. Aber zunächst haben wir zu sehen und zu verstehen: Calvin war einer der Reformatoren, dem das Weinen näher lag als das Lachen. Er hatte eben dies: «Zartgefühl». In solcher Empfindlichkeit legte es sich ihm nahe, mit den Weinenden zu weinen (Röm 12,15). In seinem Römerbriefkommentar bemerkt er zu dem Pauluswort: «So bringt es die wahre Liebe ihrer Natur nach mit sich, dass jeder mit seinem Bruder lieber trauern mag, als sich auf sein Vergnügen und sein Privatleben zurückzuziehen und von ferne auf dessen Trauer herabzusehen.[7]

2. Störungen der Freude

Nun ist es bei Calvin doch nicht eine unbegründete angeborene Schwermut oder Griesgrämigkeit, die ihm den Blick verdunkelt. Auf verschiedenen Ebenen begegnet ihm Trauriges, das ihn traurig macht. Es begegnet ihm zunächst in seiner Genfer Umgebung und seinem Freundeskreis. Die Schattenseite des menschlichen Sterbens und Todes war in seiner Zeit den Menschen überhaupt bewusster als heutzutage, wo dieser Schatten so stark verdrängt wird und wo die Menschen ihn auf die Seite schieben können mit Sprüchen wie: «In unseren Herzen lebst du weiter». Doch so sehr Todesfälle in Calvins Umgebung vorkamen, er konnte sich nicht daran gewöhnen. Als zwei seiner Studenten binnen kurzem starben, legte er sich voll Traurigkeit ins Bett und wollte auch sterben. In einem Brief vom Herbst 1560 an einen Freund klagt er:

> Hilaire ist gestorben. […] Seit deiner Abreise haben hier Epidemien schrecklich gewütet. Erst sind Tagant und Gaspar gestorben, und schließlich ist uns zum

[5] CO 31, 686f.
[6] Nr. 703, 22. März 1562.
[7] CStA 5.2, 645f.

allgemeinen Leid unser liebster Macard entrissen worden. Wie schmerzlich mir so viele Verluste waren, kannst du, der du meinen Charakter kennst, ermessen.[8]

Am 27. August 1561 schrieb Calvin an seinen Mitstreiter Theodor Beza über den Tod seines Freundes Guillaume de Trie, Sieur de Varennes; er war ein französischer Flüchtling:

> Ich muss diesen Brief vom Bett aus diktieren in großer Trauer, denn mein lieber Varennes ist mir genommen worden, der mich bisher noch aufrecht hielt, dass ich nicht ohne allzu großen Gram lebte. Der einzige und nicht geringe Trost zur Linderung meines Schmerzes ist, dass sein Sterben das allersanfteste war; er empfing den Tod mit offenen Armen so heiter, als ob es die größte Wonne wäre. Seine Krankheit war von Anfang an lebensgefährlich; aber wir gaben die Hoffnung [auf seine Gesundung] erst vorgestern Abend auf. […] Er ist nun selig, ich elend.[9]

Anfang September schreibt er an denselben:

> Damit mich nicht bloß der Tod *eines* Mannes in Trauer versetzte, musste meinem lieben Varennes zwei Tage darauf Davantes[10] im Tode folgen. Auch für Baduels[11] Leben haben wir keine Hoffnung mehr. Gestern ist auch die Frau unseres Stadtseckelmeisters plötzlich an einem Nervenkrampf gestorben, nach einer, wie man glaubte, gut verlaufenen Geburt. Um noch mehr Todesfälle zu berichten: auch Nicolas du Feu ist innerhalb von neun Stunden durch eine Erkältung dahingerafft worden.[12]

Calvin erfuhr auch in seiner familiären Umgebung, wie das Leben vom Tod umfangen ist. Mit seiner Frau Idelette von Büren hatte er ein einziges Kind, von dem er 1542 an Pierre Viret schrieb: «Der Herr hat uns ja mit dem Tod unseres Söhnleins einen schweren, herben Schlag gegeben».[13] Und von ihr musste er öfters berichten, sie sei schwer und langwierig krank.[14] Als sie dann im April 1549 starb, schrieb er an Guillaume Farel, dass diese «Heimsuchung […] mich sicher ganz gebrochen hätte, hätte mir vom Himmel her nicht der die Hand gereicht, dessen Art es ist, die Gebeugten aufzurichten, die Schwachen zu stärken und den Müden wieder Kraft zu geben». Und ein Trost waren ihm ihre letzten Worte: «O Gott Abrahams […], schon seit Jahrhunderten haben alle Gläubigen auf dich gehofft, […] so

---

8 Nr. 639, 3. Oktober 1560.
9 Nr. 674, 27. August 1560.
10 Philologe, Komponist.
11 Professor der Philosophie an der Genfer Akademie.
12 Nr. 677, 3. Oktober 1561.
13 Nr. 19, 19. August 1541.
14 Zum Beispiel Nr. 240, 20. August1548; Nr. 241, 27. August 1548

harre denn auch ich deiner.»[15] An Viret schrieb er: «Du kennst die Empfindlichkeit oder besser Weichheit meines Herzens. […] Genommen ist mir die beste Lebensgefährtin.»[16] Noch später schrieb er an Martin Bucer: «Ich bin nur [noch] ein halber Mensch; denn der Herr hat vor kurzem meine Frau zu sich heimgeholt.»[17]

Auch Calvin selbst war oft kränklich und krank, und er klagt Anfang 1560 in einem Brief an Ambrosius Blaurer über seine «schwache Gesundheit»:

> Mir ist stetes Kranksein bestimmt. […] Um meinen Vorlesungen, Predigten und anderen Verrichtungen meines Amtes nachkommen zu können, muss ich einen guten Teil der übrigen Zeit im Bett liegen. […] Neulich bin ich […] an einer starken Lungenblutung fast erstickt.[18]

Wie eine schmerzliche Wunde plagten und quälten ihn seine inneren Organe immer mehr,– es war ja bei Luther in seinen letzten Jahren ähnlich. Als Calvin nicht mehr in die Kirche zum Predigen *gehen* konnte, trug man ihn in einem Lehnstuhl dorthin.[19] Der Wille, zu dem zu stehen, dass er etwas zu *sagen* hatte und dass er das eben sagen *musste*, hielt ihn auf den Beinen, bis es gar nicht mehr ging. In einem seiner letzten Briefe beschreibt er die Fülle seiner schlimmen Leiden.

Aber sehr viel mehr noch als das Leid in seiner Umgebung und im eigenen Haus hat Calvin all die Jahre die unheimliche Verfolgung der Christen in Frankreich, in Belgien und Oberitalien zu schaffen gemacht. Zehntausende sind da erhängt, verbrannt und erschlagen worden. Dies nahm seinen Lauf allein deswegen, weil sie evangelische Christen sein und an Jesus Christus nach dem Zeugnis der Heiligen Schrift glauben wollten. Es scheint zuweilen, dass diese Geschichte der Gräuel heute fast vergessen ist.

Durch Calvin wurden diese Christen belehrt und ließen sich belehren, dass Christsein nicht nur glauben heißt, sondern auch *Bekennen* des Glaubens.[20] Jesus sagt nach Mt 10,32: «Wer mich bekennt vor den Menschen, den will ich auch bekennen vor meinem himmlischen Vater. […]» Calvin legte das aus in der konkreten Situation seiner Zeit, in der die evangelisch Glaubenden in Frankreich um ihres Glaubens willen hart bedrängt waren. Denn Jesus sage hier seinen Jüngern, dass auch Angst und selbst die Furcht vor dem Tod sie nicht an dem offenen Bekenntnis des Glaubens hindern

15 Nr. 259, 2. April 1549.
16 Nr. 260, 7. April 1549
17 Nr. 267, 28. Juni 1549. Es war ein aus Unkenntnis gespeister Unfug, als in einer Calvin-Sendung auf Arte ein Gelehrter behauptete, Calvin habe sich leichten Herzens über diesen Tod hinweggesetzt.
18 Nr. 618, Anfang Februar 1560.
19 Nr. 689, 21. Oktober 1561.
20 Vgl. oben das Kapitel: Glauben bekennen.

dürfe. Es sei nämlich nach den Worten ihres Meisters so, dass der Glaube nicht gewissermaßen als Privatsache im Inneren eines jeden versteckt werden dürfe. Es sei ihm wesentlich, dass er öffentlich hörbar und sichtbar sich zeigen müsse und zu bewähren sei. Das gehöre unabdingbar und unabtrennbar zum Herzensglauben dazu – er müsse, selbst wenn es viel und wenn es gar das eigene Leben koste, bekannt werden. Das müsse so sein, weil der Sohn Gottes die an ihn Glaubenden und ihm Nachfolgenden als seine Zeugen haben wolle.[21] Der Reformator war beeindruckt, dass *Frauen* in solchem Bekennen sich oft als tapferer erwiesen als Männer. Nicht zufällig hatte gerade auch eine Frau den verängstigten Jüngern zuerst die Osterbotschaft verkündigt (Mk 16,10).

Calvin hat die französischen Christen mit solcher Aufforderung nicht zur Hinrichtung hingedrängt. Er hat sie dringend zur Flucht aus ihrem Land aufgefordert. Ein Teil der Abneigung der alteingesessenen Genfer ihm gegenüber hing damit zusammen, dass er die Türen der Stadt so weit wie möglich öffnete für die Flüchtlinge. Aber die, denen eine Flucht nicht gelang, warnte er vor dem so genannten Nikodemitismus, genannt nach dem Nikodemus in Joh 3, der des Nachts zu Jesus kam, weil er am helllichten Tag damit nicht auffallen wollte. Diese Nikodemiten verstanden die Praxis des Christseins so, dass man dabei wohl in seinem Herzen glaubt, aber dies nicht öffentlich-äußerlich zeigt. Man distanziert sich hier nur in *Gedanken* von dem Verkehrten, das man mit seinen Taten und seinem Verhalten doch mitmacht. Calvin hat darum in seinem Genfer Katechismus von 1545 den wichtigen Satz geschrieben: «Wer sich nicht als Christ *bekennen* will, kann auch nicht als Christ gerechnet werden.» Dieser Satz wurde für das reformierte Denken charakteristisch.

Viele Bedrängte konnten nicht fliehen. Zum Teil war es jedoch möglich, ihnen brieflich Beistand zu zeigen, solchen, die allein wegen ihres Glaubens an Jesus Christus und seine reine Gnade aus dem Weg geräumt werden sollten. Was schreibt man wohl solchen Menschen? Das Wichtigste war vor allem, dass ihnen eine solidarische Hand ausgestreckt wurde. In seinen zahlreichen Briefen an Christen, die zur Hinrichtung bestimmt waren, schob er alle anderen Etiketten zur Seite und redete sie an als «Schwestern» und «Brüder»; und er schloss jeweils mit der Unterschrift «Euer» oder «Dein Bruder Johannes Calvin». Im Juni 1559 verschärfte sich die Situation. Denn Heinrich II. erließ ein strenges Schreiben an alle Gerichtshöfe, das ihnen die unbedingte Verfolgung der evangelischen Christen zur Pflicht machte. Sogleich schrieb Calvin einen Brief an die «sehr lieben und verehrten Brüder» in Frankreich:

> Wenn Eure Feinde Euch zu vernichten trachten, so hat Gott seinerseits ihnen solche Macht nur gegeben, um Euren Glauben zu prüfen. […] Wir wissen wohl,

[21] Vgl. CO 45,290f.

> wie Schreckliches Ihr zu dulden habt, und dass Ihr auch nicht unempfindlich seid, sondern viel Widerstreit und Widerspruch gegen das Leiden in Eurem Fleisch spürt. Aber Gott muss doch gewinnen: Es heißt ja auch vom Tod des Petrus: Man wird dich führen, wo du nicht hin willst.[22]

Oder das Beispiel eines Briefes an einen Goldschmiedegesellen Lefèvre in Lyon[23], der zeitweise in Genf war und dann bewusst nach Lyon zurückkehrte; dort wurde er als Ketzer verbrannt. Calvin schreibt ihm noch vor seiner Hinrichtung:

> Halten Sie […] allezeit Ihre Augen erhoben auf den guten Herrn Jesus, der Ihr Bürge sein wird, da Sie nur um seines Namens willen verfolgt werden. […] Der Vater des Lichts möge Sie so erleuchten, dass aller Rauch, den die Bösen vor Ihnen machen werden, Ihre Augen nicht trüben können, und [dass der Qualm] alle deren Finessen und Ränke Ihr Verständnis nicht verdunkle, damit Sie allezeit sehen auf die wahre Sonne der Gerechtigkeit, die da ist der wahre Sohn Gottes.

In diesem Brief gibt Calvin auch Ratschläge für den bevorstehenden Ketzerprozess gegen den biblisch fundierten, gläubigen Lefèvre. Er solle unbekümmert Auskunft geben, obwohl die Protokollanten dort Falsches aufschreiben werden. Das Wichtigste aber sei zu wissen, dass dabei die Bibel anzuführen ist: die Erkenntnis, dass allein der Glaube an Jesus Christus uns rechtfertigt. Sonst hätte man es mit einem Gott der Furcht und nicht der Güte zu tun.

> Und nun trösten Sie sich an unserem guten Gott, der uns die Gnade gegeben hat, uns so ganz mit seinem Sohn zu vereinigen, dass alle Teufel der Hölle und alle Feinde in der Welt uns nicht scheiden können.

Calvin redet vor allem von der Gefährdung und Trostbedürftigkeit der Christen, die von *außen* her angefochten sind. Aber er redet auch davon, wie der Christenstand in diesem Leben von *innen* her bedroht ist. Er redet in dieser Beziehung zurückhaltend und nur indirekt davon, nämlich im Hören und Achten auf Bibeltexte, beispielsweise unter der Auslegung von Psalm 73.[24] Dort redet einer, sagt er, «der nur mit Mühe sich aufrecht erhielt und kaum der Gefahr entging, im Glauben zu straucheln» (vor V. 1). Es kommt vor, sagt er, «dass auch Gläubige zuweilen schwanken» und «auf ungöttliche Gedanken» verfallen (V. 11). Den Gläubigen können sogar die

---

22 Nr. 604, Ende Juni 1559.
23 Nr. 309, 19. Januar 1551.
24 CO 31,684f.

«Gnadenzeichen Gottes» entzogen werden, weil «Gott sein Angesicht gewissermaßen verbirgt. Infolgedessen lastet auf ihrem Gemüt so tiefes Dunkel, dass ihnen auch nicht *ein* Funke von Trostlicht erscheint» (zu Ps 74,9). Das alles ist umso verwirrender, weil die Menschen, die praktisch ohne Gott leben, oft beneidenswert schöne Erfolge haben. Auch wenn sich diese Leute, die sich weder an Gott noch an Mitmenschlichkeit gebunden wissen, zuweilen erstaunlich religiös geben (V. 5f.). Längst nicht jedes religiöse Gebaren, und wenn es noch so populär ist, ist begründet auf die gnädige Zuwendung Gottes zu uns schrecklichen Sündern. Aber jene gottlos-religiösen Typen suggerieren den Gläubigen versucherisch: «Man könne nichts Besseres tun, als sich ihnen anschließen.» (V. 2) Aber nun kennt Calvin nicht nur solche *Anfechtung*.

3. Trotzdem fröhlich!

Wir können hier mit seiner Auslegung von Psalm 73 fortfahren. Denn im Hören auf diesen Text lernt er auch *Trost* kennen. Es ist der Trost, der erfreulicherweise der Anfechtung gewachsen ist. Es ist der Trost, der trotzdem fröhlich macht, trotz aller Tränen und Traurigkeiten. Nicht *es* gibt Trost. *Er,* Gott gibt Trost! Ja, Gott *ist* Trost, wie der Psalm gleich zu Anfang sagt: «Israel hat dennoch *Gott* zum Trost.» Calvin erläutert das so: «Auch wenn Gott scheinbar diejenigen vernachlässigt, die ihm dienen, er umfängt sie dennoch mit seiner Gnade.» (V. 1) Dieses «Dennoch» bewegt Calvin zur Einklammerung seiner soeben gemachten bekümmerten Aussagen: Gewiss, auch Gläubige können in Zweifel geraten, ob nicht der blinde Zufall uns regiert. *Aber,* setzt er hinzu: «Sie werden von Gottes Hand vor dem Sturz in den Abgrund wunderbar bewahrt.» (V. 11) Ein anderes Mal bemerkt er: Der Psalmist bekennt seine «Zweifelsgedanken». *Aber* es ist «ein rechtes Gotteswunder, wenn die Gemeinde, die vom Satan und unzähligen anderen Feinden so heftig angegriffen wird, unversehrt bleibt» (zu V. 15). Wo der Glaube des Psalmisten beinahe zur Ruine geworden ist, da hat *dennoch* «Gott ihn vor dem eigentlichen Fall bewahrt» (zu V. 23). Oder denn: «Jede noch so geringfügige Versuchung kann uns leicht zu Fall bringen, *wenn nicht* Gott uns hält.» (ebd.) Dieses «Aber» und «Dennoch» ist wie ein Fels, auf dem wir im Glauben stehen dürfen, auf dem wir davor bewahrt sind, in das Nichts zu fallen. Solch ein Fallen droht uns wohl, wie Calvin bei der Auslegung des Psalms auch sagt:

> Die ganze Welt ist wie ein schlüpfriger Boden. *Aber* weil die Gläubigen im Himmel ihre Heimat haben und auf Gottes Güte fest gegründet sind, so sind sie zwar noch gebrechlich und ihr zeitliches Schicksal ist ungewiss, aber doch gilt von ihnen nicht, dass sie auf dem Schlüpfrigen stehen. Denn auch wenn sie wanken

> oder selbst ausgleiten, so hält doch Gott seine Hand unter [ihnen], macht die Wankenden fest und richtet die Gleitenden wieder auf (zu V 18).

Wenn Calvin Freude kennt und Freude hatte, so war das nicht bloß eine gute Laune. Es war die Freude darüber, trotz all dem Bedrohlichen doch auf solchem festen Boden zu stehen, in der Hand des barmherzigen Gottes.

Was Calvin zu Psalm 73 ausführt, ist eine Erkenntnis, die ihn immer wieder dazu angetrieben hat, zu überlegen und zu erklären, wie Christen entgegen all dem Widrigen und Traurigen fröhlich sein können und sein dürfen. Wohl kannte er, was Paulus in Röm 12,15 sagt: «Freut euch mit den Fröhlichen und weint mit den Weinenden». Das verstand er offenbar auf der Linie von Mt 5,4 und Lk 6,21: «Selig sind, die da Leid tragen [...]», weil dieses Leid unter der Verheißung steht: «Selig seid ihr, die ihr hier weinet; denn ihr werdet lachen.» Nach Calvin lehrt Christus damit, «dass Traurigkeit einem glücklichen Leben sogar dienlich ist, weil man auf diese Weise zum Empfangen der ewigen Freude zubereitet und mächtig angetrieben wird, nirgends als in Gott seinen festen Trost zu suchen».[25] Das ist die Verheißung, die mehrfach in der Heiligen Schrift ausgesprochen wird (Apk 7,17; 21,4; Jes 25,8): «Gott wird abwischen die Tränen von allen Gesichtern.» Calvin bemerkt dazu:

> So sollen wir denn darauf alle unsere Hoffnung und Erwartung setzen und nicht zweifeln: dies alles wird der Herr an uns erfüllen, ist endlich erst der Lauf einmal vollbracht. Wenn wir jetzt mit Tränen säen, so werden wir dann ohne Zweifel voller Freude und Jubel ernten. Wir dürfen uns nicht fürchten vor den Beschimpfungen und Schmähungen der Menschen. [...] Haben wir hier bereits den Anfang der Seligkeit und Herrlichkeit mitbekommen, falls wir von Gott angenommen sind, falls wir begonnen haben, Christi Bild an uns zu tragen, so wollen wir auch standhaft tapferen Herzens ihres Gipfels warten bis zum Jüngsten Tage. (Jes 25,8)[26]

Allerdings wäre das alles falsch verstanden, wenn wir es so auffassen würden, dass damit die jetzt Leidenden und Kranken bloß auf eine bessere Zukunft vertröstet werden, während sie in der Gegenwart von Gott verlassen wären. Nach Calvin bedeutet die Hoffnung auf die kommende große Freude, dass sie die Glaubenden schon jetzt erfreut und fröhlich macht mitten in ihren jetzigen Anstrengungen und Kümmernissen. «Freut euch in dem Herrn allewege», sagt Paulus in Phil 4,4; Calvin weist bei diesem Satz darauf hin: Das sagt *der* Paulus, «der im Gefängnis, mitten in der Hitze der Verfolgungen, in der Angst des Todes» stand *und* der dort «nicht nur selbst fröhlich war, sondern auch Andere fröhlich machte». Damit sagt Paulus

25 CO 45,159. 162.
26 CO 36,419.

nach Calvin über die Zeiten hinweg uns gegenwärtigen Mitchristen: «Mag kommen, was da will, so werden Gläubige stets reichen Grund zur Freude haben, – *denn* der Herr steht auf ihrer Seite.» Der Reformator fügt hinzu: «Das ist freilich eine ganze andere Freude als die trügerische, hinfällige und vergängliche Lust der Welt, über welche Christus sein ‹Wehe!› ruft (Lk. 6,25). Aber die Freude in Gott wankt nicht und wird niemals von uns genommen.»[27] Also ist diese «ganz andere Freude» nicht weniger, sie ist *mehr* Freude als jene schwankende Lust der Welt.

Im gleichen Sinn legt Calvin auch Ps 16,11 aus: «Vor dir ist Freude die Fülle» – nämlich indem er dabei die ersten beiden Worte hervorhebt: «Vor dir» geschieht das. Darum sagt er, dass diese Freude im Gegensatz zu den flüchtigen Ergötzungen der Welt steht, «mit denen die unglücklichen Menschen sich eine Zeit lang täuschen, um sich zuletzt doch unbefriedigt und hungrig zu fühlen». Aber die, welche sich mit Gottes Gnade zufriedengeben, sind «in jeder Beziehung glücklich».[28]

Worin besteht diese andere Freude, die Freude in Gott, die im Unterschied zu jener vergänglichen Lust der Welt im Leid nicht vergeht, sondern die auch unter schweren Lasten standhält? Es ist interessant, dass der Reformator sich diese Freude nicht beliebig ausmalt und ausdenkt. Er hält sich zu deren Beschreibung streng an biblische Aussagen. Er kann hier einfach zitieren und sagt etwa mit Ps 19,8f.: «Das Gesetz des Herrn [...] erquickt die Seele; [...] und die Befehle des Herrn sind richtig und erfreuen das Herz.»[29] Oder mit Ps 11,7: «Dem Gerechten geht das Licht auf und Herzensfreude den Frommen.»[30] Der Reformator weist darauf hin, dass hier von uns keine solche unbewegliche stoische Freudigkeit gefordert ist, «die jedes Empfinden der Bitterkeit und des Schmerzes aufhöbe».[31] Doch indem uns Gott auch in Bitterkeit und Schmerz nicht verlässt, bringt uns die Botschaft des Neuen Testaments in dieser Situation «Gottes Wohltat (nahe) und erfüllt (so) das Herz mit Freude».[32] Das aber bedeutet für die Kinder Gottes, dass sie auch in ernsten Schwierigkeiten dem Ruf dieses Gottes «fröhlich und in großer Freudigkeit antworten und seiner Führung folgen».[33]

Calvin hat geweint, so haben wir vernommen. Aber seiner Meinung nach gibt es für Christen kein hoffnungsloses und trostloses Weinen, denn sie dürfen sich dennoch zutiefst von Gott getragen wissen. Das macht sie auch in Traurigkeiten fröhlich. Calvin zitiert einmal den alten Satz, der

---

27 CO 52,59f.
28 CO 31,157f.
29 Institutio II 7,12.
30 Ebd., II 10,16.
31 Ebd., III 8,8.
32 Ebd., II 11,9.
33 Ebd., III 19,5.

wohl auf Notker Balbulus (840–912) zurückgeht, der als Mönch in St. Gallen lebte: «Mitten im Leben sind wir vom Tod umfangen.» Calvin sagt das zunächst auch so. Er kehrt den Satz dann aber um und sagt: «Wie wir mitten in diesem Leben vom Tode umfangen sind, so müsst ihr jetzt auch fest überzeugt sein, dass ihr mitten im Tod vom Leben umfangen seid.»[34] Beide Sätze stimmen, und der christliche Trost liegt darin, dass der richtige erste Satz in den anderen erst recht wahren Satz umgedreht wird. Um das jetzt so zu formulieren: Unser Leben ist vom Tod umfangen – wie sollte ich da fröhlich sein? Vielmehr ist unser Tod vom Leben umfangen – wie sollte ich da *nicht* fröhlich sein?

[34] Nr. 375, 22. August 1553.

Liebe zur Musik

Es gibt ein verbreitetes Bild von Calvin, wonach er ein harter, schroffer Typ gewesen sein soll. Es ist namentlich in Deutschland verbreitet. Aber stimmt dieses Bild? Jedenfalls kennen wir ihn noch nicht recht, wenn wir nicht wissen, wie sehr er Gesang liebte. Bei ihm war die Beziehung zur Musik höchst lebendig. Er schätzte die Musik seiner Zeit, die der Renaissance, und er schätzte sie so, dass ihm unter dem Hören zuweilen die Tränen kamen.

Ihm war es ein erbaulicher Gedanke, dass nicht bloß und nicht einmal zuerst der Mensch, sondern dass vor uns die uns umgebende Kreatur singt und musiziert. Ob wir es wohl hören? Denn diese Musik zeigt: «Es will unser Herr in allen Sinnen uns erfreuen und erquicken.»[1] Und besonders durch das Ohr! Die Kreatur lässt sich hören, selbst wenn der Mensch stumm ist. Ja, sie ist für den Genfer Lehrer ein Vorbild, um mit einzustimmen. Zu Ps 104,12 bemerkt er:

> Auch die unfruchtbarste Gegend hat hier und da einen Baum, aus welchem der Gesang der Vögel tönt. Wenn schon an jenen unheimlichen Orten Zeichen der göttlichen Güte und Macht erscheinen, wie viel Bewunderung verdient dann erst die überreiche Fülle von Gütern, die man in […] fruchtbaren Gegenden sehen kann![2]

Und zu Ps 103,22 sagt er:

> ‹Lobet den Herrn, alle seine Werke› – alle seine Kreaturen [an allen Orten seiner Herrschaft]! Selbst wenn sie keine Stimme und Empfindung haben, müssen sie doch irgendwie Gottes Lob erklingen lassen. Daraus sollen auch wir lernen, dass kein Winkel Himmels und der Erde von diesem Gotteslob frei bleibt. Wir haben keine Entschuldigung dafür, wenn wir dem Beispiel der Kreatur nicht folgen, die uns unsere Gleichgültigkeit zum Vorwurf macht, indem *sie* ihren Schöpfer lobt. ‹Alle Orte seiner Herrschaft› werden absichtlich genannt. […] Denn wenn für Gottes Lob nicht einmal die Gegenden, da man seine Stimme nicht hört, stumm sein dürfen, wie dürfen *wir* schweigen, denen Gott mit seiner heiligen Stimme zuvorkam, indem er für sie [, für die Menschen in seiner Schöpfung,] seinen Mund öffnete![3]

1 Emil Doumergue, Calvins Wesen, Neukirchen 1934, 77.
2 CO 32,89.
3 CO 32,84.

Es ist denkwürdig, dass Calvin, der 1539 von Genf vertrieben worden war, bald nach seiner Rückkehr dorthin im Jahr 1542 eine neue Genfer *Gottesdienst*-Ordnung drucken ließ, die den beachtenswerten Titel trug: «Die Gestalt der kirchlichen *Gebete* und *Gesänge*». Dabei haben wir zu verstehen, dass für Calvin Gebete und Gesänge im Grund dasselbe sind. Denn die gottesdienstlichen Gesänge fasst er, anders als die Lutheraner, nicht als Verkündigung auf, sondern als Gebete, als anbetende Zuwendung der ganzen Gemeinde zu Gott. Wiederum legt er Wert darauf, dass vor allem die *gemeinsamen* Gebete der Gemeinde zu *singen* sind, ebenso auch das Unservater-Gebet, die Aussprache des Glaubensbekenntnisses und der Zehn Gebote, sowie auch der Schluss-Segen; der wird mit den Worten des Simeon nach der Begegnung mit dem Kind in der Krippe dargeboten («Herr, nun lässt du deinen Diener im Frieden fahren, […] denn meine Augen haben deinen Heiland gesehen»!).

Calvin weist darauf hin, dass der gemeinsame Gesang der Gebete seit den ersten Anfängen der Kirche üblich gewesen sei. Nach Eph 5,19 sei das schon in der neutestamentlichen Urchristenheit so gehalten worden: «Redet zueinander mit Psalmen und Lobgesängen und geistlichen Liedern, singt und spielet in euren Herzen dem Herrn.»[4] Entsprechend sage Paulus in 1Kor 14,15: «Ich will Psalmen singen im Geist, und ich will auch Psalmen singen mit dem Verstand.»[5] Darum ist es für Calvin gut begründet, wenn der Titel seiner Liturgie, d. h. der Ordnung für den *gesamten* Gottesdienst so lautet: «Kirchliche *Gebete* und *Gesänge*». Dass es ihm in der Tat darum geht, wird dadurch ins Licht gerückt, dass sein Gottesdienstbuch als Motto zwei Sätze aus den biblischen Psalmen über das Ganze stellt: «*Singet* dem Herrn ein neues Lied, damit sein Lob erschalle in der Versammlung der Sanftmütigen.» (Ps 149,1) Und sodann: «Alles, was atmet, lobe den Herrn.» (Ps 150,6)

Dabei ist es hübsch zu sehen, dass Calvin in seiner Freude an der Musik sich anscheinend etwas widersprüchlich äußern kann. Auf der einen Seite bricht seine Begeisterung für diese Gabe des Lebens ungehemmt durch und er erklärt: «Unter all den Dingen, die geeignet sind, dem Menschen Erholung und Hochgenuss zu verschaffen, ist die Musik das erste.»[6] Oder ein anderes Mal:

> Wir wissen aus Erfahrung, wie im Gesang eine große Macht und Kraft verborgen liegt, die Menschenherzen zu bewegen. […] Darum sollen wir sie achten als Geschenk von Gott, eingesetzt zu diesem Zweck. […] Wohl schwerlich gibt es ein Ding auf dieser Welt, die Menschenherzen mehr zu wiegen und zu biegen, bald hier-, bald dahin. Und wahrlich, immer wieder merken wir es, die Kunst

4 CStA 2,157,29f.
5 Institutio III 20,33.
6 CStA 2,157,29f.

> der Töne hat geheimnisvolle und fast unglaubliche Macht, die Herzen zu bewegen.

Und nicht nur die menschlichen Stimmen, auch die verschiedenen Musikinstrumente «sollen ihrer Natur wegen durchaus nicht verurteilt sein». Dabei dient die Musik «dem Vergnügen und der Lustbarkeit mehr schon als einem unbedingten Muss»; aber diese Lustbarkeit ist darum doch nicht etwa überflüssig.[7] Calvin ruft aus – so dass man gedrängt wird, ihn *selbst* sich als einen singenden Gottesmann vorzustellen:

> Wie weit sich das Singen auch ausbreitet, so soll es uns auch in den Häusern und auf dem Feld eine Anstiftung sein und gleichsam eine Stimme zum Lobe Gottes. […] Das ist viel notwendiger, als man in Worten ausdrücken kann.[8]

Aber auf der anderen Seite tönt es bei Calvin so, als ob er sich in seiner Musikliebe auf einmal zur Ordnung ruft, und er stellt im selben Zusammenhang vielmehr klar:

> Es gilt immer darauf zu achten, dass der Gesang nicht leichtsinnig und flatterhaft sei, sondern Gewicht und Würde habe, wie der heilige Augustin sagt. Darum soll es einen großen Unterschied geben zwischen der Musik, die man macht, um die Menschen bei Tisch und in ihren Häusern zu erfreuen, und den Psalmen, die man in der Kirche singt, im Angesicht Gottes und seiner Engel.[9]

Immerhin, Musik auch außerhalb des Gottesdienstes ist nicht zu verachten. Sie darf es auch bei Tisch und in den Häusern zu unserer Freude geben. Er schreibt 1543: «Das Singen geht in seinem Nutzen weit über [den kirchlichen Bereich] hinaus. Auch zu Hause und im Freien ist es für uns eine Aufforderung, […] Gott zu loben.» Die Einladung dazu fand Echo. 1556 war aus Bordeaux zu vernehmen, dass einige Leute diese Genfer Psalmen «täglich singen auf der Straße und in den Häusern». Oder 1557 schreibt jemand aus dem französischen Xaintes: «Sie hätten am Sonntag sehen sollen, wie die Handwerksleute durch die kleinen Wälder und andere Vergnügungsorte spazierten und in kleinen Gruppen Psalmen […] sangen.»[10] Wichtig ist dabei, dass die Musik erklingt zum *Lobe Gottes*. Im Blick darauf hebt Calvin

7 Doumergue, 75f., vgl. CStA 2, 159,5ff.
8 CStA 2, 157,14–17.
9 Ebd., 157,4–10.
10 Peter Ernst Bernoulli, Frieder Furler (Hg.), Der Genfer Psalter. Eine Entdeckungsreise, 2. Aufl., Zürich 2005, 43f.57. Vielleicht hat ja Charles Schneider recht: La restauration du Psautier huguenot. Introduction, in: Schw. JB f. Musikwissenschaft, Bd. 4, Aarau 1929, 36: « Le Psautier huguenot … est réellement une oeuvre collective, en se sens que ses mélodies originelle puisent leurs sources dans le folklore français … »

beides hervor, zum einen dies: «dass die geistlichen Lieder nur mit dem *Herzen* richtig gesungen werden können».[11] Zum anderen betont er auch:

> Besonders sei unsere *Zunge* mit Reden und Singen zu diesem Dienst [zu Gottes Ehre] bestimmt und geweiht; denn sie ist besonders dazu erschaffen, Gottes Lob zu verkündigen und zu preisen. Ihre wichtigste Verwendung findet aber unsere Zunge im öffentlichen Gebet, wie es in der Versammlung der Gläubigen gehalten wird; denn da handelt es sich darum, dass wir Gott, dem wir in *einem* Geiste und in dem gleichen Glauben dienen, auch gemeinsam mit *einer* Stimme und wie aus *einem* Munde gleichermaßen verherrlichen.[12]

In Kol 3,16 heißt es: «Ermahnt einander mit Psalmen und Lobgesängen und geistlichen lieblichen Liedern.» Dazu bemerkt Calvin: Statt der wenig «inhaltsreichen Lieder ziemen uns [...] Lieder, welche Gottes Lob verkündigen», namentlich Psalmen, «die nicht nur gesungen, sondern auch mit Musikinstrumenten begleitet werden».[13] Calvin schätzt eben nicht nur Gesang, sondern durchaus auch Musikinstrumente, unter ihnen namentlich Harfe, Flöte, Trommeln und Orgeln.

1. Die Psalmen als das Gebet- und Gesangbuch auch der Christenheit

Zunächst ist das Wort «*auch*» in dieser Überschrift zu unterstreichen. Denn die Psalmen sind das Gebet- und Gesangbuch nicht nur der Christenheit. Sie sind es auch und zuerst für die *Juden*. Calvin hatte noch kein geklärtes Verhältnis zum erstberufenen Volk Gottes, zum Volk des Alten Testamentes. Aber unter dem eigenen Lesen und genauen Achten auf das Alte Testament begann er zu begreifen, dass die Juden die Erstlinge in dem von Gott berufenen Volk Gottes sind. Daher sagt er in Auslegung von Ps 150,6 das Wegweisende:

> Mit den Juden sind wir zum selben gemeinsamen Gesang (symphoniam) vereinigt, damit Gott auch unter uns [Heiden] mit unablässigem Lobopfer verehrt werde, bis wir im Himmelreich zusammenkommen und mit den auserwählten Engeln das ewige Halleluja anstimmen.[14]

Vor uns Christen sind die Juden Beter der Psalmen. Wenn dann auch wir Christen sie sprechen, sprechen wir sie mit ihnen. Machen wir uns das klar,

[11] CStA 2 161,2f.
[12] Institutio III 20,31.
[13] Zu Kol 3,16, CO 52,124f.
[14] CO 32,442.

so legt es sich eigentlich nahe, dass wir diese Texte nicht sozusagen christlich vereinnahmen können. Calvin hat sich das in *der* Weise klar gemacht, dass er die Psalmen bei ihrer Reimung für den gottesdienstlichen Gesang ganz in der Art, wie sie im Alten Testament stehen, ernst genommen und ausgelegt hat. Daher konnten in neuerer Zeit diese Psalmen in ihrer deutschen Fassung mit dem Vorwort auch eines Rabbiners neu herausgegeben werden.[15] Anders hat Martin *Luther* die Psalmen direkt für den christlichen Gottesdienst gereimt, und er kommt dabei immer schnell auf die neutestamentliche Christusoffenbarung zu reden. In seinem Sinn hat einmal eine lutherische Theologin protestiert gegen den unchristlichen Umgang der Reformierten mit den Psalmen. Nun, sie haben doch nicht ihre Christlichkeit dabei vergessen. Allerdings hat der reformierte Umgang mit den Psalmen das Reformiertentum zu einem christlichen Denken in Verbundenheit mit dem Alten Testament und so faktisch mit dem Volk des Alten Testaments angehalten. Man kann sich das schön an der Musik von Georg Friedrich Händel verdeutlichen, dessen erste musikalische Tätigkeit die Stelle eines Organisten bei den Hugenotten im Dom zu Halle war.[16]

Schon in der frühen Genfer Kirchenordnung von Januar 1537 schrieb der kaum 27-jährige Calvin, es sei nützlich «zur Auferbauung der Kirche, [...] Psalmen als öffentliche Gebete zu singen und *so* Bitten an Gott zu richten oder ihn singend zu lieben».

> Hier nehmen wir uns die alte Kirche zum Vorbild, und wir haben sogar das Zeugnis des heiligen Paulus, der es für eine gute Sache erklärt, in der Versammlung mit Herz und Mund zu singen. Wir können den Nutzen und die Auferbauung, die uns daraus erwachsen, erst dann ermessen, wenn wir es *versucht* haben. Die Gebete der Gläubigen sind bei unserer [jetzt üblichen] Art zu beten ja derart kalt, dass uns das tief beschämen muss. Die Psalmen können uns dazu ermutigen, unsere Herzen zu Gott zu erheben. Sie können in uns das Verlangen entfachen, seinen herrlichen Namen anzurufen und durch unser Lob zu erheben.[17]

Aber noch gab es diese so erwünschten Psalmengesänge gar nicht. Erst in Straßburg bekam Calvin Anregung und Gelegenheit, die Sache praktisch anzufassen. Eben die biblischen Psalmen waren ihm dabei das Vorbild für die gottesdienstlichen Gesänge. In Anknüpfung an sie wurde von ihm ein Neues geschaffen: das gemeinsame Singen der gereimten biblischen Psalmen. Im Vorwort zu seinen Auslegungen der Psalmen[18] nennt er sie ein

15 Rabbiner Dr. Jonathan Magonet und Dr. Rolf Rendtorff in: Der Psalter, Gütersloh 1997, 5f.

16 Martin Filitz, Halle, hat mich darauf aufmerksam gemacht. Vgl. Händels Oratorien Israel in Egypt (1739), Joseph and his brethren (1744), Joshua (1748) etc.

17 CStA 1.1., 125,18f.

18 CStA 6,21–25

wahres «Schatzhaus», in dem sehr verschiedenartige und köstliche Kleinode aufbewahrt sind. Seine Worte reichen bei weitem nicht aus, sagt er, um das alles so auszudrücken, wie es dort gesagt wird. Wir seien schwerlich in der Lage, den Wert dieser Sache zu ermessen. Doch so viel ist ihm gewiss, dass jeder, der in das Verständnis der Psalmen eindringt, dadurch viel himmlische Weisheit erlernt. Und zugleich erlangt er dabei eine irdische Weisheit. Denn es bleibe im Sprechen und Nachsprechen der Psalmen keine von unseren Schwächen verborgen. Dabei wird unser Herz in all seinen «Schlupfwinkeln» bloßgelegt.

So bieten die Psalmen auch eine Erkenntnis der vielen Nöte, die uns bis ins Innerste plagen – wie Calvin aufzählt: «die Schmerzen, Traurigkeit, Befürchtungen, Zweifel, Hoffnungen, Sorgen, Ängste, Verwirrungen, kurz alle Gefühle, durch die Menschen innerlich hin und her geworfen werden». Genau das wird hier vor Gott und in seiner Anrufung ans Licht gebracht und ausgesprochen und darum in der Hoffnung auf sein Erbarmen, seine Gnade, seine Gerechtigkeit und Hilfe. So wird in den Psalmen auch das «Vertrauen auf die Verheißungen» laut, der Glaube an «die Vergebung der Sünde aus Gnade, die uns allein mit Gott versöhnt». Doch ist das lange noch nicht alles: «Nirgendwo sonst kann man von einer größeren Fülle glänzender Lobeshymnen auf die einzigartige Güte Gottes gegenüber der Kirche und gegenüber allen seinen Werken lesen.» Und wo sonst werden solche Befreiungstaten seiner väterlichen Vorsehung und Fürsorge uns gegenüber vorgetragen und seiner gewissen Hilfe «in aller Not». Daher vernehmen wir in den Psalmen nicht nur Klagen über «die schwersten Lasten», sondern auch fröhliche «Loblieder» auf die Liebe Gottes. Noch einmal: Calvin versteht die Psalmen als *Gebete*, die in ihrer gemeinsamen Aussprache von der ganzen Gemeinde *gesungen* werden. Dieser kirchliche Gesang, so neu er wohl im damaligen Genf war, muss wiederum nicht neu erfunden werden; die biblischen Psalmen *sind* das Gesangbuch der Gemeinde.

Bei der ersten Ausgabe eines Teils dieser Gesänge 1539 in Straßburg hat Calvin noch selbst einige Texte und vielleicht auch einige Melodievorlagen beigesteuert. Aber dann zeigte er seine Größe darin, dass er auch seine Grenzen anerkannte. Er übertrug darum die Erstellung der Psalmreimung ausgezeichneten Dichtern und die Komposition der Melodien dazu hervorragenden Musikern seiner Zeit. Wir können nicht über Calvins Beziehung zur Musik reden, ohne auch die Helfer bei der Erstellung und Formung der Psalmenmusik zu nennen. Der, der hier zuerst zu nennen ist, ist Matthäus Greiter, ein begabter Musiker, der als Mönch Vorsänger am Straßburger Münster war und der nach der dortigen Reformation weiterhin Vorsänger blieb. Er wirkte neben Calvin an dem von Johannes Sturm geleiteten Gymnasium. Einige Melodien zu den Psalmen von ihm nahm Calvin in den Genfer Psalter auf. In Genf trat dann ein Clément Marot als feinsinniger *Dichter* hervor, der 50 Psalmen übersetzte und in Versform brachte und in Strophen setzte. Er war zunächst Hofdichter in Paris, sympathisierte mit Humanismus und Reformation, kam deswegen ins Gefängnis, wurde begnadigt und nach neuen Rückfällen und neuen Begnadigungen flüchtete er schließlich nach Genf, das er aber kurz vor seinem Tod 1544 verließ. Er verstand jetzt seine Dichtung als Aufgabe, die «weltlichen und schmutzigen Lieder» durch Psalmgesang zu ersetzen. Sein Werk vollendete dann bis 1562 für alle *150* Psalmen Calvins jüngerer Freund Theodor de Beza.

Für die *Komposition* der Psalmmelodien sind in der Genfer Zeit namentlich drei Gestalten zu nennen. 1541 bis 1545 wirkte Guillaume Franc als Gesangslehrer in Genf, der besonders Kinder in den Psalmengesang einführte. Als erster machte er die bis dahin vorhandenen Psalmen singbar. Nach ihm übernahm diese Aufgabe für sieben Jahre Loys Bourgeois, Kantor und Lehrer an der Genfer Hauptkirche Saint Pierre. Auf ihn folgte der aus den Pyrenäen zugezogene Pierre Davantès, ein Altphilologe, Drucker und Komponist. Vor allem ist auch Claude Goudimel zu erwähnen. Er war wahrscheinlich Schüler des Niederländers Josquin Deprez und als Musiklehrer in Rom wohl auch Lehrer von Giovanni Pierluigi da Palestrina. Er schrieb nicht die Melodien zum Psalter, aber er hat die einstimmigen Melodien vierstimmig gesetzt. Dabei wurde die Melodie zumeist vom Tenor gesungen. Das hat dazu geführt, dass in den beiden oberen Stimmen auch Frauen am Gesang beteiligt waren, die Sopran und Alt zu singen vermochten.[19]

Vierstimmig wurde wohl nicht im Gottesdienst gesungen, aber bei anderen Gelegenheiten, in Häusern und bei sonstigen Versammlungen. Gerade so half Goudimel aber zur Verbreitung des Psalmengesangs. Dieser aufrechte Hugenotte ist dann in der schrecklichen Bartholomäusnacht unter vielen anderen seiner Glaubensgeschwister ermordet worden. Möglicherweise widerfuhr dasselbe Schicksal Philibert Jambe de Fer, dem reformierten Renaissancekomponisten, der ebenfalls «Les 150 Psaumes de David à 4 et 5 voix» 1564 in Lyon veröffentlichte.

Die Genfer Psalmen waren eine Schöpfung des dortigen Christentums. Sie wurden weit verbreitet; von den ersten beiden Auflagen wurden 27 000 Exemplare gedruckt, und sie wurden in verschiedene Sprachen übersetzt. Ins Deutsche wurden die 150 Psalmen schon 1573 von dem Lutheraner Ambrosius Lobwasser übertragen, einem Rechtsprofessor in Königsberg. In dieser Fassung, die über 100 Auflagen erlebte, waren sie lange in Gebrauch, auch als dann Matthias Jorissen am Ende des 18. Jahrhunderts eine Neufassung der Genfer Psalmen vorlegte. Der war ein Verwandter des Liederdichters Gerrit Tersteegen. Er selbst war Prediger an der reformierten Gemeinde in Den Haag. Im gemeinsamen Gesangbuch der Evangelischen

[19] Vgl. Emma Herdman, Bibliothèque d'Humanisme et Renaissance, Tom. 66, Nr. 3, Genf 2004, 607–616.

Kirchen in Deutschland haben die reformierten Gemeinden einen Vorspann, in dem die 150 Genfer Psalmen, teils mit den klassischen alten Melodien, abgedruckt sind und in dem zum Teil auch die Texte der beiden, Lobwasser und Jorissen, aufgenommen sind.

2. Calvins Auslegung der Psalmen und deren Lieder-Dichtung

In den alttestamentlichen Psalmen findet sich, wie gesagt, ein vielfältiger Wechsel von recht unterschiedlichen Texten. Das wird fasslich in Calvins Kommentar zu den 150 Psalmen. Indem das nun an einigen Beispielen seiner Auslegung gezeigt wird, wird jeweils hinzugefügt, wie der Bibeltext in der Reimfassung der Lieder lautete, und zwar nach der Genfer Edition von 1562 «Les Psaumes en vers français avec leurs mélodies».[20] Bezeichnend für das Verständnis der Lieder ist das Titelblatt. Zum einen steht dort nach Ps 9,15 «Chantez au Seigneur qui habite en Zion, & annoncez ses faicts entre les peuples.» Zum anderen steht rund um ein Bild das Zitat aus 1Kor 15,42: «Ainsi sera la Resurrection des Morts: / Ce qui est semé en mepris / Ressuscitera en gloire». Das Bild zeigt ein Weizenfeld, dessen Körner auf die Erde fallen. Diese Genfer Psalmlieder sind mehrfach frei ins Deutsche übertragen worden, unter anderem eben von Ambrosius Lobwasser und Matthias Jorissen, nach denen im Folgenden zitiert wird.[21]

Es versteht sich, dass die Lieder nicht Calvins Auslegung, sondern den Psalm selbst in Reime fassen. Calvin hat seinen Kommentar 1557 drucken lassen, nachdem er seine Auslegung schon drei Jahre zuvor abgeschlossen hatte. Sein Text will wohl einerseits die Psalmen in ihrem ursprünglichen Sinn erfassen. Aber andererseits erfasst er sie in der Erkenntnis, dass diese einstigen Texte in seiner Gegenwart aktuell reden. Man spürt in seinen Auslegungen, wie er die Lebensgefahr der evangelischen Christen in Frankreich mit durchleidet, und man spürt, wie er auch besorgt ist wegen der Gefährdung des reformatorischen Werks in Genf durch den widerstrebenden Magistrat und in der Nähe aktive Irrlehrer. Aber man hört auch das ungebrochene Lob Gottes und seinen Trost. Calvin hat die Auslegungen meist sonntags vorgetragen, und das zeigt, dass die Psalmen für ihn vorwiegend gottesdienstliche Texte waren, so wie auch die im Gottesdienst gemeinsam gesungenen Psalmen. Die Psalmen waren für ihn das Urmuster von Gebeten überhaupt. Nicht wenige davon waren in Genf schon vor seiner Kommentierung als Lieder gereimt worden.

---

20 Faksimile-Druck Genf 1986.

21 Die Psalmen Davids / Frantzösischer Melodey nach: Durch D. Ambr. Lobwasser, Genff 1579; Die Psalmen Davids: in Reime gesetzt durch Matthias Jorissen nach der Ausgabe von 1818.

Beim *ersten* Psalm geht er ein auf das Lob des Gesetzes Gottes. Denn Gott könne nur dann recht verehrt werden, «wie es ihm zusteht, wenn man seinem Worte gehorcht». Doch wir haben es aufmerksam wahrzunehmen, was das Gesetz *Gottes* von einer peinlichen Gesetzlichkeit unterscheidet. Dies, sagt Calvin: «dass Gott an einem erzwungenen und knechtischen Dienst am allerwenigsten Gefallen hat, sondern dass vielmehr nur die zu Schülern des Gesetzes taugen, die mit heiterem Gemüt an die Sache herangehen», ja, die daran «solche Freude haben, dass sie nichts Lieberes und Angenehmeres treiben wollen, als darin Fortschritte zu machen».[22] Dazu der erste Vers des Psalmlieds nach einer schon 1539 in Straßburg vorliegenden Melodie:

> Qui au conseil des malins n'a esté,
> Qui n'est au trac des pecheurs arresté:
> Qui des moqueurs au banc place n'a prise,
> Mais nuict & iour la Loy contemple & prise,
> De L'eternel, & en est désireux,
> Certainement ce stuyla est heureux.
>
> (Lobwasser)
> WEr nit mit den gottlosen geht zu raht
> Vnd nicht tritt in sünderlicher leuth fußpfat
> Der auch nicht mit sitzt auff der spötter bencken
> Sonder auff Gotts gesetz mit fleiß thut dencken
> Vnd sich deß tag vnd nacht nimpt hertzlich an
> Fürwar das ist für Gott ein selig man.
>
> (Jorissen)
> Heil, Heil dem Mann, der flieht der Bösen Rat,
> der nicht betritt der Sünder krummen Pfad,
> und sich vom Sitz der Spötter weit entfernet!
> Dem Manne Heil, der ruhig Weisheit lernet,
> der sich das Recht des HERRN zur Freude macht,
> und Sein Gesetz erforschet Tag und Nacht.

Oder nun *Psalm 8*, wo es Calvin zu denken gibt, dass Gott an dem herrlichsten Teil seiner Schöpfung vorbeigeht, und das sind für den Genfer Reformator, wohlgemerkt, die Gestirne – und dies tut er, um sich elenden, gebrechlichen Wesen zuzuwenden: den Menschen, die «den verächtlichsten Geschöpfen beigesellt sind, die [im Staub] der Erde kriechen». Gott wendet sich ihnen zu, um ausgerechnet «dieses unglückliche und nichts-

22 CO 31,39.

nutzige Wesen mit höchster Ehre» zu schmücken. Die herrliche Auszeichnung besteht darin: «dass Gott des Menschen gedenkt», das bedeutet so viel wie: «dass er ihn mit väterlicher Liebe umfängt, ihn erhält, ihn unter [dem Schutz] seiner Treue bewahrt und seine Vorsehung bis zu ihm reichen lässt».[23] Im Psalmlied 8 ist dies in folgender Weise zum Ausdruck gebracht:

Mais quand ie voy & contemple en courage
Tes cieux, qui sont de tes doits haut ouurage:
Estoilles, Lune, & signes differens
Que tu a faits & assis en leurs rengs:
Adonc ie di à part moy, ainsi comme
Tout es bahy, Et qu'est-ce que de l'homme,
D'auoir daigné de luy te souuenir,
Et de vouloir en ton soin le tenir?

(Lobwasser)
Wann ich nur deine werck pfleg anzuschawn/
Daz du mit deinen fingern hast thun bawen/
den himmel/ Sonn vnd mond mit jrem schein
Die sternen auch in jhrer Ordnung fein./
Dann muß ich mich verwundern/ Vnd so sagen/
Was ist der Mensch/ für den du sorg thust tragen?
Was ist des menschen kind zu achten doch/
Daß du dich seiner annimpst also hoch?

(Jorissen)
Betracht ich nah und in der blauen Ferne
Den schönen Mond, das prächtige Heer der Sterne,
das Deine Hand als eine Herde führt,
so werd ich tief von Deiner Macht gerührt.
Was ist der Mensch, dass Du, HERR, sein gedenkest,
des Menschen Sohn, dass du ihm Gnade schenkest!
Ich sinke hin, wenn ich die Huld betracht,
womit Du ihn so herrlich hast gemacht.

In *Psalm 27* finden wir einen Text voller Vertrauen auf Gott angesichts der Bedrohung durch widrige Feinde. Calvin vollzieht den Gedanken derart nach, dass er zunächst von der Bedrohung redet, in der «die Heiligen heftig mit *sich* kämpfen [müssen], damit sie die Zweifel, zu denen das Fleisch nur zu sehr neigt, zurückweisen und überwinden». Doch dann meint er, «dass alle Ängste nur daraus entstehen, dass unser Leben uns allzu lieb ist, wir jedoch Gott nicht als dessen Hüter erkennen». Offenbar die gefährdeten

23 CO 31,271.

Hugenotten im Blick, fährt er so fort: «Die Gemüter der Gläubigen sind zwar bei weitem nicht immer frei von Furcht, aber weil wir sogleich wieder Mut fassen, blicken wir von der hohen Burg unseres Vertrauens verächtlich herab auf alle Gefahren.»[24] Im Lied tönt der Psalm so:

Le Seigneur est la clairté qui m'adresse,
Et mon salut, que doy-ie redouter?
Le Seigneur est l'appuy qui me redresse,
Où est celuy qui peust m'espouuanter?
Quand les malins m'ont dressé leurs combats,
Pour me cuider manger à belles dents,
Tous ces haineux, ces ennemis mordens,
I'ay veu broncher & trebucher en bas.

(Lobwasser)
DEr Herr mein liecht ist/ vnd regirt mein leben/
Er ist mein heil/ für wem hab ich ein schaw?
Er ist die kraft/ auf dem mein sachen schweben/
Wer ist der mensch/ für welchem mir was graw?
Da die gottlosen Leut als meine feind/
Sich allesampt aufflegten wider mich/
Vnd meynten mich zufressen grausamlich/
Gestraucht sie haben vnd gefallen seynd.

(Jorissen)
Gott ist mein Licht, die Freude meines Lebens,
Er ist mein Heil, der alles mir verschafft.
Mir graut vor nichts, man drohet mir vergebens.
Wen fürcht ich denn? Der HERR ist meine Kraft.
Es fiel auf mich der Übeltäter Wut,
sie dürsteten ergrimmt nach meinem Blut.
Sie lästerten, sie hatten Mord im Sinn
Und fielen an, doch stürzten vor mir hin.

Wieder ganz anders spricht *Psalm 51*, in dem jemandem aufgedeckt wird, dass er ein verlorener Mensch ist. Warum? Wegen «der Schwere des Vergehens», durch die er in große Schuld verstrickt wurde; sie hafte ihm hartnäckig an (V. 3)![25] Nachgerade vom Mutterleib an hätte er nichts anderes als Sünde mitgebracht und sei von Natur aus völlig verdorben, gleichsam mit Fehlern durchtränkt (V. 7).[26] Und wenn es im Psalm weiter heißt «An

[24] CStA 6,113f.
[25] Ebd.,173,35.38. 175,9.
[26] Ebd.,181,38f.

dir allein habe ich gesündigt», dann versteht es Calvin so: «Herr, auch wenn mich die ganze Welt freisprechen würde, so ist es für mich mehr als genug zu wissen, dass du mein Richter bist, dass mich mein Gewissen vor deinen Richterstuhl führt und dies so, dass mir keine menschlichen mildernden Umstände etwas nützen […]» (V. 6).[27]

Misericorde au paoure vicieux, Dieu toutpuissant,
Selon ta grand'clemence:
Vse à ce coup de ta bonté immense,
Pour effacer mon faict pernicieux.
Laue moy Sire, & relaue bientfort
De ma commise ni qui té mauuaise
Et du peché qui m'a rendu si ord,
Me nettoyer d'eau de grace te plaise.
Car de regret mon cœur vit en es moy
Cognopissant, las! ma grand faute presente:
Et qui pis est, mon peché se presente
Incestamment noir & laid deuant moy.
En ta presence à toy seul i'ay forfait,
Si qu'en donnant arrest pour me de faire,
Iugé seras auoir iustement fait,
Et veincras ceux qui diront contraire.

(Lobwasser)
HErr Gott nach deiner grossen gütigkeit
Wolstu dich gnedig vber mich erbarmen/
Tilg auß mein boßheit/
Vnd genad mir armen/
Durch dein vielfeltige barmhertzigkeit/
Mein grosse missethat wasch sauber ab/
Vnd reinig mich vom vnflut meiner sunden/
Damit ich so sehr beflecket hab/
Vnd lesch die auß mit deiner gnaden vnden.
Dann ich erkenn meine gebrechlichkeit/
Mein vbertrettung stets für mir thut stehen
Vnd dass die wider dich allein geschehen/
Das ist mir Herr von gantzem hertzen leid.
Ich hab gesundigt vor deim angesicht/
Daß/ wann du mich schon züchtigtest rechtschaffen/
Du mir recht dran thetst/ Vnd man dein gericht
Vnd vrtheil nicht könd tadeln oder straffen.

27 Ebd.,177,27–31.

(Jorissen)
Erbarm Dich mein, o Gott nach Deiner Huld!
Barmherziger, erbarm Dich eines Armen!
Oh, Du bist groß und herrlich im Erbarmen,
verkläre Dich und tilge meine Schuld!
Ach, tilge sie, sie drückt mich früh und spat,
und unrein kann ich nirgends Rein'gung finden!
Wasch Du mich wohl von meiner Missetat
Und rein'ge mich von allen meinen Sünden!
Ja, ich erkenn die Missetat in mir,
dass sie mir stets vor meinen Augen schwebet,
Wie schrecklich ist sie? Meine Seele bebet!
Ich sündigte, HERR Gott, allein an Dir.
Ich durfte frech, was Dir ein Gräuel ist,
vor Deinem Aug, o Heiliger, begehen.
Dein Wort ist rein und heilig, wie Du bist,
auch im Gericht werde ich Dich Heilgen sehen.

Zum *Psalm 104* folgt Calvin der ausführlichen Beschreibung, wie alles Leben in der weiten Natur von Gottes Gabe des Lebens geschaffen und erhalten wird. Er sorgt für alle Lebewesen «als Hausvater und Ernährer. […] Nur seine Freigebigkeit kann ihren Hunger stillen». (V. 11.27.30) Im Reimpsalter wird auch die Aussage in V. 15 nicht übersprungen: «Le vin pour estre au coeur joye & confort …» Schließlich redet der Reformator von uns Menschen inmitten all der Kreatur und sagt (V. 30): «Wir stehen [aufrecht], sofern [Gott] uns mit seiner Kraft aufrecht erhält; sobald er aber seinen lebendig machenden Geist uns nimmt, fallen wir. […] Denn Gott lässt den Atem, der bei ihm seine Wohnstätte hat, ausgehen, wohin er nur will, und sobald er ihn aussendet, wird alles geschaffen.» (V. 29)[28] Im Lied tönt diese Aussage so:

Tous animaux à toy vont à recours,
Les yeux au ciel: afin que le secours
De ta bonté à repaistre leur donne,
Quand le besoing & le temps s'y adonne.
Incontinent que tu leur fais ce bien
De le donner, ils se paissent du tien:
Et n'est plustost ta large main ouuerte,
Que de tous biens planté leur est offerte.
Dès que ta face, & tes yeux sont tournez
Arriere d'eux, ils sont tous estonnez:
Si leur esprit tu retires, ils meurent,

[28] Ebd., 309,8–10. 35–37.

Et en leur poudre ils reuont & demeurent.
Si ton esprit derechef tu transmets,
En telle vie adoncques les remets
Que parauant: & de bestes nouuelles,
En vn moment la terre renouuelles.

(Lobwasser)
Es warten auf dich Herr Gott all thier
Vnd heben jre augen auff zu dir/
Du gibst jn jre speiß zu jren zeiten/
Sie samlen sich für dir/
vnd auf dich betten/
Du settigest vnd füllest sie mit lust.
Vnd wann du deine milte hand auffthust/
So ist da mehr kein mangel noch gebrechen.
Dann du weist wohl jr notturft außzurechen.
Verbirgstu aber dein gesicht für jhn/
So zittern sie vnd fallen flucks dahin/
Entzeuchstu jn den athem/ zu den stunden
Seind sie nicht mehr/ vnd wie ein staub verschwunden.
Wann du sie aber nur anhauchst allein/
Bald sie sich widerumb vernewen fein/
Dann sie da lebendig gemachet werden/
Du machest auch new die gestalt der erden.

(Jorissen)
Was Atem hat und Leben, hat's von Dir.
Drum harrt es Dein und schaut hinauf zu Dir,
und jedes harrt auf die ihm eigne Weise.
Du siehst's und gibst zur rechten Zeit ihm Speise.
Sie sammeln sich, und alle sind erfreut,
wenn Deine Hand für sie das Futter streut.
Du teilst es aus im Meere wie auf Erden
Und schaust mit Lust, wenn sie gesättigt werden.
Doch wend'st Du weg Dein gnädig Angesicht,
so zittern sie und fürchten Dein Gericht.
Will Deine Hand den Atem ihnen wehren,
so müssen sie zum Staube wiederkehren.
Doch bläsest Du den Geist des Lebens ein,
so wird der Staub auch wieder lebend sein.
Wir hören noch Dein mächtiges «Es werde!»
Denn Du verjüngst das Angesicht der Erde.

Im *Psalm 118* sei auf die sonderbare Stelle hingewiesen, in der die Rede ist von einem Stein, der von den Bauleuten verworfen wurde, den Gott jedoch wunderbarerweise geradezu zum Eckstein bei seinem Bau erwählt hat. Calvin versteht den Stein als ein Bild für David und die Bauleute als ein Bild für die Vornehmsten und Gemeindevorsteher. Diese seien aber «von Gottes Geist und noch dazu vom gesunden Menschengeist verlassen». Und nur der eine David sei über alle unsere Fassungskraft hinaus «durch Gottes Beschluss und Hand […] zur Aufrechterhaltung des ganzen Gebäudes [seiner Gemeinde] eingesetzt» worden (V. 22f.).[29] Das Psalmlied sagt es derart:

La pierre par ceux reiettee,
Qui du bastiment ont le soin,
A esté assise & plantee
Au principal endroit du coin.
Cela est vn oeuure celeste,
Faite, pour vray, du Dieu des dieux,
Et vn miracle manifeste,
Lequel se presente à nos yeux.

(Lobwasser)
Der stein/der den bawleuten pfleget
Vntüchtig vnd vnwerth zu seyn/
Der ist im baw also geleget/
Daß er ist worden ein eckstein.
Das aber ist von Gott geschehen/
Der es also geordnet hat.
Daß wir also mit augen sehen
Dein grosse werck vnd wunderthat.

(Jorissen)
Der Stein, den die mit Gott nicht bauen,
verwarfen, ist dahin gelegt;
wo wir ihn als den Eckstein schauen,
der das Gebäude ziert und trägt.
Dies ist vom Herrn der Herrn geschehen.
Wie groß ist's, was Er hat getan!
Wir alle, die dies Wunder sehen
stehn ganz erstaunt und beten an.

Ein letztes Beispiel: *Psalm 139*. Im engen Anschluss an die ersten Verse sagt Calvin: In der Überzeugung, «dass Gott nichts verborgen bleibt», wolle der Sänger dieses Psalms «aus freien Stücken all sein Denken und all seine

[29] Ebd., 361,21–24.

Empfindungen aufdecken, um sich prüfen zu lassen. Du, o Gott, spricht er, vermagst all das zu durchschauen, was in mir verborgen ist, und nichts kann [deinem Blick] entrinnen. […] Gott ist nicht im Himmel eingeschlossen, so dass er sich an seiner Muße ergötzt. […] Doch mögen *wir* auch fern von ihm unsere Wege gehen, so ist *er* doch nicht fern [von uns]. […] Du, Herr, bist mit meinen Wegen vertraut, so dass sie dir gleichsam von innen her bekannt waren.» (V. 1–3)[30] Dazu die Reimfassung:

O Dieu tu cognois qui ie suis:
Tu sais tout cela que ie puis,
Soit que soy› assis ou de bout,
Tu me cognois de bout en bout:
Et n'ay nulle chose conceue,
Que n'a yes de loin apperceue.

(Lobwasser)
HErr du erforschest wer ich bin/
Du weisstest wol mein hertz vnd sin/
Ich sitz/ steh/ geh/ ja was ich thu
Oder beginn/ das wisstestu/
Was ich gedenck/ was ich thu sinnen/
Das wirstu auch von ferne innen.

(Jorissen)
Herr HERR, ja Du erforschest mich!
Du kennst mich ganz, was trüget dich?
Ich sitz und stehe auf vor Dir,
Du schaust bis auf den Grund in mir,
Eh die Gedanken noch entstehen,
hast Du sie schon von fern gesehen.

3. Eine Oper als Werk von Schülern Calvins

In diesem Zusammenhang sei zuletzt auf einen französischen Dichter hingewiesen, der von Calvin tief geprägt war: Louis Des Masures. Er hat eine «heilige Tragödie» verfasst. Heilig ist sie insofern, als sie dem Bericht der Heiligen Schrift über den König David nachgedichtet ist. Der Text ist in drei Teile gegliedert: Der kämpfende David – Der siegende David – David auf der Flucht. Diese drei Teile sind nach den drei Begriffen geordnet: Mut, Geduld, Großherzigkeit bzw. Glaube, Hoffnung und Liebe. Inhaltlich ist der Text von Calvins Theologie geprägt und zeigt, wie diese sich nicht bloß

30 Ebd., 6,375,32.36; 377,15f.,8f.,38f.

in Predigtform ausdrücken lässt. Wiederum zeigt der Text und seine musikalische Gestaltung die kulturelle Auswirkung dieses Theologen. Hier ein kleines Stück aus dem dritten Akt dieser Dichtung:

> Wir wollen euch allen, Frauen und Männern, zeigen
> die göttliche Macht, und wie weder die Hand,
> noch der Arm, noch das Herz, noch menschlicher Rat
> etwas gegen *Gott* vermögen.
> Seine starke Verteidigung schützt
> seine Erwählten gegen jede Verletzung [...]
> Ihr könnt andererseits sehen und hören,
> wie auf Erden der böse Mensch hochmütig
> und kräftig ist, der die Guten und Gerechten
> bei jeder Gelegenheit bedrückt,
> und von dem für einige Zeit die Diener Gottes
> unehrenhaft Tod, Schmach und Tadel erleiden [...]

Dieser Text ist von dem genannten Renaissance-Komponisten Claude Goudimel in Musik umgesetzt worden. Es ist hier interessant zu hören, wie dieser in seiner Zeit bekannte Komponist diese Texte singbar gemacht hat.

Wir sehen also, Calvin hatte eine ausgesprochene Freude an der Musik, und er hat diese Freude speziell an den biblischen Psalmen genährt. Dadurch hat er für die christliche Kirche einen schönen Reichtum zusammengetragen, der in seiner Zeit und über sie hinaus viele auch reich gemacht hat. Und er hat verstanden, eine ansehnliche Reihe von Musikern und Dichtern heranzuziehen, die zu diesem Schatz beigetragen haben. Man darf von einer kulturellen Wirkung des Reformators reden.

Dei Gloria – Gottes Herrlichkeit

Wenn man den Gebrauch eines Begriffs in einem literarischen Werk näher anschaut, so bedeutet das, dass man dabei gleichsam das Gefüge eines ganzen Hauses unter einem bestimmten Blickwinkel ins Auge fasst; und dabei sieht man das Gefüge möglicherweise im Ganzen neu.

Johannes Calvin sprach in seinen Schriften ein kultiviertes Latein, und er drückte sich sonst in einem Französisch aus, wie es in der ersten Hälfte des 16. Jahrhunderts in seinem Heimatland Frankreich und auch in Genf, wo er als Fremder wohnte, üblich war. Den Begriff der «Herrlichkeit» kannte er also nur in jenen beiden Sprachen. Allerdings, wenn in seiner Institutio Christianae Religionis in der gegenwärtig verbreiteten deutschen Übersetzung dieser Begriff gebraucht wird, so ist sie auch an diesem Punkt der ersten deutschen Übersetzung dieses Werks angelehnt, die 1572 in Heidelberg veröffentlicht wurde.[1] Im Lateinischen liegt dem Wort in der Regel der Begriff «gloria» zu Grunde und im Französischen heißt es entsprechend «gloire», so in der Publikation der Institutio 1560 in dieser Sprache.[2] Ist die deutsche Übersetzung des Begriffs als «Herrlichkeit» wohl gebräuchlich, so wird man im Deutschen immerhin den eigenen Klang von «gloria» in der Sprache Calvins, die namentlich von Cicero geprägt war, im Ohr haben müssen: Zierde, Schmuck. Zudem sind die Begriffe beachtenswert, die von Calvin parallel zu «gloria» benutzt wurden: *splendor*, Glanz; *claritas*, Helligkeit oder Ruhm; *gaudium*, Vergnügen; *maiestas*, Erhabenheit; *foelicitas*, Glückseligkeit; *quies*, Ruhe oder Friede; *praeclarus*, schön oder eben herrlich. Es lassen sich im Reden Calvins von *gloria* oder Herrlichkeit drei Dimensionen feststellen, die hier der Reihe nach beleuchtet werden.

1. Die himmlische Herrlichkeit Gottes

Davon spricht Calvin wörtlich – von der «caelestis Dei gloria».[3] Das bezeichnet offenbar den Ausgangspunkt, von dem her er darüber nachdenkt und der alles Weitere prägt. Zu der Anrede Gottes im Unser-Vater-Gebet bemerkt er, dass die «Himmel», in denen Gott wohnt, genauer so zu verstehen sind, «dass er nicht von einem bestimmten Ort begrenzt ist, sondern

---

1 Institvtio Christianae Religionis, Das ist Underweisung inn Christlicher Religion / inn Vier Bücher verfasset. Durch Herrn Johannem Caluinum. Aus Lateinischer vnd Frantzösischer Sprach trewlich verteutscht, Heydelberg 1572. Otto Weber hat diese Übersetzung für die seine offensichtlich weithin benutzt.

2 Institution de la religion Chrétienne par Jean Calvin. Nouvelle édition, par Frank Baumgartner, Genève/Paris 1888.

3 Institutio IV 5,17.

alles durchdringt. Aber unser Sinn vermag in seiner Grobheit sonst seine unaussprechliche Herrlichkeit (*inenarrabilem gloriam*) nicht zu fassen, und deshalb wird sie uns in dem Bilde des Himmels angedeutet.»[4] Die Herrlichkeit gehört demnach wesentlich zu Gott. Indem er ist, ist er herrlich. Er ist nicht ohne sie. Gott *ist* herrlich. Aber dass seine Herrlichkeit «himmlisch» ist, bedeutet nicht, dass Gott in seiner Herrlichkeit an einen – örtlich aufgefassten – Himmel gebunden ist. Vielmehr hängt das, was Himmel heißt und himmlisch ist, ganz und gar von der Anwesenheit und Gegenwart des herrlichen Gottes ab. Ist er abwesend, so ist der «Himmel ferne». Leuchtet seine Herrlichkeit, so geht es himmlisch zu.

Die Unterscheidung zwischen «Himmel» (*caelum*) und *gloria* ist darum wichtig, weil dadurch klar ist, dass die Herrlichkeit Gottes oder Gott in seiner Herrlichkeit nicht in einem Jenseits von der sichtbaren Welt fixiert werden muss und fixiert werden darf. In der Tat gibt sich Calvin alle Mühe zu betonen, dass wir um und um von einer Fülle von sichtbaren, bildhaften Hinweisen auf Gottes Herrlichkeit umgeben sind. «Wohin man die Augen blicken lässt, es ist ringsum kein Teilchen der Welt, in dem nicht zumindest irgendwelche Fünklein seiner Herrlichkeit (*scintillae aliquae gloriae ipsius*) zu sehen wären.»[5] Es treten «in allen Teilen der Welt gewisse Anzeichen der Herrlichkeit Gottes hervor». Vor allem gilt das im Blick auf die Gottebenbildlichkeit des Menschen. Es zeigt sich freilich gerade hier: Auch wenn die Herrlichkeit Gottes in äußeren Anzeichen hervorschimmert, so ist sie doch *geistlich* zu verstehen.[6] Nicht zuletzt darum thront Gottes Herrlichkeit namentlich in und auf den Engeln.[7] Jedoch will Gott auch im Menschen, sofern er Ebenbild Gottes ist, seine Herrlichkeit «wie in einem Spiegel» zeigen.[8]

Das Bild des Spiegels wird von Calvin oftmals benutzt, und es hat für ihn eine Gleichniskraft. Denn es ist so, dass wir die Herrlichkeit Gottes des Vaters nicht direkt sehen können, sondern nur indirekt, jedenfalls solange wir in unserem irdischen Lauf begriffen sind. Aber indirekt, in solchen «Spiegeln», können wir seine Herrlichkeit sehen. Um es genauer zu sagen: Wir *könnten* es wohl, aber wir *tun* es faktisch nicht. Das liegt nicht an einer Undeutlichkeit der göttlichen Kundgabe in den dazu eingesetzten Spiegeln, sondern an der Schwere der menschlichen Sünde. Man hat sich klarzumachen: «Was wertvoll, erhaben und herrlich ist, das muss dem Herrn unterworfen werden.»[9] Wenn das nicht geschieht, gemeint ist: wenn wir bei dem Glanz der irdischen Dinge stehen bleiben und wenn sie uns nicht als solch ein Spiegel dienen, dann entfernen wir uns von Gott in seiner

---

4 Ebd., III 20,40.
5 Ebd., I 5, 1.
6 Ebd., I 15,3.
7 Ebd., I 14,5.
8 Ebd., II 12,6.
9 Ebd., IV 5,17.

Herrlichkeit und sind davon entfremdet. Dabei handelt es sich nicht um einen kleinen, zufälligen Fehler, den wir ohne weiteres korrigieren könnten. Calvin kann von dem hier vorliegenden Grundfehler in konkreter Zuspitzung reden. Wir stoßen hier auf eine bestimmte von der klassischen Antike her bis in die Gegenwart reichende Tradition, in der die Natur nicht als von Gott gesetzte und regierte Ordnung seiner Kreatur angesehen, sondern mit «Gott» gleichgesetzt oder gar an seine Stelle gerückt wird. In Folge dessen soll «die Welt, die doch als Spiegel Gottes erschaffen ist, ihr eigener Schöpfer sein». Vielleicht wird das sogar frommen Sinnes gesagt, und das lange bevor an Spinoza zu denken war: *naturam esse Deus*, die Natur, das All oder die Substanz aller Dinge sei also gleichbedeutend mit Gott.[10] Derart beweist sich, dass unser Unglaube und Aberglaube die Herrlichkeit von Gottes Gottheit (*divinitatis suae gloriae*) verdunkelt.[11] Nun ist es tatsächlich so, soweit man nur sehen kann:

> Solange der Anblick der Welt unseren Augen groß erscheint, stumpft er unsere Augen ab, so dass die Herrlichkeit Gottes sich gleichsam in Dunkelheiten verbirgt.[12]

2. Die im Irdischen aufleuchtende Herrlichkeit des Mittlers

In seiner Auseinandersetzung mit Michael Servet legt Calvin Wert auf die Klarstellung, dass im Alten Testament keineswegs «Engel» an Stelle Gottes verehrt wurden, sondern dass in der Funktion der Engel das Amt des «Mittlers» ihr Vorspiel hatte. Der Mittler aber sei kein Mischling von Gott und Mensch, kein halbgöttliches und so faktisch doch kreatürliches Zwischenwesen zwischen Gott und Mensch, sondern «Gott von unaussprechlicher Herrlichkeit».[13] «Herrlichkeit» ist ihm nur dann eigentümlich, wenn es klar ist, dass dem Mittler das zukommt, weil er nicht weniger als Gott selbst ist, zwar nicht Gott der Vater, sondern dessen einer Sohn, aber «ipsum esse Jehova», er ist also «selbst Jahwe», der, in dem «die ganze Fülle der Gottheit leibhaftig wohnt».[14] Allerdings zeichnet die Herrlichkeit in dem, der wahrer Gott und wahrer Mensch ist, speziell seine *Gottheit* aus, die Gottheit des Gottessohnes, der als der «Mittler» zwischen Gott und Mensch unter den Menschen erscheint. Das heißt zunächst, dass sich die Herrlichkeit Gottes in ihm nicht etwa in verminderter Form befindet. Im Gegenteil, in ihm wird sie dem Menschen, der sie in seiner Sünde sonst

10 Ebd., I 5,5, nach Seneca. Vgl. Spinoza. Ethik nach geometrischer Methode dargestellt. Phil. Bibliothek 92, Hamburg 1955, 187.
11 Institutio II 8,16.
12 Zu Tit 2,13, CO 52, 424.
13 Institutio I 13,10.
14 Ebd., I 13,13. Vgl. Kol 2,9.

nicht mehr sieht, vielmehr *sichtbar*. «Denn indem Gott in diesem seinem Ebenbild erschien, wurde er gewissermaßen sichtbar, während sein Bild [für uns] zuvor dunkel und schattenhaft war.» Nach 2Kor. 4,6 hat nämlich Gott «einen hellen Schein in unsere Herzen gegeben», um uns «die Erkenntnis der Herrlichkeit Gottes im Angesicht Jesu Christi» sichtbar zu machen. Die *gloria* Christi strahlt uns ohne jeden verdeckenden Vorhang im Evangelium entgegen.[15] In ihm ist ja die Majestät Gottes zu uns gekommen, weil wir nicht von uns aus zu ihm kommen können.[16] Deshalb kann Calvin in Auslegung von Hebr 1,3 die Aussage von Christus als dem Glanz der göttlichen Herrlichkeit geradezu so verstehen:

> Wenn du also hörst, der Sohn Gottes sei der Glanz der Herrlichkeit seines Vaters, so denke bei dir: die Herrlichkeit des Vaters ist für dich unsichtbar, bis sie in Christus hervorglänzt. Außer Christus ist kein Licht, sondern lauter Finsternis. Denn obwohl Gott das alleinige Licht ist, das uns alle erleuchten muss, kann es sozusagen nur in dieser Ausstrahlung in uns eingehen.[17]

Es wäre in ihm nicht *Gott* zu uns gekommen, wenn er nicht der herrliche Gott wäre. Aber ist Gott zu uns *gekommen*, dann heißt das, dass jenes uns sonst verborgene Licht uns in ihm wirklich leuchtet.

Aber nun scheint Calvin diese seine starken Aussagen wieder zurückzunehmen. Macht es ihm eben doch Eindruck, dass so viele die in die Menschheit eingetretene Herrlichkeit Gottes nicht wahrnehmen? Oder macht er jetzt gar einen Schritt zurück und erklärt so, wie er es von den Kundgebungen Gottes in der Schöpfung sagte: dass auch Christus nur eine, und sei es eine besonders wertvolle, der indirekten Bezeugungen Gottes sei? Das würde heißen, dass dann der Sünder, so wie er an der «Natur» hängen bleibt, statt zu ihrem Schöpfer zu blicken, auch nur bei Christus stehen bleibt, statt von ihm zu Gott aufzusteigen. Dann würde er ja Christus auch nur als eines der göttlichen Schöpfungswerke ansehen und nicht als den, als den ihn Calvin jedenfalls anerkennt: den Einen, der der Sohn Gottes «von Natur» ist, im Unterschied zu denen, die durch ihn aus reiner Gnade Kinder Gottes werden.[18]

Indes ist es wohl so, dass Christus als der Mittler zwischen Gott und Mensch sich derart erniedrigt hat, dass «der Anblick seiner Majestät» verborgen war, ja, dass er von ihm abgelegt wurde. Nicht seine Gottheit hat er abgelegt, aber deren «Anblick». Calvin versteht die Erhöhung Christi nach Hebr 2,9 so, dass Gott der Vater ihn deshalb «mit Herrlichkeit und Ehre»

15 Ebd., II 9,1.
16 Ebd., II 12,1.
17 Zu Hebr 1,3, CO 55,12.
18 Institutio II 12,2. Vgl. zu Joh 1,14, CO 47,15: Unigenitum vocat, quia unicus est natura filius.

gekrönt hat[19] - nochmals: als eine Auszeichnung, die ihm wesentlich, «von Natur» eigen ist. Jedoch ist das jetzt die Frage, ob und inwiefern diese seine darin und dadurch *sichtbar* gewordene Herrlichkeit tatsächlich gesehen wird. Calvin gibt eine charakteristische Antwort auf diese Frage – in Auslegung von Joh 1,14: «Wir sahen seine Herrlichkeit (*gloriam*)». Das bedeutet:

> Die Erhabenheit (*maiestas*) Gottes war nicht aus ihm ausgeleert (*exinanitam*), obwohl sie mit Fleisch umgeben war. Sie war zwar unter der Niedrigkeit des Fleisches verborgen, aber doch so, dass ihr Glanz aus ihm hervorleuchtete. (Man hat also) an Christus die Herrlichkeit wahrnehmen können, die mit der des Sohnes Gottes übereinstimmte und das sichere Zeugnis seiner Gottheit war. [Jedoch] obwohl die Herrlichkeit Christi allen hätte sichtbar sein können, blieb sie den meisten wegen ihrer Blindheit unbekannt. Nur die wenigen, denen der Heilige Geist die Augen öffnete, erblickten die Manifestation seiner Herrlichkeit.[20]

Das sagt vor allem, dass die Offenbarung Gottes in Christus nicht zu einer Offenbartheit wird, an der sich jeder nach Belieben bedienen kann, sofern er dazu Lust und Interesse hat. Sondern wie wir ganz und gar darauf angewiesen sind, dass sich *Gott* den Menschen zuwendet, ohne dass wir das von uns aus vermöchten, so bleiben wir vollständig darauf angewiesen, dass uns von *Gott* selbst, jetzt im Heiligen Geist, Augen und Ohren und Herz dafür aufgeschlossen werden.

Das öffnet nun die Türe für eine weitere Erkenntnis. Denn es hat zwar seinen guten Grund, dass sich die Herrlichkeit Gottes in *Jesus Christus* schon erschlossen *hat*. Aber die Erschließung dessen in ihm ist als solche zugleich die *Verheißung* ihrer künftigen vollen Offenbarung. Der Erfüllung dieser Verheißung gehen die an Christus Glaubenden erst entgegen; deshalb ist ja für Calvin der Glaube notwendig mit der Hoffnung verbunden.

> Wo dieser Glaube lebendig ist, da hat er notwendig die Hoffnung auf das ewige Heil zum unzertrennlichen Begleiter. [...] Die Hoffnung ist nichts anders als die Erwartung der Dinge, die nach der Überzeugung des Glaubens von Gott wahrhaftig verheißen sind.[21]

Glauben wir schon an ihn, so haben wir doch damit zugleich erst noch auf die Erscheinung der «Herrlichkeit [...] des großen Gottes und unseres Heilandes Jesu Christi zu warten».[22]

Genau darauf ist nun mit Nachdruck hinzuweisen: auf das Entscheidende, dass «die Offenbarung der Herrlichkeit Gottes [...] in der *Person*

19 Institutio II 14,3.
20 Zu Joh 1,14, CO 47,15.
21 Institutio III 2,42.
22 Zu Tit 2,13, CO 52,424.

Christi erfolgt (*in huius persona fore illam gloriae revelationem*)».[23] Mit seiner Erscheinung wird die Größe der Herrlichkeit Gottes offenbar. Inwiefern ist es so wichtig zu verstehen, dass der uns schon gegebene, von uns schon geglaubte «*Christus* die Hoffnung der Herrlichkeit» ist[24]? Es lohnt sich hier ein Blick auch auf Calvins Prädestinationslehre, laut der wir die Gewissheit unserer Erwählung nicht bekommen, wenn wir auf uns selbst oder auf Gott an sich blicken. Denn *Christus* ist der «Urheber (authorem) unserer Erwählung».[25] «Sind wir aber in ihm erwählt, so werden wir die Gewissheit unserer Erwählung nicht in uns selbst finden, ja, auch nicht in Gott, wenn wir ihn uns für sich allein, ohne den Sohn vorstellen. Christus ist also der Spiegel, in dem wir unsere Erwählung anschauen sollen und *es ohne Täuschung vermögen*.»[26]

In derselben Weise klärt Calvin auch den Gedanken der *gloria Dei*. Denn er glaubt, dass die Herrlichkeit eines bloßen Gottes für uns nur zutiefst erschreckend ist, «bis Christus ins Mittel tritt und den Thron der furchtbaren Herrlichkeit (*formidabilis gloriae*) in den Thron der Gnade umwandelt».[27] Calvin weist hier auf Röm 5,2 hin, wonach wir durch die am Kreuz Christi erworbene Gerechtigkeit vor dem Zorn Gottes bewahrt werden, und er legt das in der Weise aus: «Durch das *Evangelium* strahlt uns der Glanz der zukünftigen Herrlichkeit entgegen, die Gott geben will.»[28] Damit ist offenbar ein Dreifaches gesagt: Das Evangelium Jesu Christi lässt uns hoffen auf die künftige Herrlichkeit, und: Es bricht diese Herrlichkeit im Evangelium selbst schon an; und vor allem: Die künftige Herrlichkeit ist nicht niederschmetternd, sondern erquickend und aufrichtend, weil sie voller Offenbarung der in Christus gewährten Gnade Gottes ist.

3. Die kommende Herrlichkeit der Kinder Gottes

Indem die Herrlichkeit Gottes uns durch den Mittler Jesus Christus vermittelt wird, zielt sie darauf, dass *wir* davon einen überaus großen, ja, ewigen Gewinn haben. Der Gewinn ist unsere Beteiligung an der göttlichen Herrlichkeit. In ihr wird «nicht bloß Gott selbst herrlich sein», sondern wird er sie «dann nach allen Seiten ausstrahlen, so dass er alle seine Erwählten an ihr teilhaben lässt».[29] Die Beteiligung daran wird uns nicht durch Verdienst

23 Ebd.
24 Zu Kol 1,27, CO 52, 97.
25 Inst. III 22,7.
26 Ebd., III. 24,5.
27 Ebd., III 20,17.
28 CO 49, 89f.
29 Zu Tit. 2,13, CO 52, 424.

unserer Werke zuteil. Sie wird uns rein aus Erbarmen, durch Gottes gnädige Erwählung dazu geschenkt.[30] Sie wird uns nicht bloß durch eine göttliche Gesinnung, sondern durch eine radikale Aktion Gottes geschenkt, nämlich dadurch, dass «Gottes Majestät selber (*maiestas ipsa Dei*) zu uns hernieder gekommen» ist.[31] Bedeutet das negativ, dass wir von uns aus nicht zu Gott kommen können, so bedeutet das jedoch zugleich positiv, dass wir durch ihn und in ihm unsererseits zu Gott kommen, zu ihm erhoben und mit ihm verbunden werden. Er, der «von Natur» Gottes einziger Sohn ist, kam zu uns, damit wir «aus Gnaden» Gottes Kinder werden.[32] Aber aus Gnade *ist* uns das verheißen. Nachdem wir an Christus Anteil erlangt haben, dürfen wir wissen, dass uns nichts an der vollen Seligkeit fehlt. «Das ist ein bewundernswertes Werk Gottes, dass in irdenen und zerbrechlichen Gefäßen die Hoffnung der himmlischen Herrlichkeit wohnt (*quod in vasculis testaceis et fragilis resideat spes coelestis gloriae*).»[33] Die Wahrheit und Wirklichkeit dessen ist vorderhand nur in Jesus Christus gegeben.

> Obgleich unser Heil bislang in der Hoffnung verborgen ist, soweit man auf uns selbst blickt, so besitzen wir trotzdem in Christus schon selige Unsterblichkeit und Herrlichkeit (*beatam immortalitatem et gloriam*).

Wenn wir allein auf ihn blicken, so dürfen wir dessen gewiss sein. Denn er ist das Haupt und wir sind sein Leib. Wegen der innigen Verbindung, die zwischen dem Haupt und den Gliedern besteht, gehören jene Unsterblichkeit und Herrlichkeit auch uns. «Hierin liegt ein reicher Trost, dass wir in der Person Christi ein gewisses Pfand [...] von all dem besitzen, was uns noch fehlt.»[34] Noch einmal: allein auf Grund der reinen Gnade Gottes ist das gültig. Dabei ist diese göttliche Gnade nicht bloß ein Mittel, um ein von ihr Verschiedenes erreichen zu können. Gottes Gnade und Gottes Herrlichkeit, sind nicht sachlich etwas Verschiedenes, sondern sie gehören so zusammen, dass zu sagen ist:

> Der Begriff der Herrlichkeit im eigentlichen und speziellen Sinn bezeichnet das, was in Gottes Güte hervorleuchtet. Denn nichts ist ihm mehr eigentümlich, worin er sich verherrlichen will, als seine Güte. (*Nomen gloriae kat'exochen, peculariter eam significat, quae elucet in Dei bonitate. Nihil enim magis est illi proprium, in quo glorificari velit, quam bonitas.*)[35]

30 Institutio III 21,7.
31 Ebd., II 12,1.
32 Ebd., II 12,2.
33 Zu Kol 1,27, CO 52, 97.
34 Zu Eph 2,6, CO 51, 164.
35 Zu Eph 1,11, CO 51, 152.

Gott handelt in seiner Gnade nach seiner herrlichen Macht. Und das heißt: Er «erweist am herrlichsten (*magnifice*) seine Kraft, wenn er unserer Schwachheit zu Hilfe kommt».[36]

Aber was in Jesus Christus für uns schon wahr und wirklich ist, das will und wird auch *in uns* wahr und wirklich werden. Was in Jesus Christus schon gültig ist, das ist nämlich die Verheißung dessen, das es dazu tatsächlich bei uns kommen wird. Und der Glaube an das schon in Jesus Christus Gültige ist der Antrieb zur Hoffnung auf die Erfüllung dieser Verheißung. Es ist dabei beides richtig. Einerseits: «Durch das Evangelium strahlt uns der Glanz der zukünftigen Herrlichkeit entgegen, die Gott geben will. Es bezeugt uns, dass wir der göttlichen Natur teilhaftig werden. Denn wir werden Gott von Angesicht zu Angesicht sehen und ihm gleich werden (2Petr. 1,4; 1Joh. 3,2).»[37] «Nachdem wir das Zeugnis des Evangeliums von Gottes freignädiger Liebe angenommen haben, warten wir, bis Gott offenkundig zeigt, was jetzt noch unter der Hoffnung verborgen ist.»[38] Aber dasselbe ist andererseits auch so zu sagen[39]:

> Obwohl wir in Wahrheit hören, das Reich Gottes werde voll Glanz und Vergnügen, voll Glückseligkeit und Herrlichkeit (*claritate, gaudio, foelicitate, gloria*) sein, so bleibt doch alles, was man so nennen mag, unserem Empfinden ganz fern und gleichsam in Rätsel eingehüllt, bis jener Tag gekommen ist, an dem er uns selber seine Herrlichkeit enthüllen und sie uns von Angesicht zu Angesicht schauen lassen wird.[40]

Es geht sicher nicht um ein untätiges, unnützliches, schläfriges Warten auf jenen Tag, sondern wach und tätig gehen wir ihm entgegen – in der Sehnsucht nach Gottes Herrlichkeit, wie sie Christus[41] bzw. wie sie der Ausblick auf die ewige Herrlichkeit[42] in uns entzündet. Aber noch sind wir nicht dort. Noch sind wir bedrängt durch Unruhe, durch notwendige Kämpfe, durch Leiden, durch ein Angefochtensein unter dem Zeichen des Kreuzes. «Mit großer Ängstlichkeit und ebenso großer Sehnsucht warten die Kreaturen dem Tag entgegen, der die Herrlichkeit der Kinder Gottes öffentlich enthüllen wird.»[43] Noch nicht jetzt, erst dort am Ziel «nimmt der Herr die Seinen aus ihrer Mühsal in den Frieden (*quietem*), aus ihrer Anfechtung in

---

36 Zu Kol 1,11, CO 52, 82.
37 Zu Röm 5,2, CO 49, 89f.
38 Institutio III 2,43.
39 Vgl. auch das in Anm. 29 Nachgewiesene.
40 Institutio III 25,10.
41 Zu Mt 6,13, CO 45, 203; deutsch: Auslegung d. Heil. Schr., hg. K. Müller, Bd. 8, S. 207.
42 Zu Röm 8,19, CO 49, 152; deutsch: Auslegung d. Heil. Schr., N. R., hg. von O. Weber, Bd. 16, 165.
43 Ebd.

einen glücklichen und ersehnten Stand, aus ihrer Trauer in die Freude, aus ihrer Armut in einen überströmenden Reichtum, aus ihrer Schmach (*ignominia*) in die Herrlichkeit (*gloriam*) auf».[44] Wir sollen uns nur ja nicht darin irre machen lassen, alles zurückzustellen hinter die Ausrichtung auf Gott und seinen gerechten Willen. Er wird uns, wenn wir uns seiner Gerechtigkeit unterwerfen, auch seiner Gerechtigkeit teilhaftig machen.[45]

Was haben wir in der letzten Zukunft zu erwarten, am Ziel aller Wege Gottes und unseres Wanderns und Hoffens dem entgegen? Calvin kann mit Nachdruck betonen, dass das Ziel die endgültige Durchsetzung Gottes gegen alle ihm und seinem entschiedenen und guten Willen zuwiderlaufenden Mächte und Gewalten ist. «Doch Christus wird in seiner Erscheinung den Rauch der Welt vertreiben, so dass nichts mehr den Glanz seiner Herrlichkeit verdunkelt, nichts deren Fülle verkleinern wird.» Wenn an diesem Ziel aller Wege «Christus erscheinen wird, wird uns die Größe der göttlichen Herrlichkeit offenbart werden».[46] Das Ziel ist dann das *Lob*, das von uns ihm dargebrachte Lob *Gottes*. Das Lob Gottes ist aber zutiefst das «Lob seiner herrlichen Gnade (*gloriosam laudem eius gratiae*)».[47] «Das eigentliche Endziel» des uns erwählenden Tuns Gottes ist – nicht unser Eigenlob, sondern «die Verherrlichung *Gottes* (*gloria Dei summus est finis*)».[48] «Gottes Herrlichkeit wird dann am höchsten unter uns veranschaulicht (*illustratur in nobis Dei gloria*), wenn wir nichts mehr als Gefäße seiner Barmherzigkeit sind.»[49] Damit wird deutlich, dass wohl *Gott*, Gott *allein* an jenem Ziel im Zentrum und als die Mitte aller Geschöpfe sichtbar werden wird, aber Gott nicht ohne sie, nicht ohne uns: Gott als der, der nicht über seine Geschöpfe, über seine Kinder hinweggeht, sondern sie aufnimmt und in sich hineinnimmt, sie birgt, sie hält und trägt.

> Wenn der Herr seine Herrlichkeit, Kraft und Gerechtigkeit mit den Auserwählten teilen, ja, wenn er sich ihnen selber zum Genuss geben wird, dann sollen wir daran denken, dass in dieser Wohltat alle und jede Seligkeit beschlossen liegt.[50]

Dann werden wir dabei tatsächlich nicht zu kurz kommen; sondern – wie ein für Calvin charakteristischer Gedanke lautet – wir werden dann zur Ruhe, zum Frieden (*quies*) kommen. Denn die himmlische *gloria Dei* ist untrennbar mit solcher *quies* verbunden.

---

44 Institutio III 18,4.
45 Ebd., III 20,42.
46 Zu Tit 2,13, CO 52, 424.
47 Zu Eph 1,5, CO 51, 149.
48 Zu Eph 1,4, CO 51, 147.
49 Zu Eph 1,11, CO 51, 152.
50 Institutio III 25,10.

> Wenn dichte Wolken den Himmel bedecken und heftiger Sturm ausbricht, so sehen unsere Augen nur traurige Finsternis, unsere Ohren betäubt der Donner, und alle unsere Sinne erstarren vor Schrecken; deshalb scheint uns alles zusammenzubrechen und durcheinander zu geraten – aber unterdessen bleibt im Himmel stets die gleiche Ruhe und Heiterkeit (*quies et serenitas*).

Denn wenn wir nur die klaren Augen dazu hätten, so würden wir schon in diesem wilden Geschehen die Herrlichkeit Gottes hervorleuchten sehen.[51] Aber auch wenn wir sie nicht sehen, wir werden sie eines guten Tages schon auch noch zu sehen bekommen. «Wenn die Seelen der Frommen die Mühsal der Kriegsdienste hinter sich gebracht haben, dann gelangen sie zu seliger Ruhe (*in beatam quietem*), wo sie mit glückseliger Freude (*foelici laetitia*) den Genuss der verheißenen Herrlichkeit (*promissae gloriae*) erwarten.»[52]

Mit dem allem wird das eigentümliche Verständnis von «Herrlichkeit» (*gloria*) bei Calvin deutlich: Sie ist die Herrlichkeit *Gottes*, die zu seinem Wesen gehört. Aber sie ist die Herrlichkeit *des* Gottes, der sich in *Christus* seiner Geschöpfe heilsam und gnädig annimmt. Gerade darin macht er seine Herrlichkeit für uns sichtbar. Er offenbart sie durch den Heiligen Geist, mit dem Ziel, die von ihm dazu Erwählten in seine Herrlichkeit mit hineinzunehmen.[53]

---

51 Ebd., I 17,1.

52 Ebd., III 25,6.

53 Heinrich Quistorp, Die letzten Dinge im Zeugnis Calvins. Calvins Eschatologie, Gütersloh 1941 bezieht den Begriff der Herrlichkeit auf «die letzten Dinge» und sieht dabei diesen Begriff dem der «Seligkeit der Gläubigen in Christus» untergeordnet. Während die Seligkeit das «volle Heil in Christus» bezeichne, gehe es für Calvin bei der Herrlichkeit nur um verschiedene Grade des himmlischen Lohnes für diese Gläubigen, vgl. S. 179. Wilhelm Niesel, Die Theologie Calvins, 2. Aufl., München 1959, 151–153 scheint im Ganzen Quistorp zu folgen. Für beide steht jedenfalls der Begriff «Herrlichkeit» nicht im Zentrum ihrer Untersuchungen. Im Ganzen hat das obige Kapitel den Begriff anders herauszuarbeiten versucht.

«Mein Herr und mein Gott»
Eine Predigt zu Johannes 20,19–29 anlässlich des Calvin-Jubiläums 2009

Ostersonntag,
Universitätsgottesdienst in Göttingen

Gebet vor der Predigt (mit Worten Calvins[1]):

> Allmächtiger Gott! Wir danken dir für dein Wort, durch das du uns zu deinem erwählten Volk sammeln willst, damit wir dich verehren, wie es uns dein Gesetz gebietet. Lass uns an deinem Mund hängen und mach uns ganz zu deinem Eigentum. Bewahre uns, dass wir weder zur Rechten noch zur Linken weichen. Erhalte uns bei der reinen Lehre, die du uns gibst. Der ständige Strom deiner Gnade mache uns gewiss, dass du in unserer Mitte regierst. Stärke unsere Herzen, dich je länger je mehr zu lieben, zu ehren und zu fürchten. Nimm alle Unreinheit in unserem Leben von uns. Heilige uns an Seele und Leib. Vollende uns mehr und mehr in rechter Frömmigkeit, und bringe uns endlich zu dem seligen Erbe, das uns dein eingeborener Sohn erworben hat in seiner Hingabe für uns. Amen.

Die Kirchengemeinde der Universität ist heute mit der evangelisch-reformierten Gemeinde zum Gottesdienst versammelt – in einem Kirchenraum, der vor gut 250 Jahren von Gliedern der reformierten Konfession innerhalb der Universität errichtet worden ist, allen voran von dem Botaniker Albrecht von Haller. Wir sind hier zusammengekommen, um des Genfer Reformators Johannes Calvin zu gedenken, der vor 500 Jahren im französischen Noyon geboren wurde. Aber wir sind hier zu einem Gottesdienst versammelt und in dessen Mitte zu einer Predigt, für die die Perikopenordnung zum heutigen Sonntag den Text vorlegt: Johannes 20,19–29. Wir können Calvin jetzt keine grössere Ehre antun als die, dass wir nicht *über* ihn *reden*, sondern *mit* ihm *hören* auf den österlichen Text nach Johannes – mit Calvin, also unter Einbezug seiner Auslegung eben dieses Textes (nach Martin Luther).

[1] Liturgie für die Evangelisch-Reformierte Landeskirche des Kantons Aargau, Erster Bd., Aarau ^{2}1959, 70f.

> Am Abend des ersten Tages der Woche, als die Jünger versammelt und die Türen verschlossen waren aus Furcht vor den Juden, kam Jesus und trat mitten unter sie und spricht zu ihnen: «Friede sei mit euch!» Und als er das gesagt hatte, zeigte er ihnen die Hände und seine Seite. Da wurden die Jünger froh, dass sie den Herrn sahen. Da sprach Jesus erneut zu ihnen: «Friede sei mit euch! Wie mich der Vater gesandt hat, so sende ich euch.» Und als er das gesagt hatte, hauchte er sie an und spricht zu ihnen: «Nehmt hin den heiligen Geist! Welchen ihr die Sünde erlasst, denen sind sie erlassen, und welchen ihr sie behaltet, denen sind sie behalten.» Thomas aber, der Zwilling genannt wird, einer der Zwölf, war nicht bei ihnen, als Jesus kam. Da sagten die andern Jünger zu ihm: «Wir haben den Herrn gesehen.» Er aber sprach zu ihnen: «Wenn ich nicht in seinen Händen die Nägelmale sehe und meine Finger in die Nägelmale lege und meine Hand in seine Seite, kann ich es nicht glauben.» Und nach acht Tagen waren seine Jünger wieder drinnen versammelt, und Thomas war bei ihnen. Kommt Jesus, als die Türen verschlossen waren, und tritt mitten unter sie und spricht: «Friede sei mit euch!» Danach spricht er zu Thomas: «Reiche deinen Finger her und siehe meine Hände und reiche deine Hand her und lege sie in meine Seite und sei nicht ungläubig, sondern gläubig!» Thomas antwortete und sprach zu ihm: «Mein Herr und mein Gott!» Spricht Jesus zu ihm: «Weil du mich gesehen hast, Thomas, darum glaubst du. Selig sind, die nicht sehen und doch glauben!»

Wohl zuerst sticht uns hier der schöne Satz in die Augen: «Da wurden die Jünger froh, dass sie den Herrn sahen.» Sie waren zunächst gar nicht froh, sondern traurig und ängstlich. Calvin schreibt, «dass er (Jesus) ihnen erschien und ihnen das Unterpfand des neuen Lebens brachte gerade in dem Augenblick, in dem die Welt sich in Finsternis hüllte».[2] (473) Diese heraufschleichende Finsternis hatte auch die Jünger erreicht, und sie in einem besonderen Maße. Denn das Licht, das ihnen geleuchtet hatte, war mit einem Mal erloschen. Mit Calvins Worten: «Wenn sie sich hinter verschlossenen Türen verborgen hielten, so erkennen wir daran, wie schwach sie waren.» (ebd.) Unser Text sagt: «Die Türen waren verschlossen aus Angst […].» Das weist uns darauf hin, dass Angst von Enge kommt. Angst beengt. Angst schmälert den Radius unsres Denkens und Verhaltens. Sie hatten sich aus Angst eingesperrt. Oder vielmehr: Angst sperrt ein. Es steckt Wahrheit in dem Sprichwort: «Angst macht krumm.»

Doch in dieser hoffnungslosen Situation wird es auf einmal hell. *Sie* kommen nicht heraus aus ihrer Vertracktheit. Aber *er* kommt da hinein: der Heiland der Welt. Das ist Ostern: «Da die Türen verschlossen waren […] kam Jesus und spricht zu ihnen: Friede sei mit euch!» Calvin legt den

[2] In den Klammern stehen die Seiten nach der deutschen Übersetzung des Johannes-Evangeliums, von Martin Trebesius und Hans Christian Petersen, Neukirchen-Vluyn 1964.

Finger darauf, dass es nicht heißt, dass Christi Leib durch die verschlossene Türe gedrungen sei, «wie die Papisten versichern». Nur schlicht dieses werde gesagt: «Er habe plötzlich mitten unter den Jüngern gestanden, obwohl die Türen verschlossen waren und kein Mensch ihm geöffnet hatte.» (474). Und wenn der Auferstandene dann sagt: «Friede sei mit euch», so habe man das als einen hebräischen Gruß aufzufassen etwa wie «Möge es euch gut gehen!» (ebd.) Und wir verstehen: Das ist das Neue, das Österliche – die Erfahrung: Er ist nicht passé, er ist nicht Vergangenheit geworden. Er ist gegenwärtig, nicht bloß in unseren Erinnerungen. Er ist in seiner eigenen Zuwendung präsent. Wie er es *uns* verheißen hat: «Wo zwei oder drei versammelt sind in meinem Namen, da bin ich mitten unter ihnen.» (Mt 18,20)

Und auf Grund dessen wird gesagt: «Da wurden die Jünger froh, dass sie den Herrn sahen.» Calvin bemerkt dazu: «Das neue Leben macht alle Trauer zunichte, mit der Christi Tod sie erfüllt hatte.» (475) Das heißt nicht, dass es gar keinen Grund mehr gibt, zu trauern und zu weinen, sich zu ärgern und zu schimpfen. Aber wir müssten verzweifeln oder uns verhärten, wenn er abwesend wäre. Wir können vielmehr froh sein in der Gewissheit seiner Gegenwart, und froh, das heißt: Wir dürfen getrost sein in allem Seufzen und hoffnungsvoll angesichts all des Verkehrten und mutig trotz der enormen Widerstände gegen die Wahrheit und gegen die Liebe. Es ist ja nicht überliefert, ob Jesus jemals gelacht hat, wie heute manchmal behauptet wird. Jedoch stand sein mühsamer irdischer Weg unter dem Vorzeichen: «Fürchtet euch nicht, siehe, ich verkündige euch große Freude.» (Lk. 2,10) Und *diese* Freude erfasst die Jünger, «als sie den Herrn sahen».

Nun geht die Ostergeschichte ganz folgerichtig weiter: Sie kamen in ihrer Angst nicht heraus aus ihrer Enge hinter den verschlossenen Türen. Aber nachdem es für den Auferstandenen kein Hindernis war, unter sie zu treten, und nachdem sie darüber froh wurden, ist die verschlossene Türe überhaupt geöffnet. Nun können sie, was sie nicht konnten. Nun können sie hinausgehen. Sie können hervortreten. Ja, «jetzt macht der Herr sie zu seinen Gesandten», sagt der Genfer Reformator (475). So sagt es der Auferstandene selbst: «So wie mich der Vater gesandt hat, so sende ich euch» (V 21). Und Calvin erläutert: Das priesterliche Opfer Christi am Karfreitag ist unwiederholbar. Doch Christus als der *Lehrer* lässt seine Jünger «in *dasselbe* Amt eintreten, das er vom Vater erhalten hat, *dieselbe* Aufgabe legt er ihnen auf, verleiht ihnen *dieselben* Rechte» – ihnen, obwohl sie «unbekannte, gewöhnliche Menschen» sind. Calvin weiß, dass er diese starken Sätze präzisieren muss und sagt: So wahr das alles ist, was Jesus sagt, «so bedeutet das nicht seinen Verzicht auf das oberste Lehramt» in der Kirche. Er «bleibt der einzige Lehrer der Kirche und wird es ewig bleiben». Und so setzt er seine Gefolgsleute als seine Vertreter ein «unter dem Vorbehalt, dass er allein die wirkliche Gewalt in Händen hält: *sie* dürfen nur *dienen*» (476).

So wie seine Jünger nicht auf eigene Faust, sondern im Dienst ihres Meisters hinaus ins Freie aufbrechen dürfen, so können sie das auch nicht in eigener Kraft, sondern allein in der ihnen von Gott verliehenen Kraft. Der Bibeltext bringt das zum Ausdruck mit der feinen Aussage: «Und als Jesus das gesagt hatte, hauchte er sie an.» Diese Aussage beruht auf der Vorstellung, dass Geist und Wind vergleichbare Erscheinungen sind. Das griechische Wort «pneuma» hat beide Bedeutungen. Wir müssen hier beides verstehen: Einerseits, wir brauchen die Anhauchung durch Gottes Geist und das Teilbekommen an der Wirklichkeit Gottes, um seine Boten zu sein. Wörtlich bemerkt Calvin das Kühne: «Niemand kann auch nur ein Wort über Christus sagen, dem nicht der Geist die Zunge lenkt.» Ebenso sagt es auch Paulus: «Niemand kann sagen: Herr Jesus, außer im Heiligen Geist» (1Kor 12,3). Andererseits bedeutet dieses geheimnisvolle Angehauchtwerden durch Gottes Geist, dass wir dadurch an *Christus* gebunden werden. Denn – so lehrt uns Calvin: «Christus spendet seinen Jüngern gleichsam seinen eigenen (Geist), weil er ihn nämlich mit (Gott) dem Vater gemeinsam hat.» Gerade so, in der von Gott dazu verliehenen Kraft werden *wir* seine *Gesandten* in der Welt.

Jesu Jünger dürfen also nun in ihre Mitwelt aufbrechen und sollen das auch – dies im Dienst ihres Meisters und nicht in eigenem Vermögen und nicht aus eigenem Antrieb. Was gibt es denn da zu tun? Was haben sie unter ihren Mitmenschen auszurichten? Hoffentlich Gutes. Unsere Nächsten brauchen ja so viel Beistand, offene Ohren, offene Hände. Und Jesus sagt beherzt, sie brauchen noch mehr: «Wenn ihr jemandem die Sünden vergebt, dem sind sie vergeben; und wem ihr sie nicht vergebt, dem sind sie nicht vergeben.» Das sind nicht leicht zu verstehende Sätze, und so fragen wir den Reformator nach seiner Auslegung. Er sagt: Diese beiden Sätze haben bei weitem nicht dasselbe Gewicht. Das Zweite sei zu beachten als Warnung vor Hochmut. Jedoch: «Die eigentliche Absicht des Evangeliums ist es, alle zum Heil einzuladen» (479). Und er fügt hinzu: «Das Evangelium unterscheidet sich von der heidnischen Philosophie vor allem dadurch, dass es das Heil der Menschen auf die bedingungslose Vergebung der Sünde gründet. Daraus fließen die anderen Wohltaten Gottes. […] Deshalb hat das geistliche Haus der Kirche dies zur Grundlage: Gott macht uns von allen Sünden frei und nimmt uns, ohne eine Bedingung zu stellen, als seine Kinder an.» (478)

Alles ist gut und köstlich, was wir von der österlichen Erscheinung Jesu unter seinen Jüngern nach Johannes 20 und was wir von der Auslegung dieser Geschichte auch bei Calvin gehört haben. Doch hat nun diese Geschichte eine Fortsetzung, in der davon erzählt wird, wie der eine Jünger Thomas bei dieser österlichen Begegnung abwesend war und wie er an dem Bericht der Anderen zweifelte. Er sagt: «Wenn ich nicht in seinen Händen seine Nägelmale sehe und lege meine Finger in seine Seite, kann ich's nicht glauben!» Calvin versteht das in einer Weise, bei der ich Mühe habe, ihm zu folgen, über die ich gern mit ihm diskutieren möchte. Er erregt sich nachgerade über diesen ungläubigen Thomas: Der könne nicht nur nicht glauben. Nein, «er ist auch noch trotzig» und verhärtet. Man könne «am Starrsinn des Thomas ablesen, welche Bosheit fast allen Menschen angeboren ist: Wenn ihnen der Zugang zum Glauben geöffnet ist, stehen sie sich selbst im Wege» (480f.). Man könnte es etwas spitz so sagen: Was Calvin dem Thomas verargt, ist dies, dass er noch nicht auf der Höhe seiner reformatorischen Erkenntnis steht. Tatsächlich unterschiebt er dem Text die Aussage: Jesus habe den Thomas getadelt. Warum? «Weil er […] den Glauben von anderen Sinnen abhängig machte, obwohl er aus dem Hören entsteht und ganz und gar auf das Wort ausgerichtet sein muss.» (482)

Mit Verlaub, ehrenwerter Kirchenvater, ich denke, dass du zwar etwas Richtiges meinst, aber dass du das hier nicht richtig zur Geltung bringst. Es fällt einem ja auf, dass Calvin in seiner Auslegung der ersten österlichen Begegnung schon den Nachsatz fast überspringt: «Da wurden die Jünger froh, als sie den Herrn *sahen*.» Es fällt ebenso auf, dass er einfach behauptet, Jesus habe den Thomas getadelt, nämlich weil er so handgreiflich sehen wollte. Dabei hat ja Jesus *selbst* zu Thomas gesprochen: «Reiche deinen Finger und siehe meine Hände und reiche *deine* Hand her, lege sie in meine Seite und sei nicht ungläubig, sondern gläubig!» Jesus *selbst* fordert ihn auf und führt sogar seine Hand bei dem Tun, was Calvin nur als Frechheit des Thomas einschätzen kann. Was ist denn der gute Sinn dieser Aufforderung Jesu? Es ist gewiss so, dass für uns Christen der Grundsatz gilt (2Kor 5,7): «Wir wandeln im Glauben, nicht im Schauen.» Allerdings – wir wandeln nicht in einem *blinden* Glauben. Wir wandeln im Glauben an *Jesus Christus*. Und diesen Jesus Christus kennen wir nur aus dem Zeugnis der ersten Zeugen, die ihn *gesehen* haben. Von ihnen schreibt Johannes: «Wir *sahen* seine Herrlichkeit.» (Joh 1,14) Aufgrund des Wortes dieser ersten Zeugen, dürfen *wir* uns gesagt sein lassen: «Selig sind, die nicht sehen und doch glauben.»

Aber nunmehr können wir wieder mit Calvin einig gehen und uns zuletzt gesagt sein lassen: «Friede sei mit euch!» Wir dürfen mit Calvin darüber staunen, dass ausgerechnet dieser Thomas das radikale Bekenntnis ausspricht: «Mein Herr und mein Gott!» Und nicht bloß staunen! Calvin sagt: «Dies Bekenntnis des Thomas muss nun […] zu demjenigen aller Glaubenden werden.» (482) Was bekennen wir damit? Dies, dass Jesus Christus «vom (himmlischen) Vater als höchster Herrscher eingesetzt ist, unter dessen Herrschaft alles steht, vor dem alle Kräfte sich beugen und der in der Lenkung der Welt des Vaters Stellvertreter ist». Mehr noch: Er ist der, der mit Gott dem Vater eins ist – er, der «der im Menschsein offenbarte Mittler und das Haupt der Kirche ist» (481), er, «der im Stall geboren und ans Kreuz gehängt wurde» (482). Er eins mit dem Vater! «Mein Herr und mein Gott!» Der Glaube an ihn kann in der Tat «nur aus dem Wort entspringen». Aber nochmals, wir glauben an ihn nicht blind, sondern, so sagt es schließlich auch Calvin, wir *sehen* ihn «deutlich im Evangelium, als stünde er leibhaftig vor uns» (483). So hörte der Genfer Reformator die österliche Botschaft. So hören wir heute mit ihm dieselbe Botschaft in der Bibel – und hören sie inmitten all der Irrungen und Wirrungen und Brüchigkeiten unserer Gegenwart als *das* Wort. Es ist das Wort tröstlicher, ermutigender, wegweisender Hoffnung. Gott öffne uns die Ohren für dieses sein Wort.

Abkürzungen

CO	Ioannis Calvini Opera quae supersunt omnia, hg. von Wilhelm Baum u. a., Bd. 1–59, Braunschweig, 1865–1902.
Institutio	Institutio Christianae Religionis (1559), in: Joannis Calvini, Opera selecta, Bd. 3–5, hg. von Peter Barth, Wilhelm Niesel, München, 31967–1974; deutsch: Unterricht in der christlichen Religion. Institutio Christianae Religionis, übers. von Otto Weber, Neukirchen 1955.
Schwarz, Briefe	Johannes Calvins Lebenswerk in Briefen, übers. und hg. von Rudolf Schwarz, Neukirchen 1961/2.
CStA	Calvin-Studienausgabe, 8 Bde., hg. von Eberhard Busch, Christian Link u. a., Neukirchen-Vluyn 1994–2011.

Fremdsprachige Zitate sind durchweg ins Deutsche übersetzt.

Textnachweis

Erste Fassungen von einigen der Texte, die für das Buch neu überarbeitet und ergänzt wurden, sind erschienen in:

Gott lässt mit sich reden
Erschienen als: Mit Gott reden. Das Gebet nach Calvin, in: Calvins Theologie für heute und morgen, hg. von Georg Plasger, Wuppertal 2010, 69–82.

Verbi Divini Minister – Diener am Wort Gottes
Erschienen als: Calvin als Prediger, in: Von den Wirkungen des Wortes. Festschrift für Martin Weskott, Catlenburg 2011, 75–84.

Die eine Kirche Jesu Christi
Erschienen als: Calvin as an Ecumenical Theologian, in: Calvin and the Modern World, St. Petersburg 2010, 26–34.

Liebe zur Musik
Erschienen als: Kálvin zeneszerete, übersetzt von Szomor Abigél, u. a. in Református Szemle (Debrecen), 108,1, 2015, 55–63.

Dei Gloria – Gottes Herrlichkeit
Erschienen als: Der Begriff ‹Herrlichkeit› in Johann Calvins Theologie, in: Rainer Kampfling (Hg.), Herrlichkeit. Zur Deutung einer theologischen Kategorie, Paderborn 2008, 223–234.